食品工业发展报告

（2014 年度）

工业和信息化部消费品工业司　组织编写

2015・7　中国・北京

中国轻工业出版社

图书在版编目（CIP）数据

食品工业发展报告．2014年度/工业和信息化部消费品工业司组织编写．—北京：中国轻工业出版社，2015.7

ISBN 978-7-5184-0698-2

Ⅰ.①食…　Ⅱ.①工…　Ⅲ.①食品工业－工业发展－研究报告－中国－2014　Ⅳ.①F426.82

中国版本图书馆CIP数据核字（2015）第259626号

责任编辑：伊双双　　责任终审：张乃柬　　封面设计：锋尚设计
版式设计：王超男　　责任校对：晋　洁　　责任监印：张　可

出版发行：中国轻工业出版社（北京东长安街6号，邮编：100740）
印　　刷：三河市万龙印装有限公司
经　　销：各地新华书店
版　　次：2015年7月第1版第1次印刷
开　　本：889×1194　1/16　印张：12.25
字　　数：280千字
书　　号：ISBN 978-7-5184-0698-2　定价：100.00元
邮购电话：010-65241695　传真：65128352
发行电话：010-85119835　85119793　传真：85113293
网　　址：http://www.chlip.com.cn
Email：club@chlip.com.cn
如发现图书残缺请直接与我社邮购联系调换
151149K1X101HBW

编　委　会

参加单位

组织单位

工业和信息化部消费品工业司

主要牵头单位

中国食品科学技术学会

中轻食品工业管理中心

中国食品工业协会

中国食品发酵工业研究院

中国电子信息产业发展研究院

参与单位

中国肉类协会

中国乳制品工业协会

中国水产流通与加工协会

中国饮料工业协会

中国糖业协会

中国生物发酵产业协会

中国酒业协会

中国食品添加剂和配料协会

中国保健协会

中国罐头工业协会

中国焙烤食品糖制品工业协会

中国调味品协会

中国食品和包装机械工业协会

中国轻工机械协会

前　言

食品工业既是国民经济的支柱产业，更是保障民生的基础产业。2014年，我国食品工业行业在党中央、国务院的关怀下，在社会各方面的支持和行业上下的共同努力下，深化法治，强化安全，克难进取，创新发展，法规、标准体系日臻完善，质量安全基础得到加强，产品质量总体水平进一步改善提高；行业结构调整取得积极进展，产业发展进一步规范化、规模化，集中度有新提高，国际化发展取得可喜成效；企业技术进步和现代管理步伐加快，技术装备更新更趋国际先进水平，新一代信息技术的应用更为广泛；产业整体发展质量有明显提高，保持了稳定向好的发展势头。

工业和信息化部作为食品工业行业管理部门，按照国务院的工作部署，发挥指导工业规划、调节产业政策和规范行业标准的作用，继续围绕保安全、促发展，把落实科学发展观、加快转变发展方式、全面提高企业自身食品安全管理能力作为食品工业健康发展的重要任务，通过持续推进食品工业结构调整，不断促进企业素质的提升，督促企业规范和改进管理，提高生产者的综合素质，防范安全风险，消除安全隐患，保障食品质量安全。

目前，全球经济发展处于深度调整时期，产业变革加快，市场格局发生较大变化。我国经济已进入“中高速、优结构、新动力、多挑战”的转型发展新阶段，食品工业发展也正在面临着新的机遇和挑战。新常态下，我国食品工业要坚持把质量安全摆在首要位置，作为发展中的头等大事；要主动顺应新一轮科技革命和产业变革的大势，把创新和改革作为推动行业新一轮发展的动力，围绕提升发展质量，不断实现行业发展由制造向创造的转变、速度向质量的转变、产品向品牌的转变，加快推动发展质量迈向中高端。

为系统总结、客观评价食品工业年度发展状况，展示发展成果，正视现存差距，引导和促进食品工业稳定健康发展，我司会同有关单位组织编写了《食品工业发展报告（2014年度）》。本年度报告由综合篇、行业篇、境外篇和附录等四部分组成。综合篇对我国2014年食品工业发展的总体状况、基本特征等进行分析；行业篇对我国2014年食品工业的14个重点行业进行分析；境外篇重点对欧洲、美国、日本和我国台湾地区的行业现状进行分析；附录汇总了2014年我国有关食品行业的重大法律法规、管理文件和标准技术规范，以及参与编写的单位简介等，2015年上半年修订发布的重大法律法规以及部分2013年颁布、2014年实施的标准也在汇总之列。

本报告的完成，得益于各参与单位的高度重视和精心准备，得益于行业专家的热心支持，在此一并致谢。

由于时间和经验所限，本报告难免有不足之处，内容仅供参考。

工业和信息化部消费品工业司

2015年7月

目　　录

综合篇

2014 年食品工业发展综述 …… 3

行业篇

肉类加工业 …… 17
乳制品工业 …… 28
水产品加工业 …… 38
饮料工业 …… 44
制糖工业 …… 50
方便食品制造业 …… 59
发酵工业 …… 66
酿酒工业 …… 70
食品添加剂和配料工业 …… 78
营养与保健食品制造业 …… 85
罐头食品制造业 …… 90
焙烤食品糖制品行业 …… 97
调味品制造业 …… 103
食品装备业 …… 109

境外篇

部分国家和地区食品产业发展现状分析 …… 121

附录

附录一　食品行业重大法律法规 …… 131
附录二　食品行业相关管理文件 …… 157
附录三　食品标准技术规范 …… 158
附录四　2014 年食品工业统计数据 …… 161
附录五　参与编写单位简介 …… 165

综　合　篇

2014 年食品工业发展综述

2014 年，我国食品工业行业按照稳中求进的工作总基调，深入贯彻落实中央一系列政策措施，有针对性地解决突出矛盾和困难，行业发展总体平稳，全年运行呈现出“增长稳定，价格平稳，效益提高，结构改善”的特征，对稳增长、促改革、调结构、惠民生、防风险起到了积极作用。

一、发展状况

（一）生产稳步发展，增速有所回落

据国家统计局统计[①]，2014 年全国 37607 家规模以上食品工业企业增加值同比增长 7.8%[②]，与全国工业平均水平相比低了 0.5 个百分点。与 2013 年相比，增速回落了 1.3 个百分点。其中，农副食品加工业，食品制造业，酒、饮料和精制茶制造业，烟草制品业的工业增加值增速分别为 7.7%、8.6%、6.5%、8.2%，与 2013 年相比增速分别回落了 1.7、1.4、3.7、1.0 个百分点。

从月度变化看，全年食品工业生产低位开局后逐步回升，5 月份增加值增速达到 10.5%，是全年的最高值，5 月份后缓慢回落。11 月份降至 5.3%，是全年最低值。2014 年 1—12 月全国工业企业和食品工业企业增加值增速如图 1 所示。

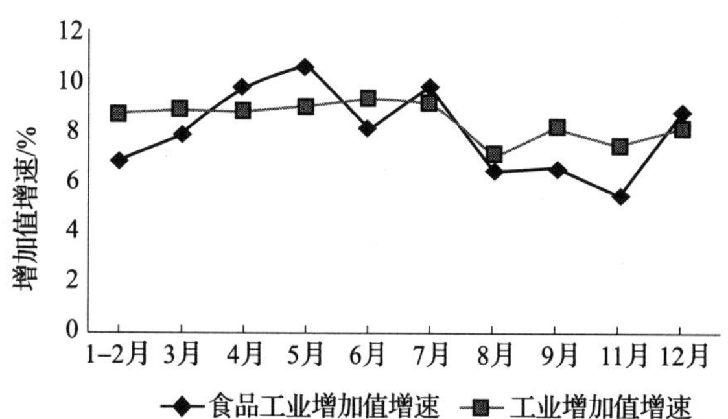

图 1　2014 年工业和食品工业月度增加值增速

（二）效益持续增长，增幅有所收窄

从总量看，2014 年全国规模以上食品工业企业实现主营业务收入 108932.93 亿元，同比增长 8.0%，虽然增幅较 2013 年下降了 5.1 个百分点，但仍高出全国工业平均水平 1.0 个百分点。全年利润总额为 7581.46 亿元，同比增长 1.2%，增速较全国工业平均水平低 2.1 个百分点。上缴税金总额 9241.55 亿元，同比增长 7.2%，高出全国工业平均水平 1.0 个百分点。与 2013 年相比，利润总额和上缴税金总额增速分别回落了 12.4 个百分点、3.6 个百分点。

从单位企业看，全部规模以上食品工业企业百元主营业务收入中的成本为 80.4 元，比 2013 年提高 0.8 元，比全国工业低 5.2 元；主营业务收入利润率为 7.0%，比 2013 年下降 0.4 个百分点，比全国工业高 1.1 个

---

① 除特别说明外，本报告所有数据均来源于国家统计局。

② 若不计烟草制品业，食品工业企业增加值同比增长 7.6%，比全国工业企业平均水平低 0.7 个百分点。

百分点。四大行业中，农副食品加工业，食品制造业，酒、饮料和精制茶制造业，烟草制品业百元主营业务的成本分别为 89.7 元、79.7 元、74.4 元和 26.0 元，利润率分别为 4.8%、8.4%、9.9% 和 13.7%。

从区域看，山东、河南、湖北、江苏、四川、广东、辽宁、湖南、福建、安徽位列主营业务收入前十位，累计完成主营业务收入为 71560.66 亿元，占全国食品工业的 65.7%，与 2013 年持平，如图 2 所示。31 个省（自治区、直辖市）中，西藏、内蒙古、青海、江西、陕西、湖北、河南、贵州、天津、福建、江苏、安徽、重庆等 13 个地区食品工业主营业务收入增速超过 10%。

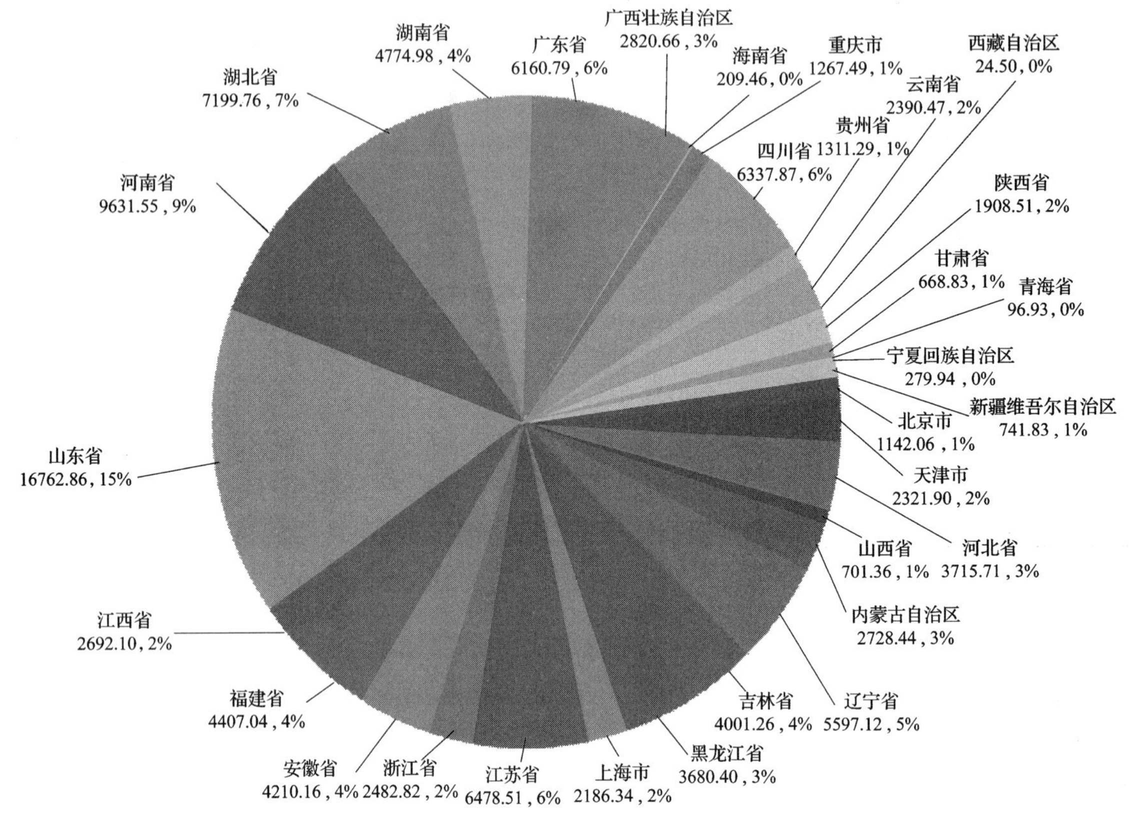

图 2　2014 年各省（自治区、直辖市）食品工业主营业务收入（单位：亿元）及占比

（三）投资规模加大，结构趋于合理

从投资规模及其变化看，2014 年食品工业累计完成固定资产投资 18698.90 亿元，同比增长 18.6%（表 1），增速比全国制造业高 5.1 个百分点。但与 2013 年相比，投资增速回落 7.3 个百分点。

表 1　2014 年食品工业固定资产投资情况

	施工项目/个	本年新开工项目/个	完成投资/亿元	同比增长/%	占比/%
规模以上食品工业	30795	22214	18698.90	18.6	100.0
农副食品加工业	17485	12808	10026.60	18.7	53.6
食品制造业	6935	5019	4463.10	22.0	23.9
酒、饮料和精制茶制造业	6104	4222	3925.04	16.9	21.0
烟草制品业	271	165	284.17	-5.3	1.5

从资金来源看，国家预算资金占 0.4%，国内贷款占 6.8%，自筹资金占 89.4%，利用外资占 0.9%，其他资金占 2.5%，五个资金来源渠道中只有自筹资金占比较 2013 年有所提高。

从区域结构看，2014 年东部、中部和西部地区累计固定资产投资额分别为 6672.3 亿元、8215.7 亿元和 3811.0 亿元，占比分别为 35.7%、43.9% 和 20.4%。31 个省（自治区、直辖市）中，固定资产投资完成额前三位的依次是河南、山东、湖北，三省累计投资额占投资总额比为 27.7%。

（四）市场需求平稳，产销衔接良好

2014 年，食品工业主要产品产量如图 3 所示。在 21 种食品主要品种中，16 种食品产量增长，5 种食品产量下降，糖果、酱油产量增长超过 10%。部分产品由于行业调整或者受进口产品冲击，产量有所下滑。全年农副食品加工业产品销售率 97.8%，食品制造业销售率 97.6%，酒、饮料和精制茶制造业销售率 95.9%，烟草制品业销售率 99.0%。与 2013 年相比，农副食品加工业产销率持平，其他 3 个行业的产销率有所回落。

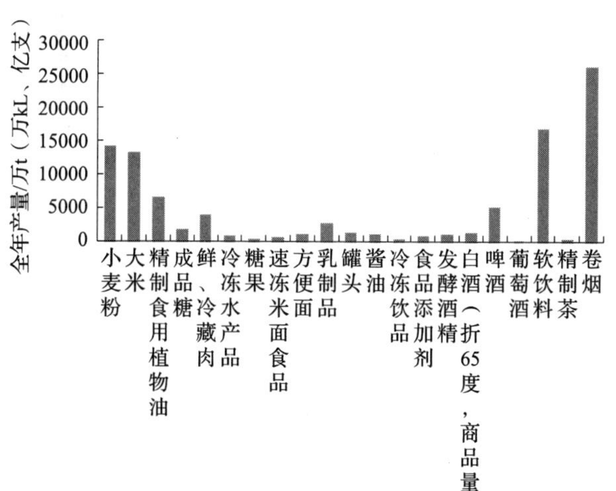

图 3　2014 年全年食品工业主要产品产量

食品价格总水平整体平稳，涨幅较小。其中，食品消费价格上涨 3.1%，食品出厂价格上涨 0.2%；农副产品购进价格同比下降 0.6%。

（五）贸易稳步增长，市场分布集中①

从贸易规模及增速看，2014 年食品工业进出口总额为 875.0 亿美元，较 2013 年环比增长 2.8%，增速低于全国总商品贸易增速 0.6 个百分点。其中，进口额为 424.8 亿美元，较 2013 年环比增长 1.0%，增速高出全国总商品进口增速 0.6 个百分点。出口额为 450.2 亿美元，较 2013 年环比增长 4.6%，增速低于全国总商品进口增速 1.6 个百分点。

从行业构成看，农副产品加工业、食品制造业在食品工业的进出口中占据主导地位，酒、饮料和精制茶制造和烟草制品占比较小。进口方面，2014 年农副产品加工业，食品制造业，酒、饮料和精制茶制造和烟草制品等四大行业进口额占整个食品工业进口总额分别为 56.7%、35.8%、7.1% 和 0.4%。同期，四大行业出口额占整个食品工业出口总额分别为 58.9%、33.3%、6.3% 和 1.5%（表 2）。

表 2　2014 年食品工业进出口构成

单位：%

	农副产品加工	食品制造	酒、饮料和精制茶制造	烟草制品
进口	56.7	35.8	7.1	0.4
出口	58.9	33.3	6.3	1.5

从进出口市场分布看，发达经济体均占据重要地位。2014 年，美国、新西兰、印尼是我国加工食品的前三大进口来源地，来自

① 进出口贸易数据不含初级产品，数据来源于联合国统计司（UN－COMTRADE）数据库。

三国的加工食品进口额占我国加工食品进口总额分别为 13.3%、12.9%、7.7%（图4）。同期，日本、美国、中国香港是我国加工食品的前三大出口市场，2014 年对这三国（地区）的加工食品出口额分别占我国加工食品出口总额的 18.6%、12.6% 和 12.0%（图5）。

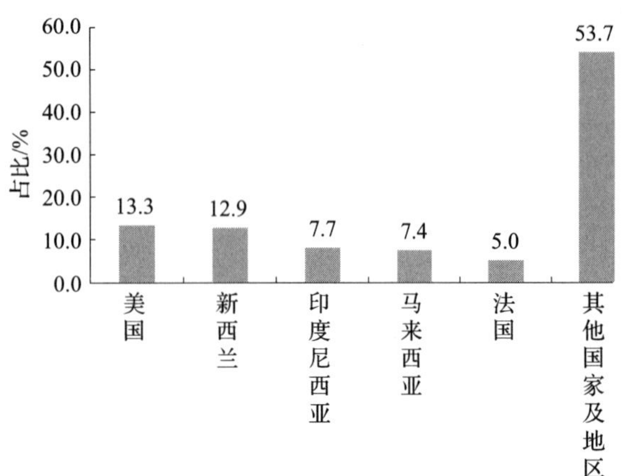

图 4　2014 年食品工业进口市场分布

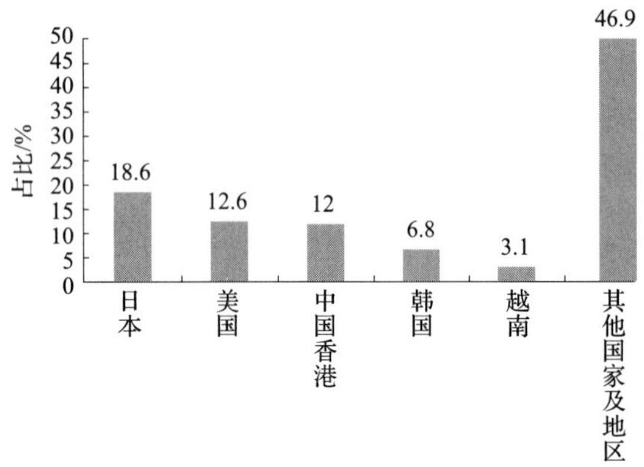

图 5　2014 年食品工业出口市场分布

（六）质量体系完善，保障能力提升

2014 年，食品诚信体系建设稳步推进，国家相关部门组织指导 5000 家以上食品工业企业建立诚信管理体系；婴幼儿配方乳粉、白酒、肉制品、水产品等行业质量安全追溯体系建设成效明显，婴幼儿配方乳粉行业 100% 纳入食品质量安全追溯体系，实现了试点企业信息公开和产品生产、流通、使用等产业链全程信息实时跟踪；依托有技术资源优势的研究单位及高校，在北京、天津、江苏等省（自治区、直辖市）建立的 9 家食品企业质量安全检测技术示范中心稳步发展，研发了一批新型检测技术及装备，取得了良好的技术示范与推广效果，累计培训技术人才超 5000 人次，制修订相关检测标准近 120 项，承担了国家相关部委数十项重大科研项目；食品安全恶意造假事件受到扼制并开始逐渐减少，据中国食品科学技术学会对每周食品安全热点问题进行统计分析，全年解析的 38 个国内外热点中，中国大陆地区的热点为 28 个，占比 73.7%，其中确认为食品安全事件的热点仅 4 个。

（七）研发投入加大，技术创新活跃

2014 年，食品工业科技研发投入持续增长。规模以上食品工业企业研发经费 376.3 亿元，研发投入强度为 0.35%。其中，农副食品加工业，食品制造业，酒、饮料和精制茶制造业，烟草制造业分别为 173.0 亿元、98.5 亿元、82.7 亿元和 22.1 亿元，研发投入强度分别为 0.29%、0.53%、0.54% 和 0.27%；攻克了一批关键技术，先进生产技术加快推广，新型淀粉衍生物的创制与传统淀粉衍生物的绿色制造、基于干法活化的食用油脱色吸附材料开发与应用、花生低温压榨制油与饼粕蛋白高值化利用关键技术及装备制造、辣椒天然产物高值化提取分离关键技术与应用、高耐性酵母关键技术研究与产业化、新型香精制备与香气品质控制关键技术及应用等多个科研项目获国家科技奖励；专利数明显增加，食品、食物及处理领域的专利申请数、授权数稳定增长，分别达到 15000 项和 5000 项；基础研究支持不断强化，2014 年度国家自然科学基金食品科学领域资助经费达 2.238 亿元，是 2010 年的 2.7 倍。

2014 年，国产食品装备的创新取得重要进展。全谷物半固态连续化酶解技术及其产业化、36000～68000 瓶/h 饮料无菌吹灌旋生产线及产业化、采用干法灭菌技术的 24000 瓶/h 高速直线式乳品无菌塑瓶灌装成套装备、挂面全自动生产线、350 包/min 方便面成套装备等多项重大食品装备关键技术和重大装备自主研发产品形成重要突破，填补了国内空白，多项装备达到世界先进水平，打破了跨国公司的市场垄断。

（八）产业集聚发展，两化融合深化

近年来，集聚集群政策效应在食品工业领域集中显现，食品工业的新型工业化进程明显加快。截至 2014 年，食品工业领域国家新型工业化产业示范基地达到 21 家，占整个消费品工业领域示范基地总数的 38%，占示范基地总数的 6.8%。同时，随着互（物）联网、云计算、大数据等新型信息技术的快速发展及其在食品工业领域的应用，食品工业的信息化水平不断提高，新型信息化技术在食品工业的研发、生产管理、产品销售以及质量安全的可追溯等方面得到了广泛应用。从企业信息管理系统看，目前食品企业企业资源计划（ERP）的普及率接近 50%，销售额上亿元的食品企业的 ERP 普及率高达 80% 以上。乳制品、肉制品、饮料等行业“两化融合试点示范”工作稳步推进，两化融合总体水平分别达到 48.4、46.5 和 44.2。

（九）结构布局优化，区域发展协调

2014 年，东部、中部、西部和东北地区食品工业分别实现主营业务收入 45867.50 亿元、29209.91 亿元、20576.75 亿元和 13278.78 亿元，分别占全国食品工业主营业务收入的 42.1%、26.8%、18.9% 和 12.2%，同比增速分别为 8.3%、11.2%、10.7% 和 −2.9%（图 6）。与 2013 年相比，东部、东北地区食品工业主营业务收入对全国食品工业主营业务收入占比分别下降了 0.1、1.4 个百分点，中部、西部地区食品工业主营业务收入占比分别上涨了 1.0、0.3 个百分点；利润方面，2014 年东部、中部、西部和东北地区的食品工业利润分别占全国食品工业利润总额的 42.3%、26.3%、23.4% 和 8.0%（图 7），同比增速分别为 3.5%、4.7%、−0.9% 和 −13.4%。与 2013 年相比，东部、中部地区食品工业利润对全国食品工业利润总额占比分别上涨了 0.9、1.1 个百分点，西部、东北地区食品工业利润占比分别下降了 0.7、1.3 个百分点。

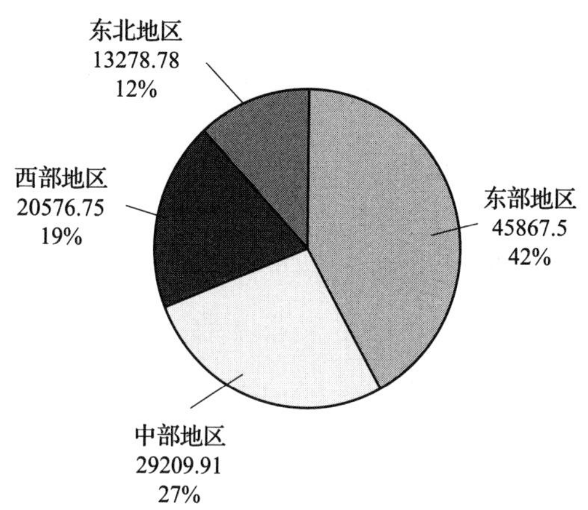

图 6　2014 年全国四大区域食品工业主营业务收入（单位：亿元）及其占比

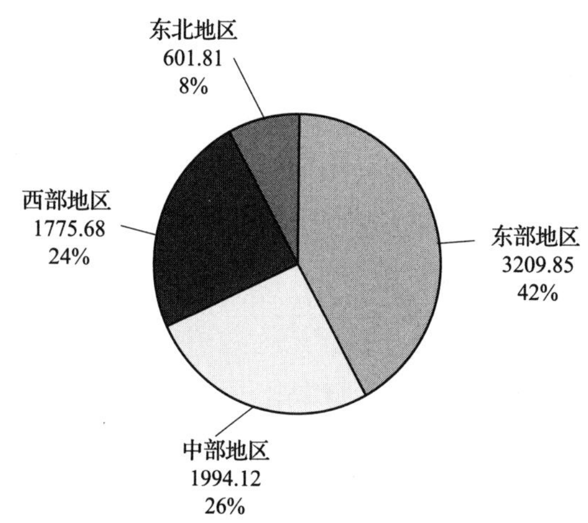

图 7　2014 年全国四大区域食品工业利润（单位：亿元）及其占比

2014 年我国分地区食品工业经济效益数据如表 3 所示。

表3　2014 年我国分地区食品工业经济效益

	企业数/个	主营业务收入			利润总额		
		实际值/亿元	占比/%	同比增长/%	实际值/亿元	占比/%	同比增长/%
食品工业总计	37607	108932.93	100	8.0	7581.46	100	1.2
东部地区	14936	45867.50	42.1	8.3	3209.85	42.3	3.5
中部地区	10523	29209.91	26.8	11.2	1994.12	26.3	4.7
西部地区	7509	20576.75	18.9	10.7	1775.68	23.4	-0.9
东北地区	4639	13278.78	12.2	-2.9	601.81	8.0	-13.4

二、产业地位与构成

（一）产业地位

食品工业是国民经济的支柱产业，在整个工业体系中居重要地位。2014 年，食品工业以占全国工业 7.1% 的资产，实现了占比 10.0% 的主营业务收入，创造了占比 11.7% 的利润总额，上缴税金占全国工业的 19.1%；食品工业增加值占全国工业增加值的比重达到 11.9%，比 2013 年提高 0.3 个百分点，对全国工业增长贡献率为 11.0%，拉动全国工业增长 0.9 个百分点。

2014 年食品工业主营业务收入及其地位与其他行业的比较如表 4 所示。

表4　2014 年食品工业主营业务收入及其地位与其他行业的比较

序号	指标	主营业务收入/亿元	占比/%
1	煤炭开采和洗选业	30045.9	2.74%
2	石油和天然气开采业	11556	1.06%
3	黑色金属矿采选业	9402.9	0.86%
4	有色金属矿采选业	6277.1	0.57%
5	非金属矿采选业	5213.7	0.48%
6	开采辅助活动	2043.5	0.19%
7	其他采矿业	21.4	0.00%
8	食品工业	108933.0	9.95%
9	纺织业	38091.3	3.48%
10	纺织服装、服饰业	20769.8	1.90%
11	皮革、毛皮、羽毛及其制品和制鞋业	13572.9	1.24%
12	木材加工和木、竹、藤、棕、草制品业	13143.4	1.20%
13	家具制造业	7187.4	0.66%
14	造纸及纸制品业	13513.6	1.23%
15	印刷业和记录媒介的复制	6643.2	0.61%
16	文教、工美、体育和娱乐用品制造业	14635.5	1.34%

续表

序号	指标	主营业务收入/亿元	占比/%
17	石油加工、炼焦和核燃料加工业	40304.3	3.68%
18	化学原料和化学制品制造业	82780	7.56%
19	医药制造业	23325.6	2.13%
20	化学纤维制造业	7211.9	0.66%
21	橡胶和塑料制品业	29569.9	2.70%
22	非金属矿物制品业	56646.1	5.17%
23	黑色金属冶炼和压延加工业	75028.4	6.85%
24	有色金属冶炼和压延加工业	50748.2	4.64%
25	金属制品业	35271.2	3.22%
26	通用设备制造业	46255.4	4.23%
27	专用设备制造业	34783.9	3.18%
28	汽车制造业	66677	6.09%
29	铁路、船舶、航空航天和其他运输设备制造业	15568.4	1.42%
30	电气机械和器材制造业	66578.8	6.08%
31	计算机、通信和其他电子设备制造业	84518	7.72%
32	仪器仪表制造业	8185.7	0.75%
33	其他制造业	2196	0.20%
34	废弃资源综合利用业	3675.2	0.34%
35	金属制品、机械和设备修理业	858.9	0.08%
36	电力、热力生产和供应业	56846.5	5.19%
37	燃气生产和供应业	4928.8	0.45%
38	水的生产和供应业	1638	0.15%
	总计	1094646.8	100.00%

注：(1) 本表数据为自年初累计数。自 2011 年起，统计口径为年主营业务收入 2000 万元及其以上的工业企业。

(2) 食品工业的统计口径为农副产品加工业，食品制造业，烟草制品业，酒、饮料和精制茶制造业。

资料来源：根据国家统计局数据整理。

（二）基本构成

从大类行业看，2014 年农副食品加工业在主营业务收入、主营业务利润两方面占据绝对主导地位，分别占整个食品工业主营业务收入、主营业务利润的 58.3%、40.5%。食品制造业，酒、饮料和精制茶制造业，烟草制品业三大行业主营业务收入分别占整个食品工业主营业务收入的 18.6%、14.9%、8.2%（图 8），主营业务利润分别占整个食品工业主营业务利润的 22.3%、21.2%、16.0%（图 9）。与主营业务收入和主营业务利润不同的是，烟草制品业在主营业务税金方面占据绝对主导地位，2014 年该行业主营业务税金占整个食品工业主营业务税金的比例高达 64.3%，农副食品加工业，食品制造业，酒、饮料和精制茶制造业三大行业主营业务税金仅分别占整个食品工业主营业务税金的 15.1%、8.5%、12.1%（图 10）。

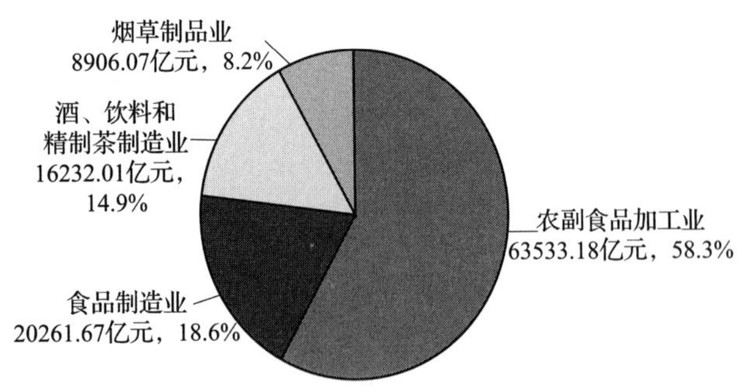

图 8　2014 年食品工业主营业务收入构成

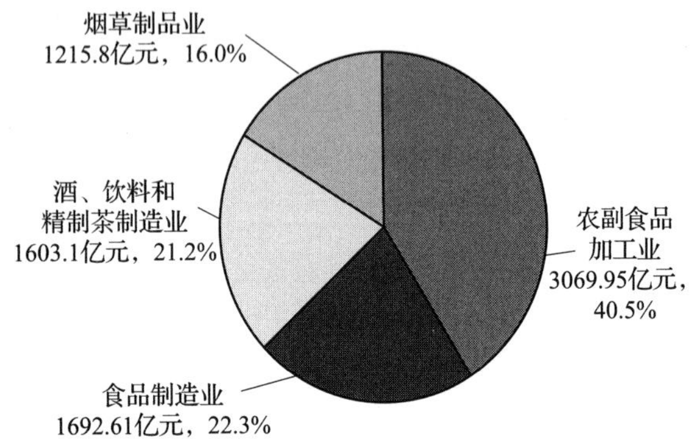

图 9　2014 年食品工业主营业务利润构成

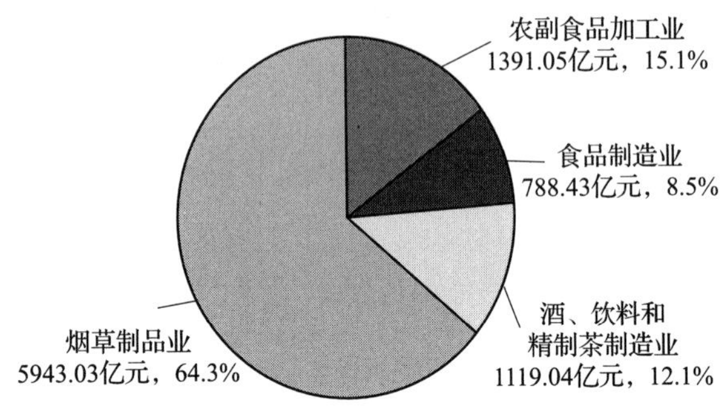

图 10　2014 年食品工业主营业务税金构成

从小类行业看，2014 年，主营业务收入排名前六位的食品行业（不含烟草制品业）分别为食用植物油加工、白酒制造、肉制品及副产品加工、水产品冷冻加工、乳制品制造、蔬菜加工，这六个小类行业主营业务收入分别占整个食品工业主营业务收入的 9.5%、4.8%、3.9%、3.5%、3.0% 和 3.0%（表5）。

表 5　2014 年主要食品行业主营业务收入

行业名称	主营业务收入/亿元	占比/%
谷物磨制	12571.50	11.54
饲料加工	10813.90	9.93
食用植物油加工	10370.00	9.52
非食用植物油加工	280.50	0.26
制糖业	1121.80	1.03
牲畜屠宰	5352.90	4.91
禽类屠宰	3296.00	3.03
肉制品及副产品加工	4225.10	3.88
水产品冷冻加工	3791.70	3.48
鱼糜制品及水产品干腌制加工	647.70	0.59
水产饲料制造	390.30	0.36
鱼油提取及制品制造	16.70	0.01
其他水产品加工	240.80	0.22
蔬菜加工	3241.50	2.98
水果和坚果加工	1647.20	1.51
淀粉及淀粉制品制造	3167.00	2.91
豆制品制造	664.40	0.61
蛋品加工	271.50	0.25
其他未列明农副食品加工	1422.80	1.31
糕点、面包制造	899.40	0.82
饼干及其他焙烤食品制造	1527.20	1.40
糖果、巧克力制造	1185.60	1.09
蜜饯制作	528.40	0.48
米、面制品制造	855.90	0.79
速冻食品制造	782.30	0.72
方便面及其他方便食品制造	1825.70	1.68
乳制品制造	3297.70	3.03
肉、禽类罐头制造	241.90	0.22
水产品罐头制造	95.00	0.09
蔬菜、水果罐头制造	1179.80	1.08
其他罐头食品制造	115.10	0.11
味精制造	440.80	0.40
酱油、食醋及类似制品制造	903.50	0.83
其他调味品、发酵制品制造	1304.70	1.20

续表

行业名称	主营业务收入/亿元	占比/%
营养食品制造	457.70	0.42
保健食品制造	1474.50	1.35
冷冻饮品及食用冰制造	393.40	0.36
盐加工	136.50	0.12
食品及饲料添加剂制造	1918.90	1.76
其他未列明食品制造	697.70	0.64
酒精制造	781.50	0.72
白酒制造	5258.90	4.83
啤酒制造	1886.20	1.73
黄酒制造	158.60	0.15
葡萄酒制造	420.60	0.39
其他酒制造	272.30	0.25
碳酸饮料制造	802.80	0.74
瓶（罐）装饮用水制造	1131.60	1.04
果菜汁及果菜汁饮料制造	1210.40	1.11
含乳饮料和植物蛋白饮料制造	1039.20	0.95
固体饮料制造	499.10	0.46
茶饮料及其他饮料制造	1101.60	1.01
精制茶加工	1669.10	1.53
烟叶复烤	186.20	0.17
卷烟制造	8595.20	7.89
其他烟草制品制造	124.60	0.11
总计	108932.90	100.00

主营业务收入层面，2014 年农副食品加工业，食品制造业，酒、饮料和精制茶制造业，烟草制品业主营业务收入同比增速分别为7.0%、12.3%、7.0%和7.4%，其中只有食品制造业的主营业务收入同比增速高于食品工业平均水平；主营业务利润层面，农副食品加工业，食品制造业，酒、饮料和精制茶制造业，烟草制品业主营业务利润同比增速分别为－0.4%、9.8%、－3.1%和0.2%，其中农副食品加工业，酒、饮料和精制茶制造业同比增速出现负增长；主营业务税金层面，农副食品加工业，食品制造业，酒、饮料和精制茶制造业，烟草制品业主营业务利润同比增速分别为4.2%、7.6%、－0.1%和9.4%，其中酒、饮料和精制茶制造业同比增速出现负增长（表6）。

三、面临的形势分析

（一）国际竞争日益激烈，全球食品格局深度调整

世界经济已进入密集创新和产业振兴时代，全球食品竞争格局也在发生广泛而深刻的变化，不断向多领域、全链条、深层次、低能耗、全利用、高效益、可持续方向发展。同时，食品跨国集团在全球范围内通过资本整合，以专利、标准、技术和装备的垄断及人才的争夺，将人才、技术优势迅速转化为市场垄断优势，不断提升核心竞争力，采用兼并、控股、参股等多种手段实现食品工业重组。

表6　2014 年食品工业经济效益指标

行业名称	主营业务收入		利润总额		税金总额	
	实际值/亿元	同比增长%	实际值/亿元	同比增长/%	实际值/亿元	同比增长/%
食品工业总计	108932.93	7.98	7581.46	1.19	9241.55	7.21
农副食品加工业	63533.18	7.01	3069.95	－0.44	1391.05	4.21
食品制造业	20261.67	12.25	1692.61	9.77	788.43	7.59
酒、饮料和精制茶制造业	16232.01	6.99	1603.10	－3.10	1119.04	－0.09
烟草制品业	8906.07	7.42	1215.80	0.24	5943.03	9.40

（二）资源环境约束加剧，转型升级迫切而艰巨

我国经济社会发展面临日趋强化的资源和环境双重制约，加快构建资源节约型、环境友好型的生产方式和消费模式，已成为我国工业经济发展长期而艰巨的任务。目前，我国食品工业部分行业单位产品的能耗、水耗和污染物排放仍然较高，实施清洁生产、加快转型升级和大力发展循环经济成为我国食品工业发展亟待解决的问题与主要任务。

（三）产业发展方式粗放，结构亟待优化

以数量扩张为主的粗放型发展方式仍然未得到改变。不少企业特别是部分中小企业生产粗放，初级产品多，资源加工转化效率低，综合利用水平不高。部分企业工艺技术水平低，循环经济和清洁生产发展滞后，能耗物耗高，污染较为严重。2014 年，农副食品加工业主营业务收入占整个食品工业主营业务收入的 58.3%，精深加工比例低。规模以上企业中，84.6% 的小型企业主营业务收入仅占全行业的 46.0%，利润总额占比 37.1%，上缴税金占比 16.8%。

（四）自主创新能力薄弱，企业经营压力加大

当前，我国食品科技研发投入不足，投入强度约为 0.4%，不仅低于发达国家 2% 以上的水平，也低于新兴工业化国家 1.5% 的水平。食品科技创新基础薄弱，产学研用结合不紧密，缺乏工程技术中心、工程实验室等创新平台，国家重点实验室建设有待加强。企业原始创新能力不足，技术升级进展缓慢，内生动力不强，原料与劳动力成本上升，企业议价能力薄弱，筹资融资困难，经营压力加大。

四、发展趋势研判

2015 年是我国经济发展“十二五”规划的收官之年，也是稳增长调结构的关键之年，食品工业要主动适应经济发展新常态，坚持稳中求进总基调，以提质增效为中心，以消费增长为推动力，以科技创新为支撑，不断优化、调整产业结构，加快转型升级，保持平稳健康发展。

（一）消费需求刚性增长，市场空间持续扩大

随着我国人口增长、国民收入水平提高和城镇化深入推进，城乡居民对食品消费的需求将继续保持较快增长的趋势，对食品的消费正从生存型消费加速向健康型、享受型消费转变，从“吃饱、吃好”向“吃的安全、吃的健康”转变，传统商业模式向电子商务模式转变，食品消费将进一步多样化，市场空间持续扩大，推动食品消费总量持续增长。

（二）经济步入新常态，食品工业战略地位提升

当前我国经济发展步入“新常态”，全国工业生产增速由 2011 年的 13.9% 降至 2014 年的 8.3%。在经济运行压力持续不减、运行风险不断加大的背景下，各省（区、市）尤其是中西部地区均将食品工业作为“稳增长、促改革、调结构、惠民生”的重要载体加以支持发展，食品工业在国民经济和社会发展中的民生性、支柱性地位得到极大提升，这将为食品工业的发展赢得更多的资源与政策支持。

（三）科技创新提升，新业态快速发展

适应居民消费结构的升级，食品工业科技创新加快，信息技术、生物技术、纳米技术、新工艺新材料等高新技术与食品科技交叉融合，不断转化为食品生产新技术，营养与健康技术、酶工程、发酵工程等高新技术的突破将催生新型保健与功能性食品产业、新资源食品产业等的快速发展。同时，随着

工业化和信息化融合的加深及其在食品工业领域的不断推广应用，基于互联网 + 的电商、微商等移动互联网平台将快速涌现，推动食品工业经营模式创新。

（四）兼并重组加快，行业集中度提高

2014 年以来，国家在婴幼儿配方乳粉行业开展了兼并重组的实践，取得了积极的成效，资源进一步向优势企业集中。未来，该行业兼并重组的成效将为整个食品工业的兼并重组和结构调整提供示范，逐渐形成以大型企业为龙头、中型企业为支撑、小微型企业为基础的共同发展新格局。同时，国家有关兼并重组的政策环境将不断优化，跨地区、跨行业兼并重组、强强联合的现象将不断涌现，行业集中度不断提高。

五、政策建议

（一）继续加强政策引导

一是继续强化对食品工业的顶层设计与战略研究，正确处理粮食安全、食品安全与人民群众营养健康的关系；二是加快制订食品工业“十三五”发展规划，继续明确食品工业在国家稳增长、调结构、惠民生战略中的地位，高度重视食品工业发展；三是继续推进简政放权、放管结合，最大限度地减少行政审批，扎实推动政策落实，切实做到为企业发展减负；四是改进行业管理，加强对企业尤其是中小企业的服务，加快推进公共服务平台建设，全面提升服务能力和服务水平。

（二）着力改善融资环境，适度调整税收政策

一是贯彻落实《关于进一步促进中小企业信用担保机构健康发展的意见》，引导推动中小企业信用担保体系建设；二是积极探索实践新思路、新举措，加快设立国家中小企业发展基金，充分发挥国家财政基金的正确引导和杠杆放大作用，带动更多的社会资金支持中小企业发展，积极探索网络金融服务小微企业的新模式；三是针对酒、饮料及精制茶制造业利润和税金双降的情况，建议减免酒类从量税（目前从量税按每市斤征收 0.5 元）；四是调整和完善农产品增值税抵扣机制，将进出项税额抵扣统一试点扩大到整个农副食品加工业。

（三）深入推进结构调整

一是深入推进重点行业的兼并重组，针对食品工业经济体量大、规模企业数量多、产业利润率偏低等特点，建议相关部门按照完全市场竞争机制，政策引导产业转型升级，加快推动企业间兼并重组，可以在产业集中度高的重点行业先行试点；二是加快推进新型工业化产业示范园区建设，对国家级、省级两化融合示范园区、企业予以重点支持，引导中小企业发展资金、国家科技重大专项、工业转型升级等资金向两化融合专项倾斜。

（四）积极推动智能制造和“互联网 +”

一是贯彻落实“中国制造 2025”，加快食品生产装备智能化改造，提高精准制造和敏捷检测的能力；二是促进互联网与食品工业的融合，继续抓好食品工业信息化提升和两化融合，推动云计算、物联网、大数据等新型信息技术在食品工业中的应用，培育新技术、新产品、新业态的发展。

（五）加强科普宣传和引导

一是加强舆论导向管理和消费知识宣传，引导消费者树立科学的消费观，增强对国产食品的消费信心；二是开展对从业及相关人员食品安全与营养知识的科普宣传，提高整体专业素质和水平；三是鼓励企业、社会组织和其他机构开展多种形式的科普宣传。

（六）充分发挥行业协（学）会作用

一是充分发挥行业协会的桥梁纽带作用

和学会集聚科技专家的优势，积极参与有关产业战略规划、政策法规、标准的制（修）订；二是及时掌握和分析实施科技进步方面的新情况、新问题，提出解决问题的意见和建议，反映企业诉求，推动行业科技进步；三是加强行业组织在产业发展、技术进步、贸易促进、行业准入和公共服务等方面的能力建设。

《食品工业发展报告（2014 年度）》编委会

行　业　篇

肉类加工业

2014年，我国肉类生产稳步增长，肉类总产量突破8700万吨，提前超额完成了“十二五”规划目标。肉类产品结构进一步适应消费需求的变化，市场供应充裕，肉价比较稳定。国家加强了食品安全监督抽检，肉及肉制品合格率稳步提升。随着我国经济的转型，肉类工业投资增幅有所下降，规模以上企业数量继续增加，区域布局更趋合理，肉食包装及装备水平提高。肉类进出口总量减少、贸易逆差迅速扩大的势头得到控制。随着生产成本的加大和市场竞争的加剧，规模以上企业利润下降，亏损企业增加。

一、行业概况

2014年，全国屠宰及肉类加工行业稳步发展，规模以上企业3786家，比上年增加93家，增幅2.5%。其中：大型企业143家，占规模以上企业总数的3.77%；中型企业639家，占规模以上企业总数的16.87%；小型企业3004家，占规模以上企业总数的79.3%。

（一）主要经济指标

1. 主营业务收入

2014年，全国规模以上屠宰及肉类加工企业主营业务收入12874亿元，比2013年的12013亿元增加861亿元，增幅7.16%。

2. 利税

2014年，全国规模以上屠宰及肉类加工企业实现利税704.61亿元，比2013年的731.33亿元减少26.72亿元，降幅3.7%。其中，企业利润总额643.63亿元，比上年的673.76亿元减少30.13亿元，降幅4.5%；上缴税金及附加60.98亿元，比上年的57.57亿元增加3.41亿元，增幅5.9%。

（二）行业发展分析

1. 价格

2014年我国总体上物价涨幅呈平稳回落态势。其重要原因之一，是肉类食品市场价格出现结构性回落。猪肉价格自2011年大幅上涨之后，连续三年呈下降趋势，于2014年跌入谷底；牛羊肉价格经2011—2013年连续大幅上涨后，于2014年开始企稳，增幅明显减小；禽肉价格经2013年下跌后开始转入上升通道，如表1和图1所示。2011—2014年主要肉类产品的价格升降幅度变化如图2所示。

表1　主要肉类产品集贸市场2011—2014年平均成交价格及升降幅度

主要肉类产品	2011年	2012年	2013年	2014年
鲜猪肉/（元/kg）	26.73	25.32	25.22	23.06
同比升降/%	23.7	-5.3	-0.4	-8.6
鲜牛肉/（元/kg）	41.23	53.17	63.01	63.91
同比升降/%	16.01	28.93	18.5	1.4

续表

主要肉类产品	2011 年	2012 年	2013 年	2014 年
鲜羊肉/（元/kg）	49.47	57.86	65.12	65.16
同比升降/%	23.63	16.94	12.5	0.06
白条鸡/（元/kg）	16.98	17.66	17.54	18.90
同比升降/%	9.99	4	-0.7	7.7

资料来源：农业部。

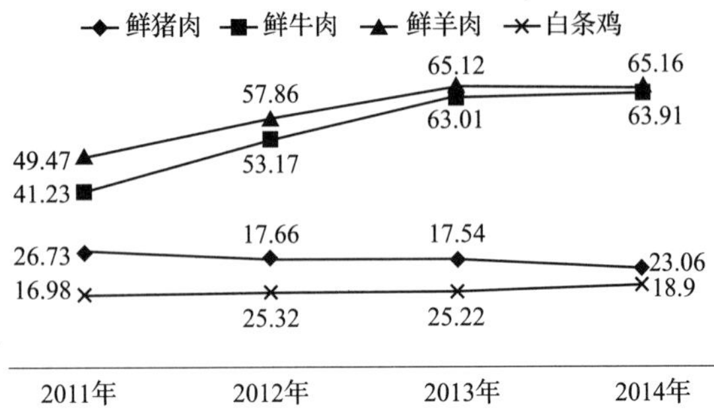

图 1　2011—2014 年主要肉类产品的价格变化（单位：元/kg）

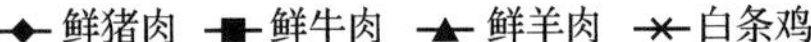

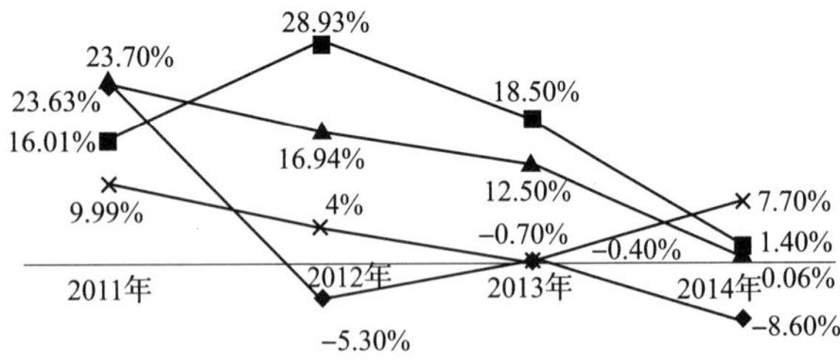

图 2　2011—2014 年主要肉类产品的价格升降幅度变化

2．市场

据国家统计公报，2014 年全国肉类总产量 8707 万 t，比上年增长 2%，比“十二五”规划目标超出 207 万 t。其中，猪肉产量 5671 万 t，增长 3.2%；牛肉产量 689 万 t，增长 2.4%；羊肉产量 428 万 t，增长 4.9%；禽肉产量 1751 万 t，比上年下降 2.7%。

从市场供应结构看，猪肉、禽肉、牛肉、羊肉在肉类总产量中所占的比重为 65.1:20.1:7.9:4.9（图 3）。与上年相比，猪肉占比上升了 0.8 个百分点，禽肉占比下降了 0.9 个百分点，牛羊肉占比上升了 0.1 个百分点。与“十二五”规划目标相比，猪肉占比高了 2.1 个百分点，比重偏大。

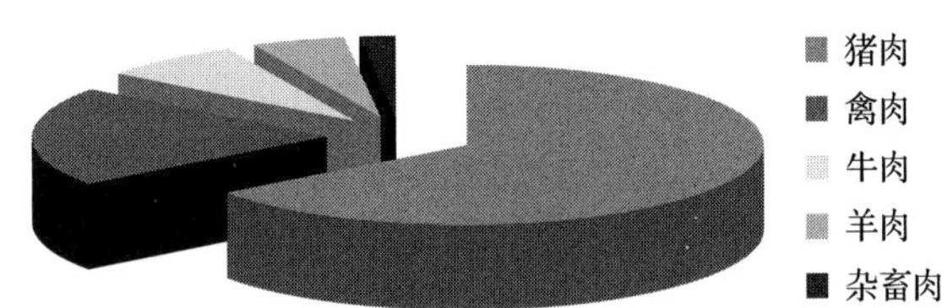

图 3　2014 年我国肉类行业主要产品的结构

从肉类食品安全看，肉及肉制品的产品合格率稳步上升，保障和改善了居民肉食消费。2014 年国家共进行了三次食品安全监督抽检，其中上半年的抽检合格率为 95.62%，下半年的两次抽检合格率分别为 96.84% 和 97.32%，如表 2 所示。

表 2　2014 年肉及肉制品食品安全国家监督抽检情况概览

	第一次抽检（2014 年 8 月 24 日公布）	第二次抽检（2014 年 12 月 5 日公布）	第三次抽检（2015 年 2 月 16 日公布）
抽检产品批次	1255	2466	5667
不合格产品批次	55	78	160
不合格率/%	4.38	3.16	2.68

续表

	第一次抽检 （2014年8月24日公布）	第二次抽检 （2014年12月5日公布）	第三次抽检 （2015年2月16日公布）
产品合格率/%	95.62	96.84	97.32
抽检企业/家	518	1181	2635
不合格企业/家	52	69	153
合格企业/家	463	1103	2475
企业合格率/%	90	94.16	94.2
备注	未标示企业3家	未标示企业9家	未标示企业7家

资料来源：国家食药监总局食品安全监督抽检公告。

3. 投资

为适应国内市场肉类消费需求升级和结构调整的变化，2014年，全国肉类工业投资继续增加，牲畜屠宰比重下降，禽类屠宰和肉制品加工比重上升。

据国家统计局数据显示，2014年全国规模以上屠宰及肉类加工企业资产总计6245.7亿元，比2013年的5357.16亿元增加888.54亿元，增幅16.6%。其中，牲畜屠宰企业资产2413.51亿元，比上年的2128.22亿元增加了285.29亿元，增幅13.4%；禽类屠宰企业资产1560.86亿元，比上年的1305.85亿元增加了255.01亿元，增幅19.5%；肉制品及副产品加工企业资产2271.34亿元，比上年的1923.09亿元增加了348.25亿元，增幅18.1%。

从投资结构看，牲畜屠宰企业资产在肉类行业的占比由上年的39.7%降至2014年的38.6%，下降了1.1个百分点；禽类屠宰企业资产占比由上年的24.4%上升到2014年的25%，上升了0.6个百分点；肉制品及副产品加工企业资产占比由上年的35.9%上升到36.4%，上升了0.5个百分点，如图4所示。

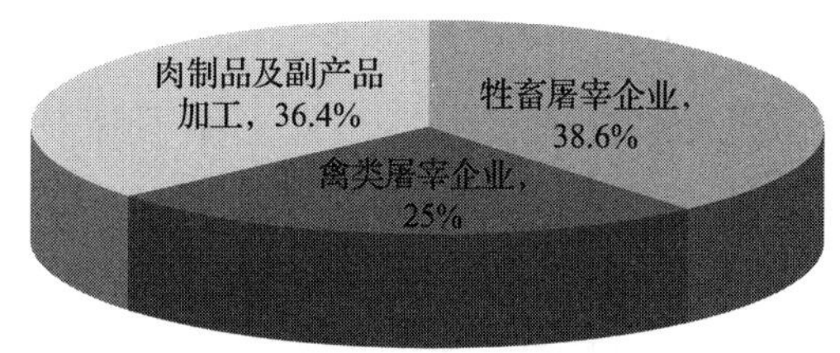

图4 2014年全国肉类重点行业资产分布结构

从投资增速看，2014年全国规模以上屠宰及肉类加工企业投资增长幅度为16.5%，比上年的18.9%下降了2.4个百分点。其中，牲畜屠宰企业投资增长幅度为12%，比上年的近20%下降约8个百分点；禽类屠宰企业投资增长幅度为17.37%，比上年的15.3%上升了2.07个百分点；肉制品及副产品加工企业投资增长幅度为18.16%，比上年的20.3%下降了2.14个百分点。

4. 区域分布

2014年全国规模以上屠宰及肉类加工企业资产6245.7亿元。按资产比重大小排序，区域分布情况如表3所示。同2013年相比，华东地区占比提高了0.17个百分点，华中地区占比提高了0.27个百分点，东北地区下降了0.24个百分点，华北地区下降了0.27个百分点，西南地区占比上升了0.03个百分点，西北地区上升了0.04个百分点。

表 3　2014 年全国肉类工业企业区域分布概览

地区	肉类工业资产在全国所占比重/%
华东地区	37.47
华中地区	23.97
东北地区	13.66
华北地区	12.63
西南地区	9.63
西北地区	2.64
全国总计	100

资料来源：国家统计局。

图 5 所示为 2014 年全国肉类工业区域分布情况，华东地区肉类工业企业资产占比最高的是山东省（21.39%，比上年下降 0.31 个百分点），其次为江苏省（4.71%，比上年下降 0.09 个百分点）；华中地区肉类工业企业资产占比最高的是河南省（16%，比上年上升 0.2 个百分点），其次为湖北省（2.49%，比上年下降 0.01 个百分点）；东北地区肉类工业企业资产占比最高的是辽宁省（7.12%，比上年下降 0.18 个百分点）；华北地区肉类工业企业资产占比最高的是北京市（3.52%，比上年下降 0.08 个百分点），其次为内蒙古（3.29%，比上年下降 0.31 个百分点）；西南地区肉类工业企业资产占比最高的是四川省（7.13%，比上年下降 0.07 个百分点），其次为重庆市（1.5%，与上年持平）；西北地区肉类工业企业资产占比最高的是陕西省（0.9%），其次为新疆维吾尔自治区（0.7），与上年持平。

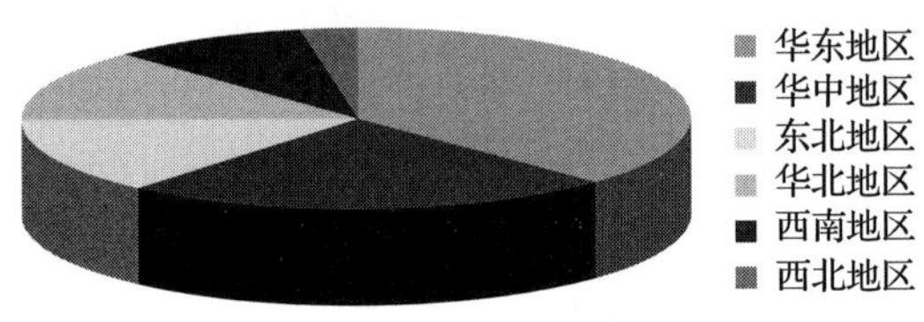

图 5　2014 年全国肉类工业区域分布

总的看来，2014 年我国肉类工业区域分布变化的主要特点，一是华东及中西部地区占比上升，东北、华北地区占比下降；二是产业布局更趋均匀化，2013 年名列前茅的肉类工业重点产区占比普遍有所下降。

5. 行业集中度

同 2011 年相比，肉类行业大型企业占比上升，中小企业占比下降，产业集中度有了明显提高，如图 6 所示。其中：

大型企业增加了 101 家，其主营业务收入增加了 2094 亿元，增幅 98.8%；在行业内占比由 2011 年的 22.7% 提高到 2014 年的 32.8%，提升了 10 个百分点。

中型企业增加了 239 家，其主营业务收入增加了 834 亿元，增幅 31.4%；在行业内占比由 2011 年的 29.9% 下降到 2014 年的 28.4%，下降了 1.5 个百分点。

小型企业增加了 169 家，其主营业务收入增加了 604 亿元，增幅 13.5%；在行业内占比由 2011 年的 47.3% 下降到 2014 年的 38.8%，下降了 8.5 个百分点。

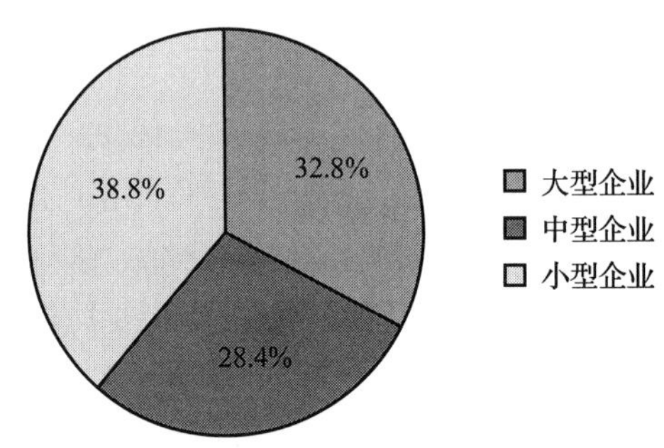

图 6　全国规模以上企业市场占有比例

6. 进出口

2014 年肉类出口 93.5 万 t，比上年增加 3.8 万 t，增幅 4.2%；肉类进口 244.2 万 t，比上年减少 12 万 t，降幅 4.7%。肉类进出口贸易逆差 150.7 万 t，与上年相比减少 15.8 万 t，降幅 9.5%，肉类进出口贸易逆差快速扩大的势头得到控制，如表 4、图 7 所示。

分品种看，2014 年我国猪肉出口 37.1

万 t，进口 137.8 万 t，贸易逆差 100.7 万 t；牛肉出口 2.8 万 t，进口 31.6 万 t，贸易逆差 28.8 万 t；羊肉出口 0.45 万 t，进口 27 万 t，贸易逆差 26.55 万 t；禽肉出口 51.4 万 t，进口 47.1 万 t，贸易顺差 4.3 万 t；其他肉类食品出口 0.64 万 t，进口 0.54 万 t，贸易顺差 0.1 万 t。猪肉进出口贸易逆差占总量的 66.8%，比上年扩大了 3.7 个百分点。

表 4　2010—2014 年肉类进出口贸易逆差概览

	肉类出口/万 t	肉类进口/万 t	进出口贸易逆差/万 t	逆差增减/%
2010 年	88.4	154.9	66.5	—
2011 年	89.4	190.5	101.1	52.0
2012 年	88.4	207.9	119.5	18.2
2013 年	89.8	256.3	166.5	39.3
2014 年	93.5	244.2	150.7	-9.5

资料来源：国家海关总署。

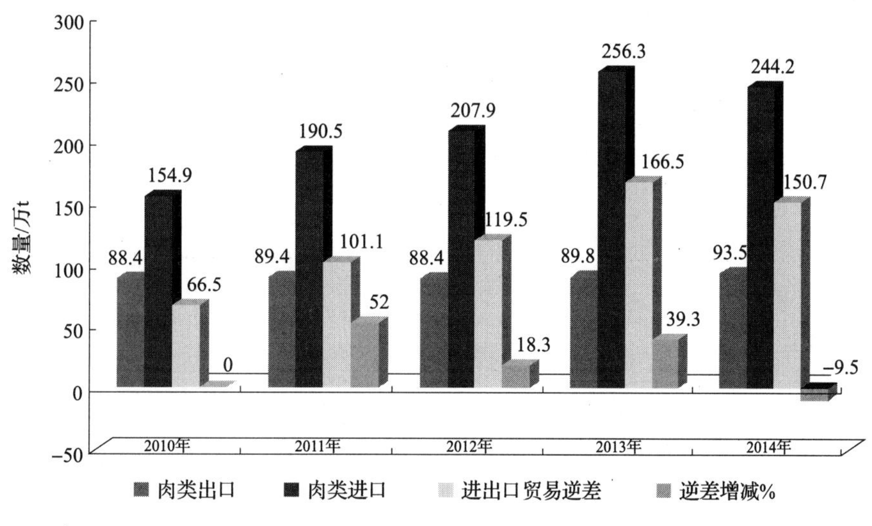

图 7　2010—2014 年我国主要肉类产品进出口贸易逆差的变化

7. 重点行业

按照有关国家标准规定，屠宰及肉类加工业共分为三个重点行业：

一是牲畜屠宰业。2014 年全国有规模以上牲畜屠宰企业 1339 家，比上年的 1325 家增加了 14 家，增幅 1%。牲畜屠宰企业占行业内企业总数 35.3%，比上年的 35.9% 下降了 0.6 个百分点。其主营业务即通常所说的“红肉”（猪肉、牛肉和羊肉等）销售收入 5352.92 亿元，比上年的 4956.43 亿元增加了 396.49 亿元，增幅 7.9%；占肉类行业主营业务收入 12874.01 亿元的 41.6%。

二是禽类屠宰业。2014 年全国有规模以上禽类屠宰企业 849 家，比上年的 861 家减少了 12 家，降幅 1.4%。禽类屠宰企业占行业内企业总数 22.4%，比上年的 23.3% 下降了 0.9 个百分点。其主营业务即通常所说的“白肉”（鸡肉、鸭肉和鹅肉等）销售收入 3295.96 亿元，比上年的 3102.8 亿元增加了 193.16 亿元，增幅 6.2%；占肉类行业主营业务收入总额的 25.6%。

三是肉制品及副产品加工业。2014 年全国有规模以上肉制品及副产品加工企业1598家，比上年的1507家增加了91家，增幅6%。肉制品及副产品加工企业占行业内企业总数的42.2%，比上年的40.8%上升了1.4个百分点。其主营业务收入4225.13亿元，比上年的3953.98亿元增加了271.15亿元，增幅6.8%；占肉类行业主营业务收入总额的32.8%。

8. 包装与装备

（1）包装　随着我国肉类消费的不断增长，2014年肉类食品生产和流通中对包装材料和包装产品的需求不断增加，主要表现在以下几方面。

- 用于超市零售的冷鲜分割肉高阻氧托盘及收缩盖膜增加。
- 比气调包装具有更长的货架期、更高的配送效率和更低的配送成本的真空贴体包装增加。
- 用于进出口及长途运输的工业——大冷鲜肉包装增加。
- 具有更强便利性功能（例如，更便于打开、重复封口、加热调理、保存等）的肉制品包装增加。

总的看来，2014年用于冷鲜肉的包装物料比上年增长了约2%，用于肉制品的包装物料比上年增长了约7%。

（2）装备　随着肉类生产的发展和产业集中度的提高，2014年我国屠宰及肉类加工机械与装备的水平有了进一步提升，主要表现在以下几方面。

- 先进生产工艺和加工技术装备的应用正在由东部发达地区加速向中西部地区扩展。
- 很多国产设备已经接近国外先进水平，能够满足肉类大规模加工、工业化生产的需要。一些关键技术设备已经实现了质的突破，达到了国际领先水平。大型企业开始更多地选用国产设备。
- 国产肉类加工机械与装备已经呈现出专业化、系列化、标准化、安全节能等特点，可基本满足各类用户不同层次、多样化的需求。
- 除生产技术和工艺、产品性能和质量的提高外，国产肉类加工机械与装备在采购和应用成本以及售后服务等方面，超越了众多国际品牌，开始吸引许多欧美客户，出口明显扩大。

二、行业面临的问题分析

（一）政策和市场

2014年国家对肉类产业的政策主要集中在促进生产发展、提倡合理消费、保障质量安全和调整产业结构方面。从市场上看，一方面可以使肉类食品供给基本适应城乡市场的消费需求；另一方面，由于肉类食品质量安全保障水平不高，影响了供求平衡。由于肉食产品结构调整进展缓慢，不能适应消费需求结构的升级。

1. 2014年采取的主要政策措施

（1）努力增加生产，反对食品浪费　针对2011年以来消费需求增加、肉类供不应求、价格上涨较快、贸易逆差扩大的形势，2014年国务院及各相关行政主管部门采取了一系列措施，努力增加生产，提倡合理消费，适度控制进口，取得了明显成效。

在提倡合理消费方面，2014年采取的主要措施：一是国务院发布了《中国食物与营养发展纲要（2014—2020年）》，提出适当减少肉类消费，由现在的人均60kg以上减至29kg；二是中共中央办公厅、国务院办公厅印发了《关于厉行节约反对食品浪费的意见》，要求各地认真贯彻实施，减少包括肉类在内的食品浪费。由于厉行节约，减少了不必要的浪费，肉类食品的产销压力得到一定程度的缓解，市场价格也逐步企稳。

（2）推进体制改革，加强质量监管　针对分段多头管理、职责不清、管理低效的弊端，2014年以来，各级政府在推进肉类行业管理体制改革、加强肉类食品质量安全监管方面采取了一系列有效措施。主要包括：

–《食品安全法（修订草案）》向公众公开征求意见；将《生猪屠宰管理条例》修订为《畜禽屠宰管理条例》。

–继续深入推进食品安全监管“三合一”和生猪屠宰管理体制改革。政府有关部门正式委托中国肉类协会开展“肉类食品安全风险信息收集及行业预警交流”、“肉类加工业监测预警分析”等项工作，推动了肉类行业食品安全管理平台和政府–协会–企业合作共治机制的建设。

–加强肉类食品安全监管，分期分批开展监督抽检。

–继续深入推进肉类食品企业诚信体系建设和质量安全追溯系统建设。

上述措施使我国肉类食品合格率在2014年期间有了明显提高，从上半年的95.62%提高到下半年的97.32%，提高了1.7个百分点。

（3）实施发展规划，加快结构调整　针对我国肉类食品生产结构与消费需求结构不相适应的问题，2014年以来，各级政府贯彻实施相关发展规划和产业政策，在促进肉类产品结构调整方面取得了新的进展：

–贯彻实施《全国牛羊肉生产发展规划（2013—2020年）》，2014年牛羊肉在肉类总产量中的占比上升了0.1个百分点，达到12.8%，计1117万t。

–贯彻国家相关产业结构调整及技术改造政策，使2014年冷鲜肉在肉类总产量中的占比上升了1.9个百分点，达到17%，约1480万t；肉制品在肉类总产量中的占比上升了0.5个百分点，达到16.5%，约1437万t。

2. 当前，我国肉类行业面临的突出问题

（1）质量安全影响供求平衡　从长期看，我国人口、资源、环境等因素对肉类产业发展的制约将逐渐加大。特别是在城镇化过程中，随着农村人口向城镇转移，肉类消费需求总量将进一步增加。如何保持肉类生产的稳步增长，保障肉类食品供求平衡和价格稳定，仍是我国肉类产业面临的首要任务。

在数量型向质量效益型转变的过程中，我们必须清醒地认识到，2014年以来，上海福喜“过期肉”事件、江西大量病害猪流入11省市等类似案例的发生，都说明肉类食品安全风险不仅威胁着公众的身体健康，而且影响着人民群众的消费信心，影响着肉食产业的稳步增长。根据国家监督抽检的结果，2014年我国市场上有不到5%的不合格肉及肉制品。按照肉类生产总量测算，不合格肉类的数量在230～380万t。减掉这些不合格肉品，我国肉类总产量只有8300～8400万t，还没有实现“十二五”发展规划的目标。这也是“十二五”以来肉类进出口贸易逆差不断扩大的原因之一。

（2）人为因素是导致产品不合格的主因　根据对国家监督抽检结果的分析，导致肉类不合格的原因如下：有50%的肉类微生物指标不合格；有23%食品添加剂指标不合格；有15%蛋白质、淀粉等质量指标不合格；还有12%重金属、瘦肉精及其他安全性指标不合格。也就是说，造成肉类产品不合格的主要原因，是加工过程中的人为因素。

上述各类问题产品，涉及全国29个省、直辖市、自治区的274家企业，占4334家被抽检企业的6.3%。另外，还有约6.5%的不合格产品是由无企业标识的主体生产的。加上H7N9、口蹄疫等疫情对畜禽养殖业发展的影响，肉类产业在加强企业主体责任、提高质量安全和保障水平方面的任务还相当艰巨。

（3）结构调整进展缓慢　由于我国居民对健康、营养、方便食品消费需求的增加，目前肉类产品结构与需求结构的变化还不相适应。主要表现在：牛羊肉还需依靠增加进口来平衡供求、稳定价格；热鲜肉和“冻转鲜”的比例仍占2/3左右，肉类总体质量不高；肉制品的比例偏低，品种也不够丰富，与城乡居民多元化、优质化、便捷化的需求不相适应。

结构调整进展缓慢的重要原因，是提高屠宰产业集中度难度较大。自2013年国家将生猪屠宰管理职能由商务部转交农业部以来，屠宰行业管理问题再次成为行业关注的热点。据不完全统计，目前全国共有屠宰企业19000多家，其中生猪屠宰企业14000多家。从2014年行业运行的情况看，规模以上屠宰及肉类加工企业实现利润同比下降4.5%。其中，牲畜屠宰实现利润256.8亿元，同比下降7.68%；禽类屠宰实现利润134.54亿元，同比下降2.31%；肉制品及副产品加工实现利润252.29亿元，同比增长1.67%——行业利润下降主要原因是屠宰业利润下降、亏损企业较多。目前，规模以上企业在行业内占比过低，仅占10%左右。约占行业90%的小微屠宰企业与规模以上屠宰企业争抢有限的畜禽原料，使规模以上企业先进产能闲置，平均利用率只有30%左右，造成热鲜肉比重居高不下、同质化低水平恶性竞争，使大中型企业资产利润率降低。如何加快淘汰落后产能、提高产业集中度和先进产能利用率，是肉类产业结构调整面临的艰巨任务。

（二）科技创新

在改革中不断增强科技创新能力，推动发展方式转变，是关系到肉类产业发展全局的重大战略问题。2014年，我国肉类加工业的科技创新仍处于战略性调整期，在许多方面取得了新的进展，但在总体上与产业升级的要求还有很大差距，诸多深层问题亟待解决。

1．科技创新的研发体系建设问题

随着肉类行业管理职能的转换以及国家科技体制改革的深化，肉类食品企业科技创新环境发生了重大变化。从研发体系建设看，通过开展科企合作，企业、科研单位和大专院校的优势得到进一步整合，以企业为主导、产学研一体的技术创新推广联盟在科技成果转化方面的作用有所增强；许多企业加大了研发投入在销售收入中所占的比重，进一步加强技术集成基地建设，完善技术创新的基础设施条件；许多地方加强了对肉类加工科技创新项目的政策支持，加快培育科企合作的创新主体，取得了可喜的进展。但是，从肉类产业的科技创新体制来看，过去那种单打独斗、各自为战、互不沟通的状况并没有明显转变，在有效配置科技资源，开展联合创新、协同创新，实现产业链创新的衔接配合方面还有许多工作要做。

2．科技创新的技术开发与应用问题

2014年在技术和装备方面，通过开展科企对接、技术成果推介、举办论坛和新技术装备展示等活动，加快了对原有设备技术的改造，机电一体化技术、自动化控制技术、节能减排技术、清洁生产技术、综合利用技术等得到了推广应用；通过科研攻关，在重大关键技术领域也取得了新的突破。例如，在肉类食品异物检测技术方面，成功研制了金属检测机、X－RAY异物检测机、工业视觉控制、动态重量称重秤等产品，申请了多项国家发明专利和实用新型专利。但是从总体看，如何从肉类产业现代化和经济社会发展的全局出发，确定基础前沿研究和重大共性关键技术（产品）开发及应用的重点，加强重大项目谋划，仍然是我国肉类行业发展中尚未解决的问题。

3．强化企业在科技创新中的主体地位问题

从2014年的产品和营销看，许多企业不仅开发了更适合消费需求的新产品，而且在营销方式上采用了更适应用户需求的新手段。

目前，市场供应的肉类食品种类更加丰富，肉制品进一步向多元化、优质化、功能化发展。同时，随着我国电子商务的蓬勃发展及网络购物环境的不断改善，越来越多的居民开始网上购物，肉类食品的营销方式不断创新，涌现出“平台化营销”“基地 + 传统 B2C + 故事性营销”“本地化 + O2O”等众多网络营销模式，肉类食品传统供应链与互联网的融合明显加快。但是，必须看到，肉类行业在如何优化机制、构建“产学研推用”有机结合的创新体系、进一步强化企业在科技创新中的主体地位方面并没有明显进展，需在今后着力解决。

三、发展趋势

2015 年全国肉类总产量将比上年有所下降，与此相适应，以猪肉为主的肉类食品价格将有较大幅度上升。受此影响，规模以上企业数量、主营业务收入、利润总额和投资将继续增加。主要的困难和问题将表现如下：

（一）牲畜屠宰亏损企业增加

预计 2015 年全国规模以上牲畜屠宰行业亏损企业和亏损额都将比上年增加。造成亏损增加的重要原因之一，是成本费用加大。2015 年牲畜屠宰企业主营业务成本、销售费用、管理费用、财务费用都呈上升趋势。应收账款的增加，也将影响企业的资金周转和效益提高。

从生猪屠宰的情况看，据农业部畜禽屠宰管理办公室统计，2015 年第一季度我国规模以上生猪定点屠宰企业屠宰量为 5665.99 万头，同比减少 161.91 万头，降幅 2.8%。分月看，生猪屠宰量也是下降趋势：2 月比 1 月减少 389.08 万头，降幅 17.7%；3 月比 2 月又减少 150.96 万头，降幅 8.4%。一季度病害猪无害化处理量 16.57 万头，比上年同期减少 2.45 万头，降幅 12.9%。这一方面是由于生猪减产的影响，另一方面说明生猪屠宰的集中度在下降。

需要强调的是，2015 年规模企业生猪屠宰量和病害猪无害化处理量下降的一个重要原因，是近两年来病害肉、劣质肉、走私肉上市增加，挤占了健康优质猪肉的市场，影响了消费者的信心。

近几年来，随着人民生活水平的提高，对肉类的消费需求明显扩大。一些不法厂商经营国家明令禁止上市的病害肉、假劣肉、走私肉，案件在各地媒体多有披露。这些病害肉、劣质肉、走私肉的上市，不仅危及消费者的健康安全，而且严重影响了规范经营企业健康优质产品的销售，影响了规范经营企业经济效益的提升。

（二）禽类屠宰企业亏损依然严重

2015 年我国禽类屠宰行业亏损将有所缓解，亏损企业和亏损额同比将有所下降。但是，必须看到，2015 年 1—4 月禽类屠宰业亏损总额高达 8.58 亿元，是牲畜屠宰业亏损额的 1.5 倍；亏损企业数量多达 107 家，占规模以上禽类屠宰企业的 12.6%，亏损情况依然严重。

从整个行业看，造成亏损的主要原因仍然是市场销售不畅。2015 年 1—4 月，由于市场销售不畅带来的资金困难，使禽类屠宰业财务费用同比增长了 6.79%，比牲畜屠宰业高 6.57 个百分点；利息支出 8.24 亿元，同比上升了 5.69%，比牲畜屠宰业高约 11 个百分点。虽然在此期间各地对禽类屠宰企业采取了一些减免税的扶持政策，主营业务税金及附加同比下降了 9.36%，但禽业不景气的局面短期内还难以扭转。

（三）肉制品加工企业产品质量有待提高

2015 年上半年，国家食品药品监督管理总局公布了最新的肉及肉制品监督抽查结果。通过对 5667 批次产品的抽检，发现有 160 批次的肉制品不合格，不合格率 2.68%。本次抽查共涉及企业 2635 家，其中不合格企业 153 家，占 5.8%。另外，还有 7 个产品未标示生产主体。肉类产品不合格的主要原因，是加工过程中的人为因素造成的。肉制品加工企业在加强主体社会责任、提高质量安全保障水平方面还面临着相当艰巨的任务。

（四）大中城市肉食加工企业“煤改气”、节能减排压力凸显

随着大中城市对企业环境治理、节能减排要求的不断提高，“煤改气”已是限时完成的硬任务。从烧煤改成烧天然气（石油气），能源成本上升3倍。企业必须将“煤改气”与节能减排改造同时进行，才能控制住能源成本的过快增长。这是肉食加工企业必须应对的一个严峻挑战。

总的看来，2015年肉类行业发展形势不容乐观。随着农业部对《关于做好2015年畜禽屠宰行业管理工作的通知》和《关于做好2015年农产品加工业重点工作的通知》中各项措施的进一步贯彻落实，通过行业内外的共同努力，2015年肉类行业将继续保持稳增态势，规模以上企业数量、主营业务收入、利润总额和投资将继续增加；牲畜屠宰的产业集中度逐步提高，亏损企业增加的局面开始得到扭转；禽类屠宰企业亏损额进一步减少，逐步走出效益低迷的困局；肉制品及副产品加工企业的产品质量进一步提高，市场竞争力进一步增强。

四、政策建议

（一）抓紧出台《畜禽屠宰管理条例》，加快淘汰落后产能

在全面完成屠宰管理职能转变、制定《畜禽屠宰管理条例》的基础上，尽快启动制定《畜禽屠宰法》的工作。通过依法加强屠宰行业管理，加快淘汰落后产能，改变我国小微屠宰企业过多、现代化屠宰企业产能利用率过低的现状。

小微企业过多，与目前行业管理规则、标准不清有关。建议在立法过程中明确淘汰落后产能的规则和标准，为依托规模以上企业促进产业现代化提供依据、创造条件。

（二）严厉打击病害肉、注水肉、劣质肉、走私肉上市

规模以上企业生猪屠宰量及病害肉无害化处理量下降，意味着市场上病害肉、注水肉、劣质肉、走私肉的增加。只有严厉打击病害肉、注水肉、劣质肉、走私肉上市，才能增加安全、健康、优质肉类的供应，保障人民健康安全。为了满足国内市场对肉类日益增长的需求，一方面要提升肉类贸易开放度，通过扩大贸易推进世界产业结构调整，实现全球资源再平衡；另一方面要切实加强进口贸易管理，严厉打击肉类走私，防止低价未经检疫检验肉品对我国畜禽养殖业和屠宰加工业的冲击。建议加大监管力度，严惩非法经营者，同时要完善病死畜禽无害化处理制度，落实政府有关无害化处理的政策措施。

通过修订标准或制定法规，给“母猪肉”一个合法可行的出路。长久以来，母猪肉一直被用来加工成“肉松”等干制品，自从在“生鲜肉”国家标准中被禁后就基本转入地下，进入“病害肉、劣质肉”的行列。事实说明，“母猪肉”光靠禁是管不住的，给它一个合法可行的出路才是办法。

（三）加大对肉类加工业提档升级的政策扶持

针对肉类产业目前资产负债率上升、成本费用加大、税负加重的现状，为了发展规模化、标准化、现代化的肉类加工业，建议扩大中央和地方财政支持发展肉类加工的规模，明确涉农资金用于肉类加工业提档升级的比例；银行等金融机构放贷向肉类加工业提档升级倾斜；扩大进项税额核定扣除办法试点行业范围，扩大屠宰加工所得税优惠范围。

（四）加强质量安全管理，维持产销稳定

目前，屠宰及肉类加工环节检测检验费

用很大。为提高整体经济效益，要切实从源头保障肉类食品安全。建议一方面从源头加强畜禽质量安全监管力度；另一方面强化企业质量安全保障系统，对病死猪、禽的无害化处理给予适当财政补贴，使畜禽屠宰企业有更多财力用于产业转型升级，维持产销稳定发展。

（五）出台扶持政策，促进节能减排

节能减排改造是肉食加工企业转型升级的重要内容，也是“煤改气”所必需的配套工程。肉类行业中已有企业先期完成了此项改造工程，在行业内推广其成功经验的同时，建议政府加大政策扶持力度，帮助企业采取节能减排的先进技术。

中国肉类协会

乳制品工业

近些年，乳制品行业完成了清理整顿，行业技术装备水平、检验技术与产品质量保障能力等都有了明显的改善和提升，乳制品质量稳定向好，乳制品行业继续保持着平稳的发展。但自2013年下半年以来，我国乳制品行业在国内消费增速放缓、低价进口乳制品强力冲击的双重压力下，出现产品产量下降、产品库存大量增加、行业亏损状况加剧的状况，行业发展面临着巨大的困难和挑战。

一、行业概况

2014年，乳制品进口继续快速增长，国内乳制品消费增长缓慢，乳制品产量出现负增长，乳制品行业面临巨大的困难和挑战；同时，我国生鲜乳供应由偏紧转为局部过剩，价格持续回落。

（一）主要经济指标

2014年，乳制品的高成本、高销售价格影响了消费的正常增长；加之国际市场乳制品价格大幅降低，进口量大幅增加，对国内生产形成了冲击，国内乳制品行业增长乏力，全年产量为负增长。根据国家统计局月报数据，截至12月底，全国共有规模以上企业631家，全年实现主营业务收入3297.7亿元，同比增长18.07%；乳制品产量2651.8万t，同比减少1.23%。其中，液体乳产量2400.1万t，同比减少0.91%；乳粉产量150.8万t，同比减少6.39%。

2014年，得益于新产品开发、高端产品比例增加等产品结构变化，行业盈利情况稳定增长，全行业利税总额330.4亿元，同比增长13.53%，增速比2013年提高2个百分点。其中，利润总额225.3亿元，同比增长25.63%，增速比2013年大幅提高13个百分点。但行业苦乐不均，一些中小型企业，由于产品结构不适应、生产成本高、市场竞争能力差，生产经营存在很大困难。行业中有亏损企业100家，亏损额22.7亿元，同比增长79.36%。

2014年，行业应收账款234.7亿元，同比增长21.65%；产成品存货93.3亿元，同比增长47.36%。

（二）行业发展分析

2014年，企业不断发展壮大，在国家鼓励兼并重组政策的引导下，行业集中度进一步提高。同时，行业面临着原料乳等成本高的压力，乳制品价格有所提高，进口乳制品持续快速增长，我国乳制品生产和市场消费对国际市场的依赖程度进一步加强，行业投资继续向上游养殖业和海外发展。

1. 价格

（1）原料价格　2014年，国内奶源供应形势发生了巨大变化，从年初的奶源紧张、价格居高不下，到5、6月份奶源供应形势出现缓和、奶价开始下降，10月份以后，在主产区的一些地方开始出现交奶难的情况，到年底多地出现倒奶、卖牛现象。乳业再次成为社会关注的热点。

据农业部对内蒙古、河北等10个奶牛主产省（自治区）（河北、山西、内蒙古、辽宁、黑龙江、山东、河南、陕西、宁夏、新疆）的监测数据，2013 年 10 省（自治区）生鲜乳产量占全国的 82.6%。根据生鲜乳平均价格的调查数据，2014 年 3 月平均价格 4.23 元/kg，6 月为 4.08 元/kg，9 月为 3.92 元/kg，12 月为 3.79 元/kg（图 1）。2014 年 12 月全国主产区生鲜乳平均价格同比下降了 8.0%。

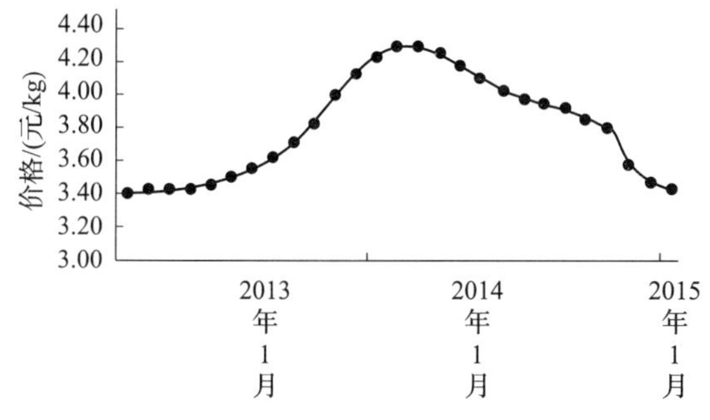

图 1　全国主产区生鲜乳平均价格变化情况

资料来源：农业部监测数据。

（2）乳制品零售价格　2014 年，受原料乳价格高位运行及企业产品结构调整的影响，乳制品年均价格继续增长，但在第四季度已经开始出现回落。根据国家统计局的调查数据，2014 年 12 月，乳制品价格环比降低 0.4%，全年乳制品平均价格同比增长 8.5%，远高于食品 3.1% 的增长幅度。

2. 市场

2014 年，较高的乳制品销售价格影响了消费的增长，加之低价进口产品的冲击，国产乳制品销售，尤其是乳粉的销售出现困难，销售周期变长，企业库存产品大幅增长。2014 年年底，行业应收账款为 234.7 亿元，同比增长 21.65%；产成品存货 93.3 亿元，同比增长 47.36%。

农村市场是我国乳制品消费增长的最主要动力。由于我国乳制品消费基数低，特别是广大农村地区尚待开发，随着居民生活水平的提高，乳制品消费仍然具备很大的发展空间。

3. 投资

受国内消费形势影响，乳制品投资趋缓，企业重点进行自有奶源建设。2014 年 12 月，行业资产总计为 2321.2 亿元，同比增长 12.49%，增速同比降低 4.18 个百分点。

在国家鼓励乳制品企业兼并重组政策的引导下，企业并购和走出去步伐得以继续。同时，国际乳制品巨头也在对中国乳业进行布局，如表 1 所示。

表 1　2014 年乳制品行业主要重组并购事件

日期	主要事件
1 月 14 日	飞鹤乳业宣布全面收购吉林艾培特。
2 月 19 日	飞鹤乳业宣布以控股形式与羊奶粉龙头企业关山乳业达成战略合作初步意向，收购金额为 3 亿元人民币。
2 月 25 日	伊利股份公告称与荷兰瓦赫宁根大学及研究中心在荷兰合作成立研发中心，共同致力于拓展全球食品领域的合作成果。
5 月 22 日	光明食品集团与英国私募股权投资公司 Apax Partner 旗下基金就收购以色列最大食品公司 Tnuva 56% 股权事宜达成初步收购协议。
8 月 22 日	新希望乳业与澳大利亚自由食品集团（Freedom Foods）旗下的 Pactum 乳业集团达成战略供应协议，Pactum 预定于 2015 年年初开始向新希望乳业供应产品。
8 月 27 日	新西兰恒天然合作集团有限公司和贝因美婴童食品股份有限公司正式签约达成战略合作，携手打造全球伙伴关系，恒天然香港公司将以约 36.81 亿元要约收购贝因美婴童食品股份有限公司 20% 已发行股份，之后双方将成立合资公司，收购恒天然位于澳大利亚的达润工厂。

续表

日期	主要事件
9月	光明乳业与澳洲 PACTUM 乳业集团（PDG）签订产品代加工协议，光明乳业委托 PDG 在澳大利亚生产光明优 + 澳洲原盒进口纯牛奶。
10月8日	荷兰皇家菲仕兰有限公司和辉山乳业正式宣布成立合资公司，荷兰皇家菲仕兰将以 7 亿元人民币获得辉山乳业位于沈阳的秀水工厂 50% 的股份。
11月12日	伊利股份与美国最大牛奶公司 DFA（Dairy Farmers of America）正式签约，双方共同出资在美国堪萨斯州建设乳粉生产样板工厂，预计年产 8 万 t，产品不仅会供应中国市场，也会供应全球其他市场。
11月13日	伊利集团与意大利最大乳品生产商斯嘉达公司（Sterilgarda Alimenti S. P. A.）宣布正式达成战略合作，合作内容涉及奶源、生产及技术等多个方面。

4. 分区域情况

分地区情况看，内蒙古、黑龙江、山东、河北等地仍然是中国乳制品加工业规模最大和最集中的地区。

主营业务收入居前的地区为内蒙古、黑龙江、山东、河北和陕西，五省（自治区、直辖市）主营业务收入总计 1731.2 亿元，占全国的48.85%，占比较上一年提高3.65 个百分点（各省、自治区、直辖市情况见表2）。

表2 2014 年全国乳制品企业主营业务收入前五位省、自治区、直辖市情况

地区	主营业务收入/亿元	同比增长/%	占全国比例/%
全国总计	3297.7	18.07	100.00
内蒙古	632.9	81.46	19.19
黑龙江	373.1	11.91	11.31
山　东	304.9	15.50	9.25
河　北	259.2	14.59	7.86
陕　西	161.1	3.97	4.89

资料来源：国家统计局月报数。

产量上，乳制品产量居前的省、自治区、直辖市为河北、内蒙古、河南、山东和黑龙江，五省、自治区、直辖市乳制品总产量为 1227.7 万 t，占全国的 46.30%，占比较上年降低 1.16 个百分点。其中液体乳产量居前的省、自治区、直辖市为河北、内蒙古、河南、山东和黑龙江，五省（自治区、直辖市）液体乳总产量为 1133.8 万 t，占全国的 48.34%，占比较上年降低 1.10 个百分点。乳粉产量居前的省、自治区、直辖市为黑龙江、陕西、内蒙古、浙江和河北，五省（自治区、直辖市）合计生产乳粉 110.3 万 t，占全国的 73.15%，占比与上年基本持平。各产品省、自治区、直辖市产量情况如表 3、表 4、表 5 所示。

表3 2014 年全国乳制品产量前五位省、自治区、直辖市情况

地区	产量/万 t	同比增长/%	占全国比例/%
全国总计	2651.8	-1.23	100.00
河　北	328.9	4.93	12.40
内蒙古	269.8	-8.51	10.18
河　南	220.8	15.47	8.33
山　东	212.8	-20.58	8.02
黑龙江	195.4	-8.99	7.37

资料来源：国家统计局月报数。

表 4　2014 年全国液体乳产量前五位省、自治区、直辖市情况

地区	产量/万 t	同比增长/%	占全国比例/%
全国总计	2400.1	-0.91	100.00
河　北	323.1	4.53	13.46
内蒙古	246.5	-7.98	10.27
河　南	220.2	15.43	9.18
山　东	203.0	-21.66	8.46
黑龙江	141.1	-6.13	5.88

资料来源：国家统计局月报数。

表 5　2014 年全国乳粉产量前五位省、自治区、直辖市情况

地区	产量/万 t	同比增长/%	占全国比例/%
全国总计	150.8	-6.39	100.00
黑龙江	54.3	-15.59	35.98
陕　西	24.0	16.23	15.89
内蒙古	21.8	-13.69	14.46
浙　江	5.9	9.11	3.91
河　北	4.4	24.79	2.91

资料来源：国家统计局月报数。

2014 年，奶源优势地区企业盈利能力进一步大幅提升，如内蒙古、黑龙江、山东、河北、陕西等，利润总额都保持了较快的增长，其中内蒙古 59.0 亿元，同比增长 65.82%；黑龙江 38.6 亿元，同比增长 33.98%。相反，奶源缺乏地区，效益较差，如北京、上海等，利润总额持续为负，且负值继续扩大。

5. 行业集中度进一步提高

2014 年，行业集中度进一步提高，大型企业盈利能力大幅提高。根据国家统计局月报数据，2014 年年底，全国共有大型企业 47 家，占行业全部规模以上企业数的 7.45%，其全年共实现主营业务收入 1380.7 亿元，同比增长 20.35%，占行业的 41.87%，比上年提高 0.91 个百分点；利润总额 96.3 亿元，同比增长 38.50%，占行业的 42.72%，比上年提高 5.12 个百分点（图 2）。

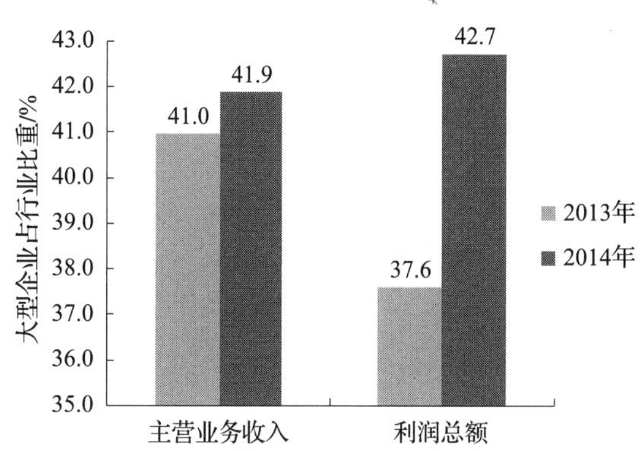

图 2　2014 年大型企业占全行业比重变化情况

资料来源：国家统计局月报数。

6. 进出口

2014 年，乳制品进口继续维持高速增长。1—12 月共计进口乳制品 205.18 万 t，货值 84.88 亿美元，同比分别增长 12.30% 和 18.77%，进口乳制品货值已占到国内行业主营业务收入的 16.2%。其中，乳粉、乳清粉、液体乳、婴幼儿乳粉、乳糖进口量较大，具体进口情况如表 6 所示。

表 6　2014 年全国乳制品进口情况

商品名称	数量		金额	
	实际值/万 t	同比增长/%	实际值/亿美元	同比增长/%
进口合计	205.18	12.30	84.88	18.77
液体乳	32.02	73.49	4.08	74.09
乳粉	92.34	8.07	44.38	23.79
炼乳	0.92	-0.85	0.21	2.81
酸乳	0.87	-15.13	0.37	-9.06
乳清	40.47	-6.76	7.89	-7.26
奶油	8.04	53.74	3.78	67.17
干酪	6.60	39.43	3.42	48.18
乳糖	8.49	1.57	1.26	-13.22

续表

商品名称	数量		金额	
	实际值/万 t	同比增长/%	实际值/亿美元	同比增长/%
婴幼儿零售食品	12.31	0.28	15.66	5.98
酪蛋白	1.55	23.26	1.83	32.09
白蛋白	1.59	-1.57	2.00	1.15

资料来源：中国海关。

从进口来源看，新西兰仍然是我国最大的乳制品进口来源地，其次是美国、德国和法国，我国分别从这些国家进口了90.4万t、34.8万t、18.8万t和14.8万t乳制品，四个国家合计占到总进口量的77.4%，如图3所示。

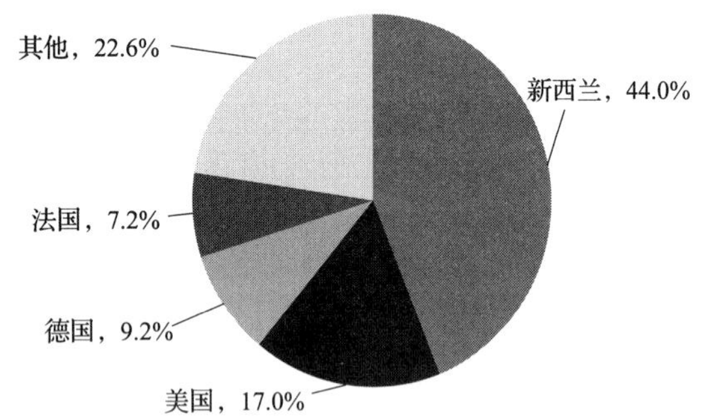

图3　2014年乳制品进口来源情况

资料来源：中国海关。

其中，液体乳主要来自德国、新西兰、澳大利亚和法国，进口量分别为12.6万t、4.5万t、4.3万t和3.9万t，四个国家合计占液体乳总进口量的78.6%，如图4所示。

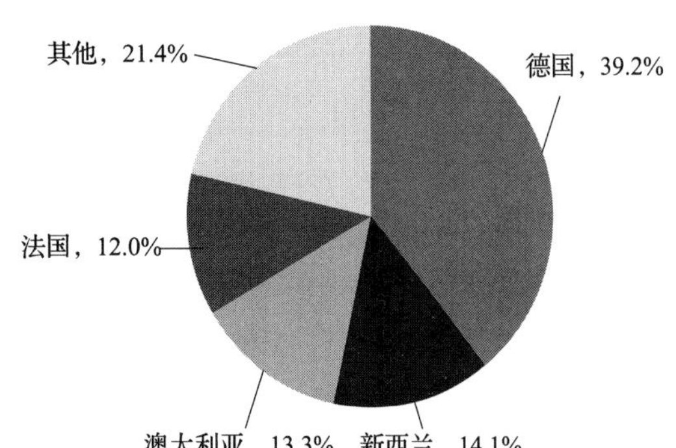

图4　2014年液体乳进口来源情况

资料来源：中国海关。

乳粉主要来自新西兰、美国、澳大利亚和法国，进口量分别为72.8万t、5.0万t、3.3万t和1.8万t，四国合计占乳粉总进口量的89.7%，如图5所示。

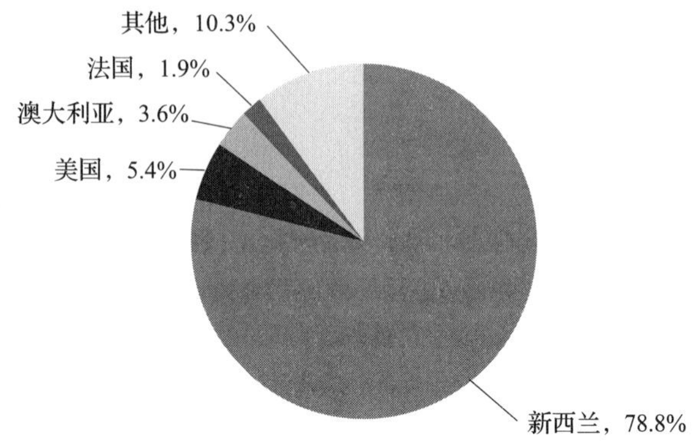

图5　2014年乳粉进口来源情况

资料来源：中国海关。

乳清粉主要来自美国、法国、德国和荷兰等国，进口量分别为20.9万t、6.4万t、2.2万t和2.2万t，四国合计占乳清粉总进口量的78.6%，如图6所示。

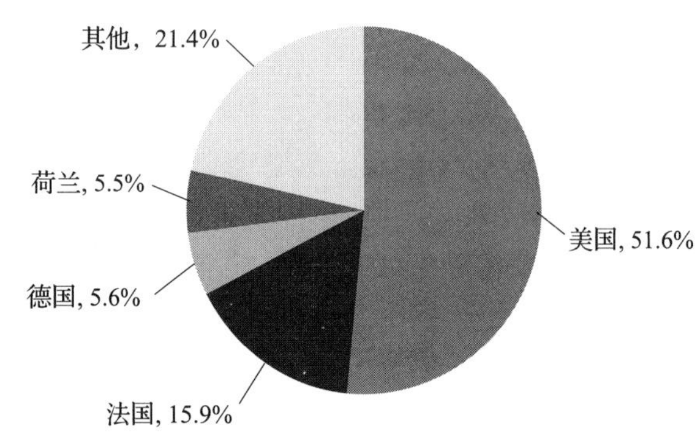

图6　2014年乳清粉进口来源情况

资料来源：中国海关。

乳糖主要来自美国，进口量为6.3万t，占乳糖总进口量的74.0%，如图7所示。

婴幼儿乳粉主要来自荷兰、爱尔兰、法国、丹麦和新西兰，进口量分别为3.4万t、1.7万t、1.6万t、1.2万t和1.0万t，五国合计占乳粉总进口量的73.3%，如图8所示。

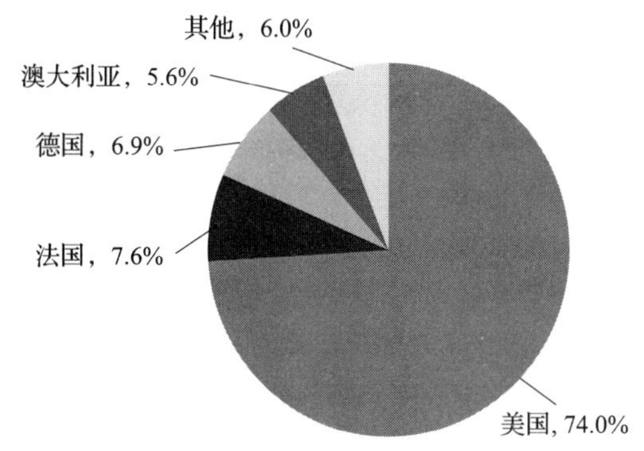

图 7　2014 年乳糖进口来源情况

资料来源：中国海关。

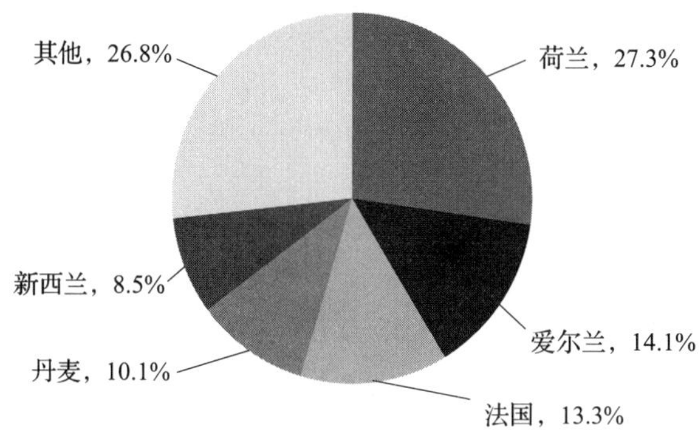

图 8　2014 年婴幼儿乳粉进口来源情况

资料来源：中国海关。

2014 年，由于世界乳制品主要消费市场消费能力不足，全球乳制品贸易逐渐呈现供大于求的状态，国际乳制品价格持续走低。2014 年 12 月，乳粉的平均进口价格达到 3191 美元/t，每吨同比大幅下降 1774 美元，下降幅度达 35.73%。

2014 年，在进口大幅增长的同时，我国乳制品出口缓慢增长。全年乳制品出口 4.19 万 t，货值 0.92 亿美元，分别同比增长 7.89% 和 13.30%。其中，液体乳、乳粉、奶油、炼乳是出口的主要产品，具体出口情况如表 7 所示。

我国乳制品出口主要是为保持中国香港、澳门地区的产品供应，2014 年共向中国香港、澳门地区出口乳制品 2.99 万 t，占总出口量的 71.33%。

表 7　2014 年全国乳制品出口情况

商品名称	数量		金额	
	实际值/万 t	同比增长/%	实际值/亿美元	同比增长/%
出口合计	4.19	7.89	0.92	13.30
液体乳	2.57	-0.88	0.26	9.45
乳粉	0.81	144.87	0.32	98.73
炼乳	0.24	-46.76	0.06	-34.39
酸乳	0.06	14.16	0.01	21.28
乳清	0.01	-93.25	0.00	-98.20
奶油	0.28	244.56	0.09	225.47
干酪	0.01	18.36	0.01	27.88
乳糖	0.08	141.18	0.03	27.50
婴幼儿零售食品	0.07	51.66	0.07	131.15
酪蛋白	0.06	-67.75	0.06	-60.84
白蛋白	0.0001	-99.50	0.01	-61.95

资料来源：中国海关。

7. 重点行业

婴幼儿配方乳粉产品关系到婴幼儿的身体健康，历来是国家和社会关注的焦点。2014 年，国家对国内婴幼儿配方乳粉企业重新进行了生产许可，同时发布婴幼儿配方乳粉企业兼并重组方案，推动婴幼儿配方乳粉企业的兼并重组，行业集中度进一步提升。但同时个别企业产品质量出现了一些问题，值得全行业关注，引以为鉴。

（1）重新进行生产许可　2014 年，根据《国务院办公厅转发食品药品监管总局等部门关于进一步加强婴幼儿配方乳粉质量安全工作意见的通知》（国办发〔2013〕57 号）要求，国家食品药品监督管理总局部署各地按照《婴幼儿配方乳粉生产许可审查细则（2013 版）》，开展了婴幼儿配方乳粉生产许可审查和再审核工作。截至 2014 年 11 月 28 日，通过国家食品药品监督管理总局公布的信息，全国共有 92 家婴幼儿配方乳粉生产企业获得生产许可证。

(2) 发布婴幼儿配方乳粉企业兼并重组方案　2014 年 6 月 6 日，国务院办公厅转发工业和信息化部、国家发展与改革委员会、财政部、国家食品药品监督管理总局《推动婴幼儿配方乳粉企业兼并重组工作方案》。方案指出，要使产业发展质量和竞争力不断提升，产业结构进一步优化。到 2015 年年底，争取形成 10 家左右年销售收入超过 20 亿元的大型婴幼儿配方乳粉企业集团，前 10 家国产品牌企业的行业集中度达到 65%；到 2018 年年底，争取形成 3 ~ 5 家年销售收入超过 50 亿元的大型婴幼儿配方乳粉企业集团，前 10 家国产品牌企业的行业集中度超过 80%。

(3) 行业集中度进一步提升　2014 年，在国家工业和信息化部等部门的推动下，婴幼儿配方乳粉行业兼并重组继续进行，骨干企业品牌越来越得到消费者的青睐，行业集中度进一步提升。根据中国乳制品工业协会统计，2014 年，产量前十位婴幼儿配方乳粉生产企业（包括外资、合资企业）产量约占行业的 54%，较 2013 年提高近 7 个百分点。

(4) 产品发现质量问题，需引起行业的重视　2014 年，国家食品药品监督管理总局对婴幼儿配方乳粉进行抽样检验，覆盖了国内全部 100 家生产企业的产品和部分进口产品，抽检样品 1565 批次，合格率为 96.9%。检出的不合格的 48 批次样品，主要涉及产品卫生和营养素指标不符合食品安全国家标准，以及营养素指标与标签明示的含量不符。其中，有企业检出黄曲霉毒素 M_1、阪崎肠杆菌、菌落总数和硝酸盐含量超标，应引起行业的高度重视，加强检测；另外，检出维生素 C、亚油酸与 α - 亚麻酸比值、氯、锰、硒、铁、钙等营养素指标不符合食品安全国家标准，钠、锰、氯、维生素 C、铜、铁、锌、维生素 B_1、泛酸、牛磺酸等营养素指标与标签明示含量不符，也应引起行业和企业的重视。应改进生产工艺，保证混料均匀，并且在保质期内营养素含量都能达到食品安全国家标准的要求。

8. 乳制品质量稳定可靠

2014 年，乳制品质量安全仍保持了稳定向好的状况。据国家食品药品监督管理总局公布的一次国家监督抽检和两个阶段食品安全监督抽检结果，共抽检各种乳制品（不含婴幼儿配方乳粉）8009 批次样品，覆盖了几乎所有的乳制品生产企业，合格率达到 99.2%。

二、行业面临的问题分析

2014 年，乳制品行业克服了很大的困难，虽取得了不错的成绩，但仍然面临着一些问题，值得行业高度关注。

（一）2014 年，国内乳制品消费增长放缓，对国内乳制品行业发展的拉动效应不明显

2014 年，受生鲜乳价格高等因素影响，国内乳制品价格快速增长。据国家统计局数据，2014 年我国乳制品平均价格增长 8.5%，同期食品价格增长仅为 3.1%，价格的快速增长对乳制品消费的提高产生抑制效应。同时，消费者对乳制品负面信息仍处于高度敏感期，媒体对国产乳制品的不断炒作，不断打击着国人对国产乳制品的消费信心。比如，媒体经常很夸张地报道国内消费者如何在境外抢购婴幼儿配方乳粉、境外代购如何疯狂等，使国内消费者心生疑虑，对选购国产产品变得非常谨慎，使国产乳制品消费增长放缓。

（二）国际乳粉等原料型乳品价格处于较低水平，远低于国内同类产品价格，国内企业销售不畅，库存大幅增加，只能限产或减产

以全脂乳粉为例，2014 年 12 月，全脂乳粉平均进口价格为 3076 美元/t，加上税费和

运输等成本，平均到厂价格不到 2.5 万元/t，而同期国内主产省（自治区、直辖市）生鲜乳平均收购价格为 3.81 元/kg，如果加工成全脂乳粉，仅生鲜乳成本就已经超过 3 万元/t，再加上生产、人工、运输、税费、销售等成本，最终到达对方工厂的价格在 4～5 万元/t，远高于进口乳粉的价格。加之 2014 年前三季度，我国进口乳粉增长迅猛，达到 81.4 万 t，同比增长 50.05%，焙烤食品、冷冻饮品、含乳饮料等企业改为使用进口乳粉做原料，减少了对国产乳粉的需求，国产乳粉销售困难，乳粉库存异常增加。12 月底，乳制品库存产成品总额达 93.30 亿元，同比增长 47.36%。库存产品主要是乳粉类产品，估计数量应为 30 万 t 左右，很多企业难以为继，只能进行限产或减产。

（三）国内乳制品生产和市场消费对国际市场的依赖程度进一步提升

2009 年至今，我国乳制品进口持续高速增长，部分品类甚至成倍增长，而出口则停滞不前。2014 年，我国乳制品进口 205.18 万 t，货值 84.88 亿美元，同比分别增长 12.30% 和 18.77%，进口乳制品货值已占到国内行业主营业务收入的 16.2%，比上年提高 0.6 个百分点。在原料型乳制品中，进口乳粉已超过国内产量，达 92.3 万 t；乳清粉、乳糖等几乎完全依靠进口，分别达 40.5 万 t 和 8.5 万 t。消费型乳制品中，婴幼儿乳粉达 12.3 万 t；液体乳进口继续高速增长，共进口 32.0 万 t，同比增长 73.49%。从上述情况看，进口乳制品已经成为国内生产与供应不可或缺的部分，国内乳制品生产和市场消费对国际市场的依赖程度进一步提升。

（四）奶源供销关系不稳定

2014 年，奶源供应形势发生了巨大变化，从年初的奶源紧张、价格居高不下，到 5、6 月份奶源供应形势开始缓和、奶价开始下降，至 10 月份以后，在主产区的一些地方开始出现交奶难的情况。在生鲜乳供求关系紧张时，一些养殖户为了更高的收益，主动违约，转而向出价更高的收购企业供应生鲜乳，使合同企业出现奶源不足的问题；到奶源供求不再紧张和局部过剩时，原本跨区域收奶企业不再收购这些养殖户的生鲜乳，而原本签订合同的企业也担心以后原料供应不稳定对企业造成影响，也不愿再与这些养殖户进行合作，不愿再签订长期稳定的供应合同，造成这些养殖户出现了卖奶难的情况，进而导致杀牛卖牛的发生。这种不稳定的供求关系，是造成我国奶源季节性供需矛盾的重要因素。

（五）产品结构还需进一步调整

目前我国乳制品还是主要局限于以液体乳产品为主，产品结构单一，缺少特色产品和附加值相对较高的干酪等产品，产品同质化严重，在激烈的市场竞争下，企业吸引消费者、促进消费主要靠低价促销。

我国是婴幼儿配方乳粉的生产和消费大国，而婴幼儿配方乳粉的必需原料——乳清粉、乳糖等都可以通过干酪生产的副产品乳清得到，但由于我国干酪产量很小，因而乳清粉、乳糖基本全部需借助于进口，产品成本受国际供需情况影响非常大。

三、发展趋势

综合目前乳业状况及发展趋势，预计 2015 年及今后一段时期，我国乳制品行业仍将进一步发展，但发展将受到一些条件的制约。

（一）企业自有奶源比例会进一步提高，规模化牧场会继续发展，生鲜乳质量会得到较大提升

生鲜乳质量直接影响着乳制品的质量安全，因此近几年乳制品生产企业不断加强自有奶源的建设，以自建、合资建设、收购、投资等方式获得优质奶源，加强对奶源质量的掌控。同时，由于小型奶牛养殖户牛乳质

量不稳定，难于监管，大型企业逐渐减少了对这部分牛乳的收购，转为依靠大型规模化牧场，规模化牧场发展迅速，国内已出现了多家大型牧业公司，且规模化牧场的投资热度仍在。可以预见，今后一段时间内，规模化牧场将逐步取代小型奶牛养殖者，企业自有奶源比例会进一步提高，生鲜乳质量会得到较大提升。

（二）行业内兼并重组将加快进行

随着国内企业间经营状况的不断分化，以及国家鼓励兼并重组的政策支持，2015 年及今后一段时期，乳制品行业将进入兼并重组的活跃期。

（三）国内乳制品行业受国际乳制品供求关系影响会更加明显

近年来，我国乳制品进口量快速增长，巨大的可预期增长潜力吸引了越来越多乳业发达国家和地区的关注。随着欧盟牛乳配额限制的取消、中国－澳大利亚自贸协定的签署，以及我国企业国外工厂的相继投产，将为国内进口乳制品提供更多选择，我国将更多地参与国际乳制品贸易，国际市场已经是我国乳制品供应不可或缺的一部分，国内乳制品生产和市场消费对国际市场的依赖程度将进一步提升；同时，我国乳制品行业受国际乳制品供求关系的影响也会愈加明显。

（四）国内消费市场将得到进一步发展

随着各地“单独二胎”政策的逐步落实，政策效应将初步显现，婴幼儿配方乳粉消费量会有所增长。

我国人口基数大，发展基础低，目前人均乳类消费量仍处于世界较低水平，仅相当于亚洲人均消费量的 1/3，不到世界人均消费量的 1/5。特别是广大农村地区，受经济条件限制，很多人还未养成饮用乳品的习惯，随着农村经济条件的逐步提高，可拓展市场空间非常大。伴随国家城镇化的加快推进，未来几年将有至少一亿农业人口转入城镇，也将成为乳品消费增长的潜在因素。当下，乳制品早已成为一种大众消费品，并已经成为高品质食品的代名词，随着我国经济的发展和居民收入水平的不断提高，乳制品工业还有很大的发展空间，发展潜力很大。

四、政策建议

面对行业问题，我们亟需做好以下工作。

（一）继续抓好奶源基地建设，扩大自有奶源比例

奶源是乳制品行业发展的根本所在，也是历来乳制品行业最容易出现问题的环节，因此，建议继续加强以下三方面工作，提高我国奶源的数量和质量。

第一，继续鼓励乳品企业提高自有奶源比例。通过企业自建、合建、收购、投资入股牧场等方式，加强对奶源的控制，鼓励生产企业与牧场企业互相入股，对企业、牧场间的互相参股给予信贷支持，使其形成利益连结共同体，共享发展成果，共担质量风险，促进企业奶源质量安全水平的不断提升。

第二，促进奶业的整合升级，鼓励小规模养殖户联合成立奶牛饲养股份制企业，降低饲养成本，提高饲养水平。中小规模养殖户饲养奶牛数量少，饲养技术普遍不高，成本和质量稳定性不如规模牧场。建议国家及地方政府畜牧主管部门引导这些养殖户进行整合和技术设备升级，采取规范化管理，减少设备实施的重复投资，减少牛的患病率，降低单头产乳牛的设备设施使用成本，提高牛乳的生产效益，降低国内生乳价格，提高竞争力。

第三，鼓励国内良种奶牛的培育和推广，降低奶牛购进成本，扩大良种牛群，提高单产。

（二）推动产品结构调整

奶源供需不稳定、奶价高将是困扰我国乳业发展的根本问题，短期内很难得到彻底解决。我国已进入世界高奶价行列，产品生

产成本高，受国际市场的影响也越来越大，某些产品已经失去了竞争能力，如全脂乳粉、脱脂乳粉。加快产品结构调整，已是行业发展的必然。建议以全脂乳粉、脱脂乳粉为主要产品的企业，要尽快向液体乳产品转变，液体乳企业要扩大低温产品生产；积极发展干酪、乳清制品等产品，努力实现产品结构多元化；提供多层次的产品供应，以适应不同人群的消费需求和消费能力。同时要不断提升牛乳的品质，把发展高端牛乳作为企业利润增长新的突破口和重要抓手，积极抢占高端市场。

（三）继续鼓励和支持企业走出去的发展战略

从我国资源条件及市场发展趋势看，从国外进口部分乳制品，利用国外奶源资源，是满足国内市场需求和生产需要的一条重要途径。进行海外投资、全球布局也是超大型乳品企业发展的必然选择，国家应予以充分鼓励和支持。近几年，伊利、光明、圣元、雅士利等多家企业已经对世界乳业发达国家进行了投资，利用当地奶源资源反补国内市场，并尝试进行国际市场的开拓，取得了不错的成绩。同时，与国外企业和研究机构共同成立研发中心，进行技术合作，有利于企业对国外先进技术的学习和引进。

（四）推进兼并重组，淘汰落后产能，提升企业管理水平

2014 年，在有关监管部门风险监测、飞行抽查中发现了一些问题，如：检出菌落总数、致病菌超标，发现违法使用添加剂、营养素不达标等反映出生产企业在工艺控制、配料精准度、原料质量风险控制、管理制度实施等方面存在漏洞和缺陷。行业企业和管理部门需要重视这些问题，应继续推进企业兼并重组，促进企业先进管理模式、技术的推广，淘汰落后的产能，进一步提升乳制品企业管理水平，提高生产工艺，要求所有企业建立并认真实施良好生产规范（GMP）、危害分析和关键控制点（HACCP）管理体系、诚信管理体系和产品质量安全追溯体系。

（五）维护原料乳收购秩序

奶牛培育周期长，供求双方一旦有一方出现断供或断收，都将给另一方造成很大损失，因此应该完善生鲜乳收购合同中违约赔偿和惩处条款，增大违约成本。加强对供需双方相关责任的宣传和教育，鼓励供需双方积极通过法律手段解决合同执行过程中的违约问题，树立典型违约赔偿惩处案例，促进合同履行，维护原料乳收购秩序。

（六）促进乳制品消费增长

2014 年，我国奶源供应形势由奶源紧张变为局部过剩，其中消费增长乏力是导致奶源过剩的重要原因。近三年，受原料成本升高影响，我国乳制品零售价格增长很快，年均增长都在 10% 左右，远高于食品行业平均增幅，致使乳制品消费增长困难。建议加快学生奶工程和农村义务教育学生营养计划发展进度，加大支持力度；开展老年人等特殊人群的营养改善行动；着力进行乳制品营养宣传，展示国产牧场、加工企业的发展成就，促进国产乳制品消费的增长。

中国乳制品工业协会

水产品加工业

2014年水产品加工产业保持稳步发展态势。面对国内外复杂多变的经济形势，水产品加工业正从增量扩能转向调整产品结构、稳定市场并举的深度调整期，加工促一产带三产的全产业价值链进一步拓展，产业集群发展态势良好。消费需求向营养、健康转变，加工业发展越来越依靠科技创新。加工贸易从初级加工向创新品牌转变，从国际分工向产业升级转变，从国外市场向国内市场转变。此外，在互联互通的今天，市场对特色化、品牌化、个性化的水产品需求更为强烈，对产品质量、企业信誉、冷链物流、文化内涵的要求比传统市场更高。

一、行业概况

（一）主要经济指标

1. 水产品生产持续向好，加工产量、产值持续增长

2014年，我国水产品总产量为6461.5万t，同比增长4.7%，超额完成了食品工业"十二五"发展规划（2011—2015年）及全国渔业发展"十二五"规划（2011—2015年）中关于水产品总产量的设定目标。在国际市场中，我国水产品产量连续26年居世界首位。其中，海水产品产量3296.2万t，占我国水产品总产量的51.0%，同比增长5.0%；淡水产品产量3165.3万t，占我国水产品总产量的49.0%，同比增长4.4%。

2014年，我国水产品加工业实现总产值3712.7亿元，同比增长8.1%，加工产值占全国渔业经济总产值的17.8%。加工品总量为2053.2万t，同比增长5.1%。其中，海水加工产品1678.6万t，同比增长5.5%；淡水加工产品374.52万t，同比增长3.2%。

2. 产品结构进一步升级，高附加值加工品的比例提升

2014年，用于加工的水产品总量为2192.4万t，水产品加工率为33.9%。其中，海水产品加工比例49.9%，同比下降0.6%；淡水产品加工比例17.3%，同比上涨5.3%，加工比例仍落后于发达国家。

我国水产加工品统计（按类别分）如图1所示。在加工产品中，水产冷冻品为1317.1万t，同比增长7.1%；鱼糜制品为151.8万t，同比增长14.4%；干腌制品为155.1万t，同比减少1.8%；藻类加工制品为108.7万t，同比增长9.8%；罐制品为40.0万t，同比增长6.7%。冷冻、冰鲜等初

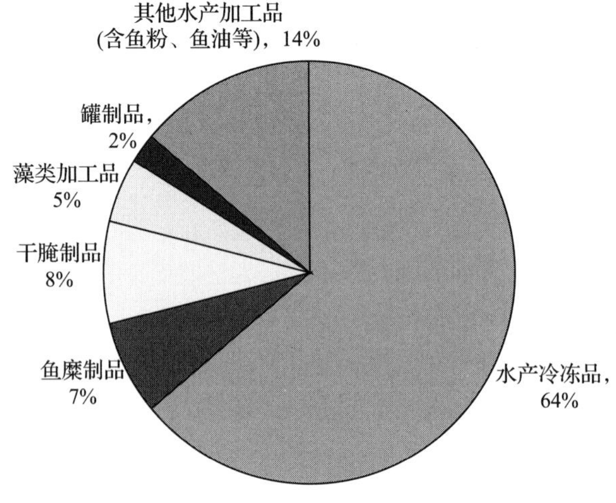

图1　我国水产加工品统计（按类别分）

资料来源：《中国渔业统计年鉴》。

级加工品仍是我国水产品加工的主要品种，甚至有增加的趋势，这是由我国国民喜食鲜活水产品的消费习惯决定的；得益于淡水鱼糜加工技术日益完善，以鱼糜制品为代表的高附加值的加工品比例提升并保持较大发展潜力。

（二）行业发展分析

1. 国内水产品价格较为平稳，国际水产品价格随市场竞争变化

据全国 80 家水产品批发市场成交价格统计，2014 年水产品批发市场综合平均价格 21.70 元/kg，同比上涨 3.54%。其中，海水产品综合平均价格 39.39 元/kg，同比上涨 3.81%；淡水产品综合平均价格 14.96 元/kg，同比上涨 2.76%。一部分高档水产品和大宗淡水鱼价格下降，其中海参下降 20.4%；大宗淡水鱼中鲫鱼价格降幅最大，下降 5.7%。原料成本、加工成本、供需关系等均直接影响水产品价格，总体来讲，国内水产品价格比较蔬菜、肉类价格涨幅不大，水产品对于稳定和降低食品消费价格起到了积极作用，这也进一步说明国内市场水产品供给的充足。

水产品出口价格随国际市场对水产品的需求变化。以我国主要出口水产品品种罗非鱼为例，2014 年出口量降额涨，一方面与国际市场对该产品的需求相关；另一方面，东南亚国家同构产品如越南 Pangasius 价格提升等因素减缓了对我国出口罗非鱼竞争的压力，出现罗非鱼产品价格上涨的情况。

2. 出口市场总体向好，国内市场新模式运行

我国不断推广健康养殖模式，加强质量安全监管工作力度，水产品品质和质量安全水平均不断提高。同时，作为负责任的渔业大国，积极配合相关国家和国际组织开展水产品合法性认证，加工产品国际市场竞争力增强。我国大力推进“一带一路”及实施自贸区战略，一些多边和双边贸易协定的积极效应逐渐显现，出口市场格局呈现积极变化，市场多元化程度进一步提高。2014 年，对美国、韩国、东盟、中国香港地区、中国台湾地区、欧盟出口额均有所上涨，其中对中国台湾地区、韩国、东盟市场出口保持较强的增长态势，详见表 1。

表 1　水产品主要出口市场统计

出口市场	同比实际值/万 t	数量增长/%	同比/实际值/亿美元	金额增长/%
日本	66.20	3.90	38.00	-2.81
美国	58.27	2.16	33.93	6.18
东盟	52.64	7.73	27.15	14.16
中国香港地区	23.15	-2.02	25.22	5.85
欧盟	55.37	-1.01	23.66	3.79
韩国	50.26	20.82	16.89	19.93
中国台湾地区	13.68	8.79	15.64	24.78

资料来源：《中国渔业统计年鉴》。

我国巨大的、富有强劲潜力的消费市场为各国创造了新机遇，进口水产品消费市场持续发酵。国内市场呈现出新常态，高档水产品市场份额下降，如鱼翅的消费量下降 70%，许多经营者选择退出市场。消费市场更趋于理性，大众消费、节约型消费成为市场主导。个性化、互动型、价值型、便捷型消费的新要求促使加工企业从过去单纯出口向内生增长和外延扩张并举方向转变，积极应对多变的市场行情，以客户为导向，加强产品自主研发，围绕自有资源主品，增加互联网 + 思维，探索线上交易、线下体验等商业模式，与京东、天猫等电商巨头，与顺丰等优质渠道展开合作，加快全球化战略的实现。

3. 投资海外把控资源，完善国内产业链

一方面，继续投资国内水产品生产基地，建立规模化、标准化、现代化的产业基地，确保稳定优质的加工原料供应；投资推进水产品网络电商交易平台，推进新营销方式发展，促进市场繁荣；投资海上冷藏运输加工船，提高海上第一线渔获物原料冷冻保鲜水产品鲜度；投资建设冷藏加工物流基地及配套附属服务设施，培育水产品专业物流组织，提高冷冻加工品的流通效率，做好物流保障方向的产业链延伸。另一方面，深化国际渔业合作交流，建立双边及多边渔业合作关系，注重与北美、日本、朝鲜、澳新等区域的资源企业签署战略合作协议，建设有效的、常态的、持续的全球海产资源供应基地，达成资源互补。

4. 产业加速集聚，传统特色加工区域出现变化

水产加工区域集中的态势发展明显。山东、福建、浙江、辽宁、江苏、广东、湖北、广西、海南和江西等10省（自治区）的加工量之和占全国加工总量的97.4%，同比增长0.3%，如图2所示。湖北、江西、安徽和湖南四省加工量之和占内陆省份加工总量的95%，其中湖北省占内陆省份加工总量的55.1%。

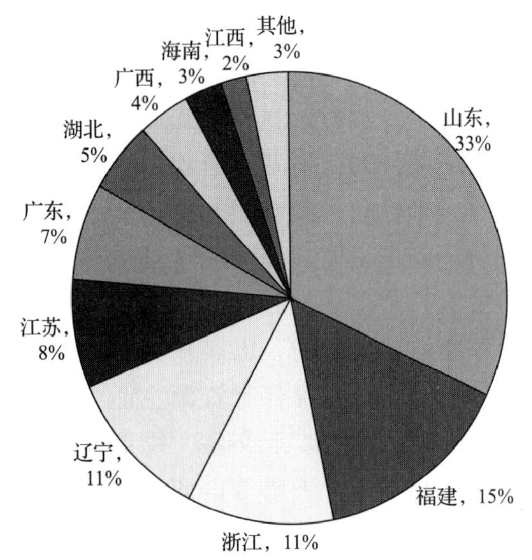

图2　2014年水产品加工产量排名总体情况

资料来源：《中国渔业统计年鉴》。

2014年，传统加工区域正在悄然发生一些变化。随着劳动力成本的不断增加，来进料加工呈现萎缩态势，山东、辽宁借助传统优势，不断加强技术创新和品牌创建，开拓国内高档水产品市场，其中山东省在海洋高端保健品上不断实现新突破，竞争优势逐渐显现。浙江省大力发展海上冷链与加工、鲟鱼系列产品开发，在培育品牌、探索电子商务等新型流通方式等方面取得较好效果。福建省充分利用中国东盟自贸区和一带一路战略的实施，出口发展迅猛。湖北、江西、湖南等省淡水鱼类精深加工特色优势正在形成。此外，山东、浙江新转接泰国部分金枪鱼、鲣鱼产品加工生产线，区域集聚力量也逐渐显现。

5. 产业集中度提高，集群广泛普遍

我国正处于城镇化进程加快期，随着消费结构升级、收入较快增长，一些新的增长拉动因素正在形成，行业发展进入良性且更加健康的增长轨道，产业资源优势势必向龙头企业集中，这有利于拥有品牌影响力和营销能力的企业可持续发展，行业集中度进一步提高。

2014年，我国从事水产品加工的企业有9663家，比2013年减少了111家，但生产能力和产值还在增加。规模以上水产品加工企业2749家，占水产加工企业总数的28.4%。部分国家级龙头企业、上市公司及合资公司进一步改变单一资源结构、市场结构和业务结构，有效提升企业对资源、市场的应变能力及价格两端的把控能力，企业逐步实现从生产商到品牌商的转变，从供应商到全球海产运营商的转变。

6. 进出口增速逐步企稳回升

据海关数据统计，2014年我国水产品进出口总量844.43万t，进出口总额308.84亿美元，分别同比增长3.87%和6.86%，创历史新高。其中，出口量416.33万t、出口额

216.98 亿美元，分别同比增长 5.16% 和 7.08%；进口量 428.10 万 t、进口额 91.86 亿美元，分别同比增长 2.65% 和 6.34%。贸易顺差 125.13 亿美元，同比增长 7.66%。2014 年水产品出口额占农产品出口总额的 30.15%，连续第 25 年位居我国农产品出口额首位。

水产品贸易保持平稳较快增长，出口量 284.70 万 t、出口额 160.49 亿美元，同比分别增长 7.93% 和 9.36%，占水产品出口总额比重达到 73.97%。墨鱼、鱿鱼及章鱼、对虾、贝类、罗非鱼、鳗鱼、蟹类等产品出口额占我国一般贸易出口总额的 66.8%，如图 3 所示。来进料加工贸易出口量 118.7 万 t、出口额 54.6 亿美元，同比分别增长 1.4% 和 1.9%，但来进料加工出口额占出口总额的比重持续下降，2014 年的比重仅为 25.2%，同比下降 1.2%，较 2008 年下降 12%。

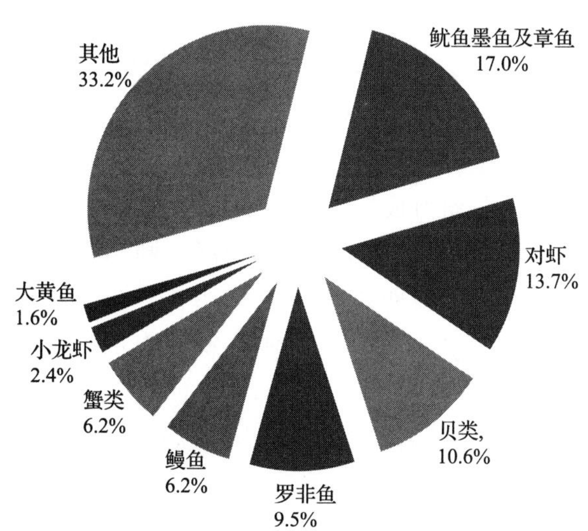

图 3　我国水产品一般贸易主要出口品种统计

资料来源：农业部渔业渔政管理局。

7. 加大加工机械设备研发资金投入，自动化程度有所提升

随着国家科技专项和各地科研专项的投入以及企业在设备方面的投入，通过产学研的联合，在水产加工前处理技术装备研究、大宗淡水鱼加工装备研究、南极磷虾船上加工装备研究、船上冷冻保鲜加工装备研究以及贝类、蟹类保活流通与初加工设备研究方面有所突破，一些设备产品投入使用，并成功实现产业化。

二、行业面临的问题分析

（一）发展方式比较粗放，企业经营压力较大

水产加工业整体“小、散、低”的状况尚无较大的改观，仍以粗放经营为主，行业内恶性竞争、部分地区产能过剩、产业集约化程度低、综合利用与精深加工比例不高等问题依然存在，如何进行产品结构调整、产业转型升级有待进一步探索。受国际市场需求疲软、原料价格涨、用水用电用工成本高、资金利息高、税赋压力大和用地紧张、配套设施不完善及企业管理滞后等多重挤压，水产加工企业经营压力大，特别是专门从事进料加工的企业受到较大影响。

（二）水产加工装备自动化程度不高

我国水产品加工机械在自动化程度、设备稳定性方面与国外产品相比仍存在一定差距，部分高端加工设备仍依赖进口。在采用先进的新兴水产品工程单元优化配置，组成高效的、经济合理的生产作业线方面，缺乏对加工企业的有效指导。渔船卫生设施改造及冷藏物流设备有改善空间。

（三）产业、财政等相关政策有待完善

过去对水产扶持政策重点集中在养殖环节，具体支持水产品加工业的政策相对较少，且已有的政策缺乏落实措施，还需加强在引导品牌建设、引进社会资金融资等方面的政策支持。另外，水产品初级加工定义分类不明确，企业难以享受包括税收优惠等在内的政策。

（四）环境约束增强，节能减排任务仍然艰巨

虽然水产加工业增加了环保投入，在节

能减排方面有了长足进步，但仍未达到理想水平。建设生态文明社会的目标对水产品加工业提出了向生态化和集约化的绿色发展方式转变的要求，面临巨大的资源与环境压力，节能减排任务艰巨。

（五）服务体系不健全，行业服务能力薄弱

专业化服务机构不足，缺乏对专职人员的指导和配套资金投入，服务功能同质化、针对性不够强，难于与企业有效沟通对接。

三、发展趋势

在国内外市场需求增长和消费升级、国家一带一路战略构想提出的背景下，预计水产品加工业将稳步发展。加工商越来越多地与国外公司相关联，超市连锁店和大型零售商控制下国际分销渠道的市场需求格局成为限定加工产品的重要因素。随着年轻一代对水产加工品的需求以及市场准入的导向，更多的加工产品、高附加值产品如休闲产品、方便加工品在市场中呈现并广泛流通。随着人们对营养保健的进一步认知，海洋生物提取保健品、海洋药品市场空间潜力巨大。加工业转型升级势在必行，水产品精深加工及综合利用程度提升。

随着中澳、中韩等自由贸易协定实质性谈判的结束，以及中冰、中瑞自由贸易协定的相继实施，我国将与超过20个国家和地区建立自贸关系，我国水产品加工业将加大在全球的布局。随着中国－东盟海产品交易所落户福州，广东、福建、天津自贸区的正式挂牌等势必会对水产品进出口的发展起到推波助澜的作用，预计近年内水产加工品贸易仍将保持良好的发展势头。互联网模式将渗透水产加工业发展，“互联网＋水产”带动产业升级，电商将给水产加工企业带来多维未来。

四、政策建议

（一）鼓励订单式水产加工业，加大政策支持

鼓励水产品加工企业与渔船、养殖场采取订单合作模式，进行按需生产，达到防止原料价格波动过大以及更好地促进一二三产联动发展的目的。建议将把水产品加工业作为战略性支柱产业和新的经济增长点列入议事议程，明确水产品精深加工及加工副产物综合利用的主攻方向。配合国务院落实减轻企业负担的各项规定，如水产品初加工用电按照农用电办理，将初加工产品列入“绿色通道”等。

（二）对接资本市场培育龙头企业，提升国际影响力

推动水产加工业与资本市场对接，加强上市融资服务和指导培训，通过兼并、收购、重组等商业模式，引导水产加工行业骨干和优势水产企业做大做强。以品牌建设为转型升级的重要抓手，支持企业跨行业、跨地区、跨国界的经营策略，鼓励其在激烈的国际国内市场竞争中占据主动，构建自主创新的产品和品牌，提升国际影响力。

（三）提高加工机械化、自动化的研发投入

借力《中国制造2025》的发布，提高水产加工业机械化、自动化程度，缓解劳动力转移、劳动力成本提升等压力。建议水产机械设备向机电一体化方向发展，利用微电子技术对生产过程进行检测和监督。建议将水产品加工机械、自动化技改纳入农机购置补贴范畴。

（四）扶持加工业环保设施投入，提高市场准入标准

严格生态环境评价，提高资源集约利用水平，建立符合生态文明、以环保达标为基础的市场准入制度。加快淘汰落后、高能耗、高污染的加工企业，同时对水产品加工企业废水处理等节能减排措施给予补贴，大力推进水产加工业的绿色发展、循环发展和低碳发展。

（五）完善行业协会管理机制，加大对协会的支持力度

在政府转变职能的改革过程中，积极

探索行业协会管理机制，依靠法律保障、行政推动和财政支持等手段促进行业协会发展。充分发挥行业协会的桥梁纽带作用，强化新闻宣传和舆论导向，营造促进产业发展的良好环境。引导协会在产业内规范水产品市场秩序，应对国际贸易纠纷沟通、谈判，发挥自主管理、自律、自我监督的作用。

中国水产流通与加工协会

饮 料 工 业

2014 年，我国饮料行业持续稳定增长，产量增长率为 11.72%，增长速度有所下滑。未来一段时间内，这种增速放缓的“新常态”仍将持续，全行业将正视这样的变化，把转型升级放到更加重要的位置，突出创新驱动，保持饮料行业的平稳健康发展。

一、行业概况

（一）主要经济指标

1. 主要产品产量

2014 年，饮料行业规模以上生产企业数量为 1823 家，全国饮料行业总产量为 16677 万 t，比上年同期增长 11.72%。其中，碳酸饮料类产量比上年同期增长 1.66%，果汁和蔬菜汁类产量比上年同期下降 4.58%，包装饮用水类产量比上年同期增长 9.37%，“非三大”饮料产量比上年同期增长 12.66%（如图 1 所示）。

2. 主营业务收入

2014 年，饮料行业主营业务收入 5785 亿元，比上年同期增长 9.61%。其中，碳酸饮料主营业务收入比上年同期增长 2.69%，果蔬汁类主营业务收入比上年同期增长 8.52%，包装饮用水主营业务收入比上年同期增长 11.64%，蛋白饮料主营业务收入比上年同期增长 16.09%，固体饮料主营业务收入比上年同期增长 2.25%，其他饮料主营业务收入比上年同期增长 11.99%。

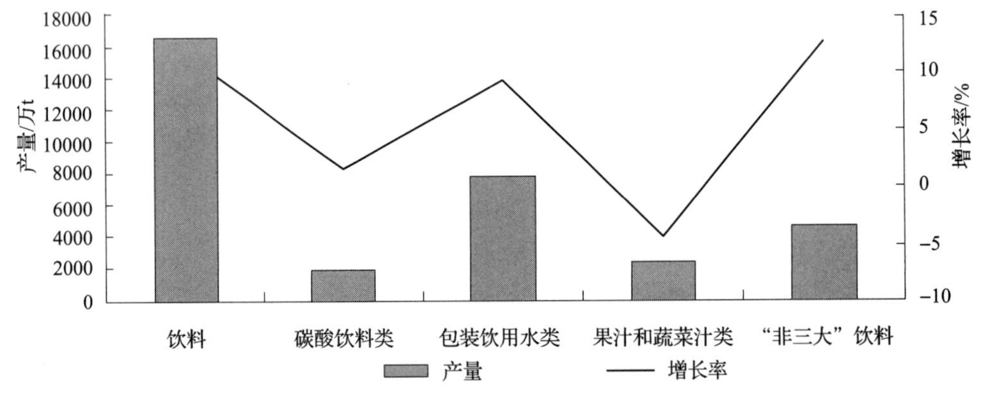

图 1　2014 年饮料分品种产量情况

3. 利税

2014 年，饮料行业全行业实现利税 709 亿元，比上年同期增长 6.30%。其中，碳酸饮料利税比上年同期增长 2.67%，果蔬汁类利税比上年同期增长 30.77%，包装饮用水利税比上年同期增长 10.37%，蛋白饮料利税比上年同期增长 1.83%，固体饮料利税比上年同期下降 1.92%，其他饮料利税比上年同期下降 8.87%。

（二）行业发展分析

1. 市场

饮料产品替代性强、竞争白热化，使多

数企业即使在生产成本持续攀升的情况下，仍保持相对稳定的销售价格，以守住已有的市场份额。过去十年，饮料产品的平均出厂价格几乎没有变化，2005—2014 年间，年均增长 0.33% 。2014 年，饮料行业主营业务成本上涨 10.72% ，而 2014 年饮料平均出厂价格为 3.47 元/kg，比上年同期下降 1.7% 。

2014 年，饮料消费增长趋缓，但是作为重要的低价易耗消费品，消费者对饮料的选择仍然是随时随地，消费需求总体较好。截至 2014 年 12 月底，饮料行业产成品库存总值 168 亿元，比上年同期增长 13.51% ，占饮料总产量的 2.5% ~3% 。由此可以看出，我国饮料行业的市场供需关系比较稳定，是相对可控的。

2. 投资

从国家统计局数据和市场实际情况来看，2014 年饮料行业投资增长速度放缓。2014 年全年，我国规模以上饮料生产企业资产合计比上年同期增长 12.64% 。其中，包装饮用水的资产累计增长最多，为 24.96% ；蛋白饮料增长速度其次，为 15.24% ；果蔬汁类饮料增长速度为 10.53% ；固体饮料增长速度为 5.76% ；碳酸饮料下降 2.02% ；其他饮料增长速度为 16.73% 。

3. 分区域情况

东、西部地区经济发展的变化在饮料业表现出相同的态势。2014 年，东部 11 个省（自治区、直辖市）的饮料总产量占 45% ，比 2013 年下降 1 个百分点；中部 8 省（自治区、直辖市）的饮料总产量比重为 29% ，与 2013 年持平；西部 12 省（自治区、直辖市）的饮料总产量比重为 26% ，比 2013 年提高 1 个百分点。从饮料各品类的地区分布来看，包装饮用水类和果蔬汁类饮料的地区分布比较平均，而碳酸饮料和其他饮料产品在东部地区的比重更高，在西部地区的比重较低，如图 2 所示（东部地区：北京、天津、河北、辽宁、上海、江苏、浙江、福建、山东、广东、海南；中部地区：山西、吉林、黑龙江、安徽、江西、河南、湖北、湖南；西部地区：内蒙古、广西、重庆、四川、贵州、云南、西藏、陕西、甘肃、青海、宁夏、新疆）。

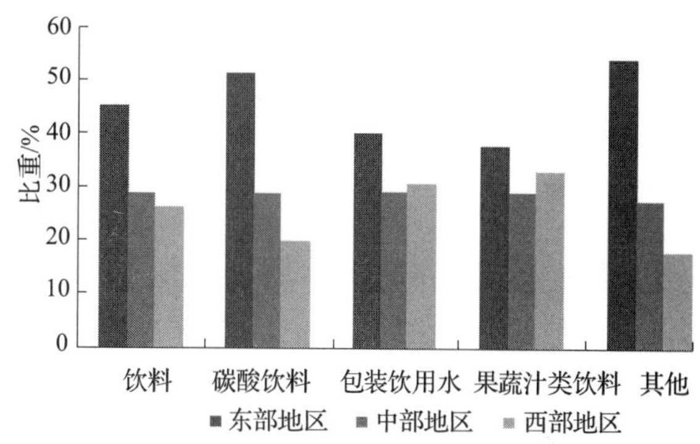

图 2　2014 年饮料及主要品类产品的地区分布

饮料生产的布局遵循消费中心布局和资源中心布局的原则。根据资源分布情况，以水果、蔬菜及其他农产品为直接生产原料的饮料企业多建立在原料产区，包装饮用水企业建立在矿泉水水源地附近。因此，饮料发展呈现区域化特点。

例如，西藏自治区天然水资源丰富，水质优良，开发利用价值高，发展天然饮用水产业前景广阔。西藏自治区天然饮用水产业发展势头良好，产业格局初步形成，产品内涵日趋丰富，品牌效应逐步显现，在拉动经济发展、改善民生、促进就业和社会稳定等方面发挥了重要作用。工业和信息化部消费品工业司、西藏自治区工业和信息化厅共同编制《西藏自治区天然饮用水 产业发展规划》，规划期为 2015—2025 年。

4. 行业集中度分析

行业和企业的发展是相辅相成的，近年来，饮料企业的生产规模不断扩大。2014 年，饮料行业规模以上生产企业数量为 1823 家，比 2013 年增加 8% 。其中，碳酸饮料企业171家，占全行业比重为9.4%，比上年下降0.9个百分点；果蔬汁企业527家，占全行业比重为28.9%，比上年提高0.1个百分点；包装饮用水企业570家，占全行业比重为31.3%，与上年持平。

5. 进出口

饮料行业中，最重要的进出口产品是浓缩果蔬汁。其中，浓缩苹果汁是出口量最大的品类，浓缩橙汁是最重要的进口果蔬汁品类。

2014年，浓缩水果汁出口量为52万t，比上年同期降低22.4%。其中，浓缩苹果汁出口量为46万t，比上年同期降低23.8%，出口量达到近五年来最低值，如图3所示。

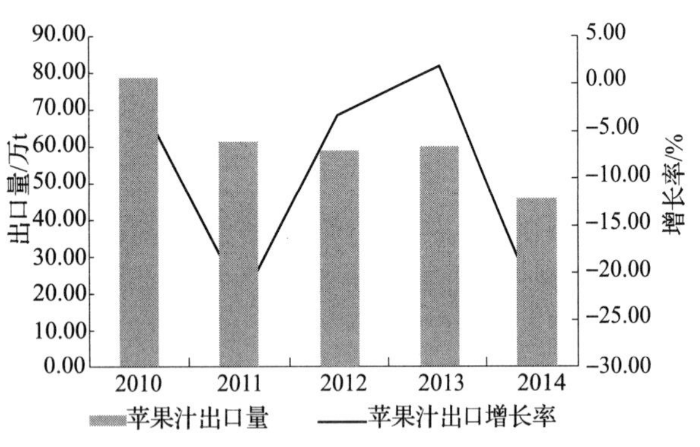

图3　近五年浓缩苹果汁出口情况

2014年，浓缩水果汁进口量为12万t，比上年同期增长12.2%。其中，冷冻橙汁进口量为5万t，占浓缩水果汁进口量的44%。近五年来，冷冻橙汁在浓缩水果汁进口总量中的占比持续下降，如图4所示。

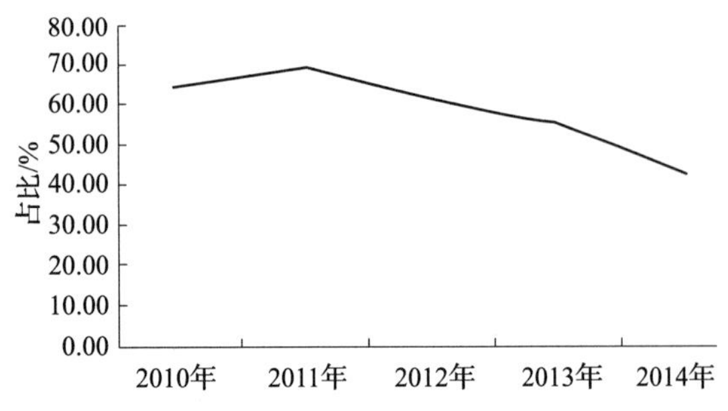

图4　近五年冷冻橙汁在浓缩水果汁进口总量中的占比

6. 重点品类

2014年，各饮料品种产量所占比重情况如图5所示。包装饮用水类的比重继续加大，占到46.9%，比上年同期增加2.3个百分点；碳酸饮料类比重为10.9%，比上年同期降低0.6个百分点；果汁和蔬菜汁类比重为14.3%，比上年同期减少1.9个百分点；“非三大”饮料比重为28.0%，比上年同期增加0.3百分点。饮料产品结构相对保持稳定。

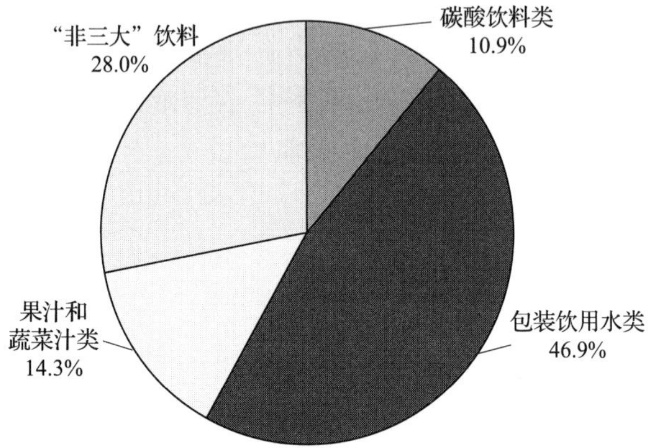

图5　2014年各饮料品种产量所占比重情况

其中，包装饮用水产量增长率持续高于饮料行业增长，总产量已经接近饮料产量的一半。

2014年，果蔬汁类饮料产量呈现负增长，在饮料产量中的比重呈下滑趋势。

7. 包装与装备

我国饮料行业装备水平达到国际先进水平。膜技术、超高温瞬时杀菌技术、生物洁净技术、分离技术、酶技术、带蒸汽压缩的多效蒸发装置和芳香回收系统、可进行果肉颗粒灌装的灌装技术、冷冻干燥、超细粉碎、超洁净灌装、热灌装、无菌灌装技术、高速灌装、吹灌旋一体机和罐装饮料连续杀菌装备等都已得到广泛应用，玻璃瓶、纸塑复合包装、金属罐的制造及灌装技术已迈向国际水平，中国饮料行业技术水平已稳步进入国际先进行列。

饮料作为快速消费品，在充分竞争的市场环境下，对于规模化大生产具有迫切需求，因此，饮料行业对于高效、自动化生产装备有很旺盛的需要。2014 年，随着互联网和其他服务联网的系统在行业中的应用，打造饮料生产智能化的工业 4.0 概念正逐步被企业接受。

信息化和自动化的“两化融合”理念得到应用，智能工厂的模式开始出现。智能工厂的控制系统就是企业充分利用互联网、区域网等领域内的各种技术，建设一个信息化平台，通过信息互联互通、员工互相协同的模式，实现工厂的智能管理。对从原材料接收到灌装的整体生产流程进行控制，这一革新将有效地帮助企业更高效、更有序地运作。机器人装箱、运输、码垛、提货以及生产要素配置电脑程序控制、自动化仓储等都在饮料工厂中得到了一定的应用。

中央工厂模式开始被企业尝试。这一模式将进一步提高科技成果的转化速度，整合和高效利用资源，提高整体控制能力，对于标准化生产控制和检测具有重要作用。

8．可持续发展

近年来，可持续发展战略受到企业和社会的广泛重视并取得了良好的效果。2010 年，中国饮料工业协会对外发布了第一份中国饮料行业可持续发展报告。为了展现 2010 年以来饮料行业在可持续发展方面的做法和绩效，体现饮料行业创造价值的空间，继续引导和深化全行业的可持续发展，中国饮料工业协会从 2013 年开始着手第二份“行业可持续发展报告”的编写工作。

与中国饮料工业协会 2010 年发布的可持续发展报告相衔接，《2014 中国饮料行业可持续发展报告》增加了对“可持续发展”概念的解读，充分阐述了饮料行业在国民经济中的定位、责任与目标，对行业在可持续发展各方面遇到的问题和挑战及努力方向进行了总结和归纳，报告中列举企业优秀事例 320 个，涉及企业 135 家。

《2014 中国饮料行业可持续发展报告》于 2014 年 12 月在中国饮料工业协会年会上正式发布。对于行业可持续发展起到了很好的引领作用。

二、行业面临的问题分析

1．政策

水资源管理有待进一步完善。饮料是重要的涉水行业，水是饮料产品的重要原料。然而目前有关水资源税费管理方面仍然存在诸多问题，限制了饮料行业发展，需要进一步完善。

2013 年 1 月 7 日，国家发展与改革委员会、财政部、水利部联合印发了《关于水资源费征收标准有关问题的通知》（发改价格［2013］29 号）。根据通知精神，到 2015 年年底（“十二五”末）以前，水资源费平均征收标准将有一定程度的提高，并且要求各地规范水资源费标准分类，特别是要针对特种行业调整水资源费。据了解，目前各省市对包装饮用水等饮料用水的分类尺度差异较大，特别是对天然矿泉水，有地方将饮料用水列为特种行业，有地方将其按照工业领域进行分类。将饮料用水列为特种行业存在其不合理性，这一问题至今仍然没有得到解决。

多年来，对矿泉水产品征收的矿产资源性税费一直存在“一水多征、重复征收、各地收费项目和收费标准不一”的问题，给矿泉水生产企业造成了经济压力，阻碍了矿泉水发展。

2．市场

（1）阶段性产能过剩，过度竞争时有发生　经过二十多年的高速发展，饮料行业已经成为备受关注的投资领域。近几年来，随着国家经济放缓的“新常态”出现，饮料行业增长速度已经大幅下降，然而表现依然比较突出。由于前几年企业对市场的良好预期和“抢占地盘”的思维，以及全球金融危机为企业提供了低成本扩张的机会，饮料行业产能增长迅速，造成目前全行业产能阶段性过剩。阶段性过剩在市场上表现为，虽然原材料价格大幅上涨，但重产量、拼价格、牺牲效益依然成为广泛使用的竞争手段，有的产品售价接近或甚至低于生产成本。

(2) 网络谣言频出，给行业和企业造成极大困扰和经济损失　2014 年以来，以微信、微博等自媒体平台为依托的网络谣言频出，恶意炮制、散播谣言，诋毁饮料企业和产品，造成了消费者的恐慌和社会对食品安全的信任度下降，严重影响中国饮料行业、食品行业的正常运行。

(3) 不当的社会舆论给饮料行业带来压力　近年来，缺乏科学依据的片面言论被媒体广泛传播，对糖的健康性一味地进行负面宣传，甚至有针对性地对含糖的饮料提出片面的健康质疑。这种不当的社会舆论给饮料行业带来负面影响和发展压力。

(4) 浓缩苹果汁出口下降，内需不足　浓缩苹果汁是我国饮料行业最重要的出口产品，同时也是主要依赖国际市场的产品。在全球经济危机之后，经历了三年的平稳发展，然而在 2014 年浓缩苹果汁出口进一步下跌，已经达到近十年的最低水平。与此同时，我国浓缩苹果汁的内需严重不足，浓缩苹果汁行业困难重重。

3. 创新

(1) 产品创新不足，对市场驱动能力不够　尽管在市场上饮料产品类型已经非常丰富，目前已经有 11 大类、65 小类，然而在产品创新方面力度仍然不够，不足以适应现在消费者求新的消费需求。主要表现在产品包装创新不足、产品研发新意不够等方面，市场产品同质化现象突出，高附加值的饮料产品较少，依靠产品创新带动市场发展的能力不足。

(2) 农产品原料仍然具有一定的制约作用　我国饮料产品类型丰富，其中果蔬汁、蛋白饮料、植物饮料等产品以农产品作为主要原料。果蔬汁原料品种专有化问题一直未能得到解决；农产品价格波动很大，加工用农产品价格受鲜食农产品价格影响大，对饮料生产的稳定性带来更多不确定性，在一定程度上制约了相关产品的发展；仍然存在农药残留风险，基于加工用农产品的农残控制研究相对较少，农产品种植过程中依然存在滥用农药的情况，这些都对原料涉农饮料产品带来挑战。

(3) 果汁产品真实性检测能力有待提高　为了保护消费者利益，提高行业门槛，保障饮料产品的真实可靠，饮料行业在保障食品安全的同时，也在努力开展饮料产品真实性检测技术的研究和探索，目前已经将多种饮料产品的真实性检测研究成果通过产品标准的方式进行应用。然而，有实际应用价值的果汁真实性检测技术尚处于研究探索阶段。

三、发展趋势

当前，世界经济正处于深度调整之中，复苏动力不足。我国经济下行压力还在加大，发展中深层次矛盾凸显，2015 年面临的困难可能比 2014 年还要大。同时，我国发展仍处于可以大有作为的重要战略机遇期，有巨大的潜力、韧性和回旋余地。

2015 年 1—6 月，全国饮料行业总产量为 8734. 54 万 t，比上年同期增长 4. 45%。其中，碳酸饮料类产量 876. 84 万 t，比上年同期增长 0. 03%；果汁和蔬菜汁类产量 1162. 82 万 t，比上年同期增长 - 1. 59%；包装饮用水类产量 4215. 12 万 t，比上年同期增长 10. 08%；“非三大”饮料产量2479. 76 万 t，比上年同期增长 0. 19%。2015 年，饮料产量增长将继续维持在适度水平，与潜在的经济增长率相适应，专家指出这是符合可持续性发展规律的。

饮料行业需要正视国家经济新常态和饮料增速放缓的新常态，通过不断优化产业结构、坚持科技创新、积极开拓新兴市场，努力保持经营效益的持续增长。当前饮料市场依然很活跃，消费者对包装饮用水、非复原果汁（NFC 果汁）、100% 果汁、果汁含量较高的果汁饮料、植物蛋白饮料、包括谷物饮料在内的植物饮料等产品具有很大的需求，饮料行业的发展空间仍很大。

创新是2015年中国经济的主旋律，同时也是饮料行业未来一段时间的主旋律。从产品创新、原料创新、包装创新、设备创新、管理创新、模式创新等方面全面提升饮料行业的整体竞争力，“工业4.0”“中国制造2025”概念的新一轮科技革命和产业革命同样会在饮料行业中呈现，智能化应用将更广泛地运用于饮料行业的各个领域。

四、政策建议

1. 继续加大对原料涉农企业的支持力度

农产品价格上涨是提高农民收入的重要手段，是国家的“三农”大政，饮料企业加工农产品原料又不得随成本上升而涨价，为保护涉农饮料企业的积极性和发展后劲，国家应建立对涉农饮料企业农产品原料价格上涨的补贴机制。

农产品原料的采购是原料涉农产品生产的关键关节之一，在协调农产品原料供应方面给予政策支持，方便企业进行原料采购，将为企业解决原料供应商的后顾之忧。此外，加大对企业流动资金贷款的扶持、在原料涨价补贴等方面给予政策支持、继续探索加工用农产品种植基地、加大对加工用农产品农残控制的研究、探索饮料行业与国家“三农”政策的内在规律等，都将进一步促进饮料行业发展，带动“三农”发展。

2. 调整包装饮用水产品征税政策

（1）按照地下水管理方式对矿泉水进行管理　矿泉水是从地下深处自然涌出的或经钻井采集的，是理化成分、流量、水温等动态指标在天然周期波动范围内相对稳定的一类地下水。之所以以“矿”命名，只是因为含有微量的矿物质组分。矿泉水不同于其他固体矿产，是可再生资源，在合理的开采条件下可以永续利用不断再生，将矿泉水与其他固体矿产采取相同的管理方式不尽可取。我国矿泉水蕴藏丰富，种类繁多，目前开发量很小，大部分尚未开发，如果不对其开发利用，也将在循环中定量排泄。矿泉水行业方兴未艾，需要政府的扶持和大力支持，才能使矿泉水资源充分开发利用，避免矿泉水资源的浪费。

因此，建议参照地下水的资源性税费管理方式对矿泉水进行管理。

（2）将饮料用水按照工业用水进行分类　饮料行业是我国食品工业的重要组成部分。水是饮料行业的重要原料之一，饮料取水包括城镇公共供水、地表水和地下水（矿泉水等）。无论从行业管理还是产品分类划分，饮料行业和产品均在工业范畴。因此，建议在水资源费收取用标准分类方面，有必要从国家层面，将饮料行业用水分类统一归为工业领域，与其他食品行业等同对待，并合理考虑对饮料行业水资源费的调整幅度。

3. 正面宣传引导，加大科普宣传力度

网络谣言导致社会对食品安全的信任度下降，引发消费者的恐慌，严重威胁社会的稳定，严重影响中国饮料行业、食品行业的正常运行。建议中国食品饮料行业的所有参与方，合力开展和加强食品饮料生产、质量、安全等的科普工作，正面宣传和引导消费者树立消费信心；建议行业、企业积极组织行业专家进行应对；建议企业加强自律，继续为消费者生产安全、健康、质量好的饮料产品。

4. 充分发挥行业组织的作用

十八届三中全会指出，适合由社会组织提供的公共服务和解决的事项交由行业组织承担，并明确将重点培养和优先发展行业协会商会等类社会组织。建议行业协会充分发挥规范行业发展、引导行业自律的作用，通过与行业专家、企业共同协作的方式，促进行业的可持续健康发展。

中国饮料工业协会

制 糖 工 业

2013/2014 年制糖期[①]，虽然全国食糖产量延续增长势头，食糖消费也稳步增加，但受国际食糖价格大幅下跌拖累及食糖进口保持高位的冲击，国内食糖价格大幅下跌并在低位持续徘徊，制糖企业食糖销售受阻，食糖销售数量减少，库存大幅上升，制糖企业亏损规模和亏损面扩大，拖欠农民糖料款问题严重。为促进糖业持续健康发展，需要搞好总量平衡，完善宏观调控，加快实施食糖目标价格管理，完善价格形成机制，加大对制糖行业财税金融支持力度，推动糖业立法，规范食糖生产和国家宏观管理，建立统一协调的糖业管理机制，加强糖精等高倍化学甜味剂管理，扩大食糖消费空间。

一、行业概况

（一）主要经济指标

1．行业亏损扩大，农民种植糖料收入下降

受国际市场食糖价格大幅下跌和国内食糖生产成本居高不下的影响，2013/2014 年制糖期制糖企业经济效益继续滑坡，全行业亏损规模和亏损面进一步扩大。统计显示，2013/2014 年制糖期全国制糖行业实现销售收入 589 亿元[②③]（图 1），比上一年制糖期减少 171 亿元；实现利税总额 -69.5 亿元，比上一年制糖期下降 75.7 亿元。其中，上缴税金 28.1 亿元，比上一年制糖期减少 9.1 亿元；亏损 97.6 亿元，亏损额比上一年制糖期增加 66.6 亿元，全行业亏损面超过 90%。

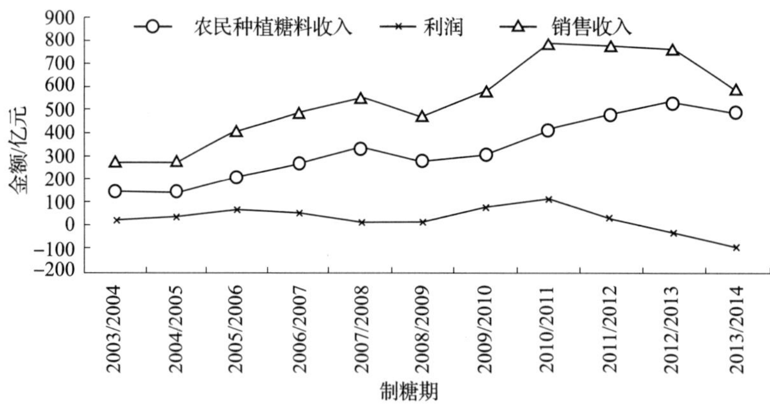

图 1　制糖行业收入与农民种植糖料收入波动情况

资料来源：中国糖业协会（CSA）。如无特别说明，以下数据来源相同。

---

① 制糖期是自每年 10 月 1 日至翌年的 9 月 30 日。例如，2013/2014 年制糖期是自 2013 年 10 月 1 日至 2014 年 9 月 30 日。

② 数据来源于中国糖业协会（CSA）。如无特别说明，下同。

③ 数据仅包括以国产甘蔗或甜菜原料生产食糖的制糖企业，不包括单一原糖进口加工企业。如无特别说明，下同。

由于行业不景气，糖料价格下调，农民种植糖料收入下降。2013/2014 年制糖期，农民种植糖料收入比上一年制糖期下降 39.3 亿元，降幅 7.4%；农民种植糖料收入占全国制糖行业销售收入的 83.7%，比上一年制糖期提高 13.7 个百分点，全国制糖行业社会效益上升。

2．加工产能变化不大，产糖率上升

就加工产能看，2013/2014 年制糖期全国共有开工制糖生产企业（集团）48 家，开工糖厂 260 家，开工糖厂数较上一年制糖期减少 7 间。其中，甘蔗糖生产企业（集团）43 家，糖厂 229 间；甜菜糖生产企业（集团）5 家，糖厂 31 家；单一原糖进口加工企业 11 家。全国制糖生产企业（集团）日加工糖料能力 117 万 t，与上一年制糖期基本持平。其中，甘蔗日加工能力 109.4 万 t，比上一年制糖期增加 2.2 万 t；甜菜日加工能力 7.6 万 t，比上一年制糖期减少 2.4 万 t。原糖进口年加工产能接近 1000 万 t。

就产糖率看，2013/2014 年制糖期甘蔗产糖率 11.82%，比上一年制糖期提高 0.63 个百分点；甜菜产糖率 12.05%，比上一年制糖期提高 1.09 个百分点。单产方面，甘蔗平均单产 4.48t/亩，比上一年制糖期提高 0.23t/亩；甜菜平均单产 3.05t/亩，比上一年制糖期下降 0.02t/亩。含糖量方面，甘蔗平均含糖量 13.64%，比上一年制糖期提高 0.21 个百分点；甜菜平均含糖量 15.13%，比上一年制糖期提高 0.9 个百分点。

（二）行业发展分析

1．食糖产量和消费量双双增长

就面积看，全国糖料种植面积下降，其中以甜菜种植面积减幅最大。2013/2014 年制糖期，全国糖料种植面积 2671 万亩，比上一年制糖期减少 111 万亩，减幅 4%。其中，甘蔗种植面积 2439 万亩，比上一年制糖期减少 9 万亩，减幅 0.4%；甜菜种植面积 232 万亩，比上一年制糖期减少 102 万亩，减幅 30.5%。

就产量看，虽然甜菜糖的产量下降，但甘蔗糖产量实现了增长，使得 2013/2014 年制糖期食糖总产量延续了前两个制糖期的增长态势。全国食糖产量达到 1331.8 万 t（图 2），比上一年制糖期增加 25 万 t，增幅 1.9%。其中，甘蔗糖产量 1257.2 万 t，比上一年制糖期增加 58.8 万 t，增幅 4.9%；甜菜糖产量 74.6 万 t，比上一年制糖期减少 33.9 万 t，减幅 31.2%。

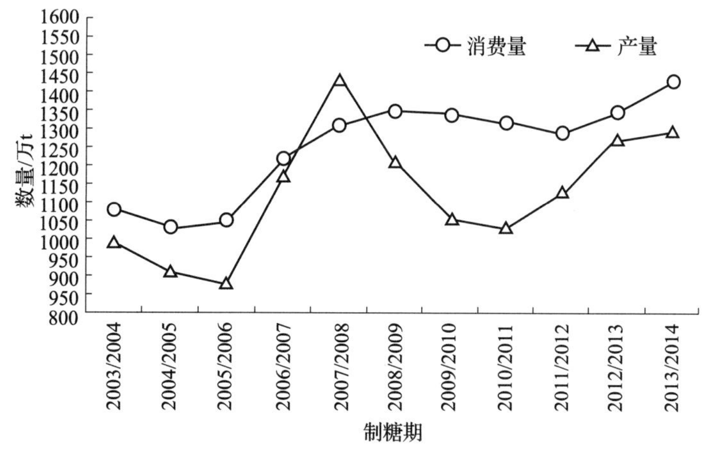

图 2　全国食糖产量与食糖消费量变化

就消费看，经济增长和人民生活水平提高以及食糖价格大幅下跌并在低位徘徊刺激了食糖的消费；淀粉糖生产成本上升以及对糖精等高倍化学合成甜味剂的严格管理有效压缩了食糖替代空间，相应扩大了食糖消费空间。2013/2014 年制糖期，全国食糖消费量1480万t（图2），比上一年制糖期增加90万t，增幅6.5%。

2. 食糖进口保持历史较高位

2013/2014 年制糖期，国际食糖市场保持弱势。纽约原糖期货价格自2013年10月（制糖期初）的19美分/lb（1lb = 0.453592kg）附近震荡下跌，于2014年9月中旬（制糖期末）创出13.32美分/lb的近五年新低，进口食糖与国内食糖价差维持高位，食糖进口保持历史较高水平。

就年度看，海关统计显示（图3），2014年全国累计进口食糖348.6万t[①]，累计出口食糖4.7万t；全国累计净进口食糖344万t，比上一年减少105.9万t，减幅23.5%。就制糖期看，2013/2014年制糖期全国食糖进口402.4万t，食糖出口4.7万t，净进口食糖397.7万t；累计净进口量比上一年制糖期同期增加36.2万t，增幅10%。

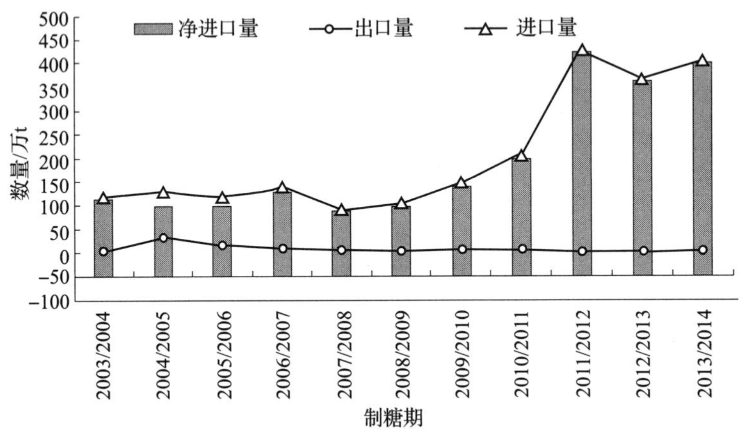

资料来源：海关总署，中国糖业协会（CSA）。

图3　全国食糖进出口量变化

3. 糖料收购价格和食糖价格下跌

就糖料收购价格看（图4），2013/2014年制糖期甘蔗平均收购价格（地头价，不含运输及企业对农民各种补贴费用等，下同）435元/t，比上一年制糖期减少34元/t，减幅7.2%；甜菜平均收购价格为478元/t，比上一年制糖期减少11元/t，减幅2.2%。

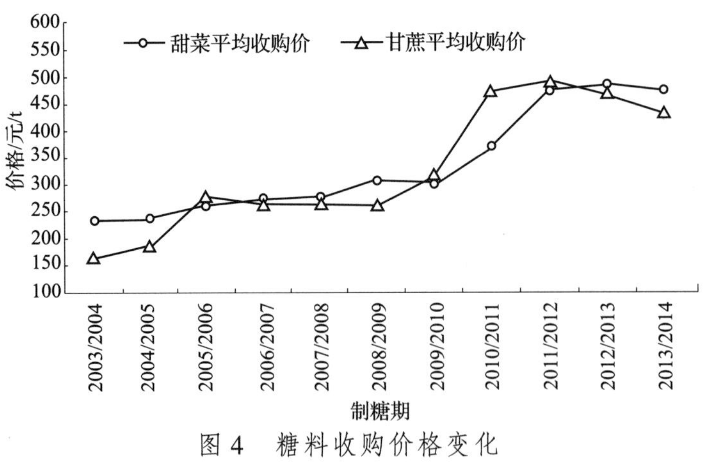

图4　糖料收购价格变化

① 进口食糖种类包括原糖和白砂糖等，为分析方便，本文未考虑进口食糖种类的差异。

就食糖价格看，因超量进口，2013/2014 年制糖期国内食糖供大于求。同时，国际食糖市场供应压力和国际食糖价格大幅下跌的信号通过食糖超量进口强化传导到国内食糖市场。受此影响，国内食糖价格追随国际食糖价格连续第三年大幅下跌，并在低位徘徊。如图 5 所示，反映全国食糖平均价格水平的中国糖业协会食糖综合价格为 4838 元/t，较上一年制糖期下跌 815 元/t，跌幅 14.4%；全国重点制糖企业（集团）成品白糖累计平均销售价格 4633 元/t，较上一年制糖期下跌 899 元/t，跌幅 16.3%。

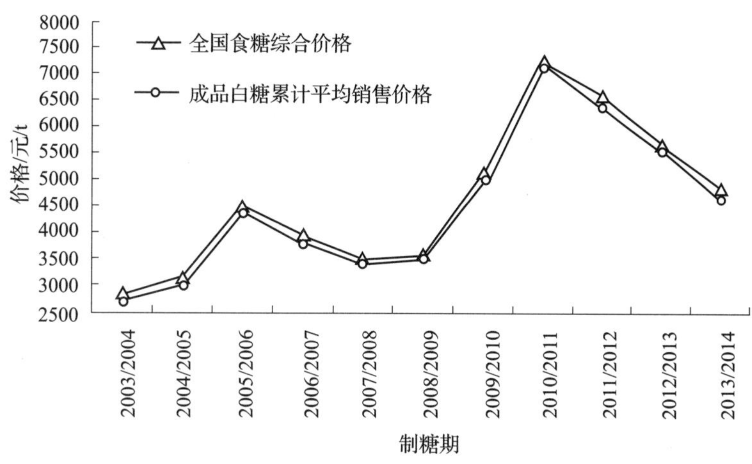

图 5　全国食糖综合价格和成品白糖累计平均销售价格变化

4. 国家实施了制糖企业临时储存 300 万 t国产糖政策

2013/2014 年制糖期，为了缓解制糖期开榨期间食糖市场供大于求的矛盾，减轻制糖企业的困难和国家财政负担，国家实施了制糖工业企业临时储存 300 万 t 国产糖的政策。制糖企业临时储存采取中央财政全额贴息、制糖企业承储、地方政府落实、企业自负盈亏的市场化方式运作。尽管政策有利于缓解榨季期间制糖企业食糖销售资金困难和财务负担重以及农民糖料款兑付等问题，但因文件下发迟、地方政策执行部门不明确、贴息时间不明确等因素的影响，政策落实慢、效率低，政策效果差强人意。

5. 食糖生产集中于欠发达地区

我国既生产甘蔗糖，又生产甜菜糖。其中，甘蔗糖产区主要分布在广西、云南、广东（以广东湛江地区为主）和海南四省区，甜菜糖产区主要分布在新疆、内蒙古和黑龙江三省区。2013/2014 年制糖期，上述七省区的糖料种植面积占全国的 97.6%，产糖量占全国的 98.5%，糖料种植面积与产糖量较上一年制糖期均扩大了 0.4 个百分点。

如表 1、表 2、图 6 和图 7 所示，甘蔗糖方面，与上一年制糖期相比，广西糖料种植面积份额扩大了 1 个百分点，产糖量份额扩大了 3.7 个百分点；云南糖料种植面积份额扩大 2.4 个百分点，产糖量份额扩大 0.2 个百分点；广东糖料种植面积份额和产糖量份额均收窄 0.4 个百分点；海南糖料种植面积份额扩大 0.4 个百分点，而产糖量份额收窄 0.7 个百分点。甜菜糖方面，与上一年制糖期相比，新疆糖料种植面积份额和产糖量份额分别收窄 1.5 个百分点和 0.8 个百分点；内蒙古糖料种植面积份额扩大 0.3 个百分点，产糖量份额持平；黑龙江糖料种植面积份额收窄 1.7 个百分点，产糖量份额收窄 1.6 个百分点。

表 1　全国主产糖省区糖料种植面积份额变化

	广东	广西	云南	海南	黑龙江	新疆	内蒙古	小计
2012/2013	8.6%	56.9%	17.8%	3.4%	3.6%	5.0%	1.8%	97.2%
2013/2014	8.2%	57.9%	20.2%	3.8%	1.9%	3.5%	2.1%	97.6%
波动	-0.4	1.0	2.4	0.4	-1.7	-1.5	0.3	0.4

表 2　全国主产糖省区产糖量份额变化

	广东	广西	云南	海南	黑龙江	新疆	内蒙古	小计
2012/2013	9.3%	60.6%	17.2%	3.8%	1.8%	4.2%	1.2%	98.0%
2013/2014	8.9%	64.3%	17.3%	3.1%	0.2%	3.4%	1.3%	98.5%
波动	-0.4	3.7	0.2	-0.7	-1.6	-0.8	0.0	0.4

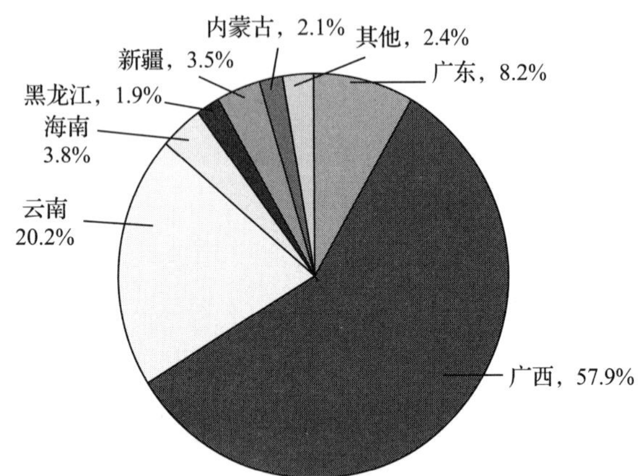

图 6　2013/2014 年制糖期全国主产省区糖料面积份额

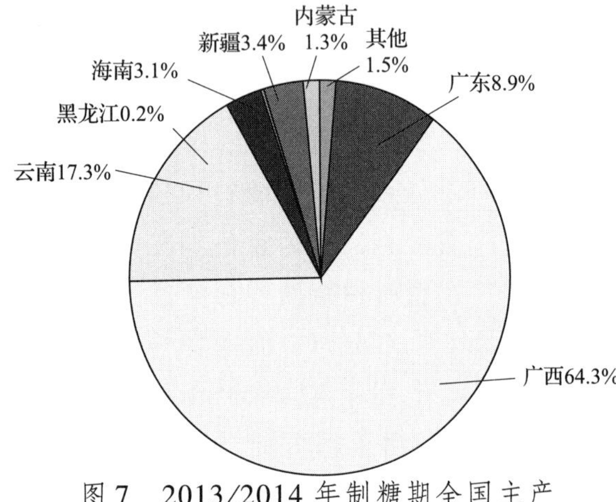

图 7　2013/2014 年制糖期全国主产省区产糖量份额

6. 行业集中度进一步提高

随着制糖企业的兼并和重组，企业结构进一步优化，单个企业糖料日处理能力不断提高，全行业已经形成以大型制糖企业（集团）为主导的食糖生产格局。2013/2014 年制糖期，产量超过 61 万 t 的制糖企业（集团）已经发展到 10 家，占全国食糖产量的 67.9%，比上一年制糖期扩大 2.6 个百分点；单个制糖企业平均日榨能力达到 4501t。其中，甘蔗糖厂 4777t/d，甜菜糖厂 2461t/d。

7. 行业节能减排工作持续推进

2013/2014 年制糖期，全行业继续开展了绩效对标活动，一批企业积极推广制糖行业清洁生产推行方案。据糖业协会统计显示，2013/2014 年制糖期全国甘蔗糖厂平均吨糖综合能耗 433.600kgce/t，吨糖耗新鲜水 11.661t，吨糖化学需氧量（COD）排放量 0.689kg。与上一年制糖期相比，吨糖综合能耗上升 0.6%，吨糖耗新鲜水和吨糖 COD 排放量分别下降 10.5% 和 37.6%。甜菜糖厂方面，全国平均吨糖综合能耗 593.051kgce/t，吨糖耗新鲜水 18.652t，吨糖 COD 排放量 2.954kg。与上一年制糖期相比，吨糖综合能耗、吨糖耗新鲜水和吨糖 COD 排放量分别下降 12.7%、15.3% 和 88.4%。

二、行业面临的问题分析

（一）政策与市场问题

目前，影响制糖业发展的问题很多，主要问题集中于三方面：一是国内食糖市场准入门槛低，政策和法律保障缺位；二是我国加入世界贸易组织（WTO）时对食糖等农产品关税水平和准入量的重大让步[①]；三是我国对原糖进口加工产能和配额外食糖进口缺乏有效管控。

这些问题导致制糖行业发展面临三大难题：一是超量无序食糖进口。超量无序食糖进口持续挤压国内市场，挤压了制糖企业的生存空间，给我国制糖企业的生产经营造成很大困难，也增加了国家对食糖市场宏观调控的难度，带来了巨大的负面连锁反应。二是糖料种植户利益受到严重影响。全国制糖工业企业亏损规模的扩大以及银行将制糖行业列入高风险行业，导致银行收紧对企业信贷，加剧了制糖企业资金紧张状况，制糖企业难以及时向农民兑付糖料款，出现拖欠农民糖料款现象，严重影响了农民增收和农民种植糖料的积极性。2013/2014 年制糖期，全国制糖工业企业拖欠农民糖料款 22.8 亿元。三是食糖宏观调控不尽完善。虽然 2013/2014 年制糖期国家调整了食糖宏观调控政策，实施了制糖工业企业临时储存 300 万 t 国产糖、中央财政半年贴息的政策代替食糖临时收储政策，可是，由于政策贯彻落实不及时、不到位，政策效果距离调控目标有较大差距。

（二）科技问题

1. 糖料生产效率亟需提高

制糖作为传统的农产品加工产业，基本形成了以龙头企业为核心的农工紧密结合的产业模式，但受到自然资源禀赋条件及土地制度的制约，农业技术进步以及农业现代化经营成为影响我国糖业持续健康稳定发展的瓶颈因素。

首先，国产高产高糖糖料新品种选育仍然缓慢。历史上，我国甘蔗品种以广东粤糖、广西桂糖系列为主，甜菜品种以黑龙江的甜研、内蒙古工农系列为主。近年来，我国科研体制改革，糖料育种科研经费严重不足，高产高糖糖料新品种尤其是国产甜菜新品种选育步伐缓慢，原有品种市场占有率下降。就甘蔗糖看，2013/2014 年制糖期，甘蔗品种仍然主要是台糖系列和粤糖系列，分别占甘蔗总种植面积的 69.3% 和 18.1%，两个系列合计占总种植面积的 87.4%；桂糖系列占 3.5%，闽糖系列占 0.7%，云糖系列占 0.5%，其他品种约占 7.9%。就甜菜糖看，种植品种仍以原种引进为主，主要是德国的 KWS 系列、比利时的安地系列和瑞士的先正达系列等国外品种，分别占甜菜总种植面积 54.5%、11.44% 和 8.6%，其合计占比 74.54%，而国内甜研系列仅占 1.33%，其他品种占 24.12%。就台糖看，系列品种引进大陆多年，虽已出现退化现象，但仍为甘蔗当家品种，且单一品种种植比例过高，还没有相应新品种完全替代。甜菜品种主要依靠国外进口，74% 以上是来自德国、瑞士、荷兰、比利时等国家。购买国外种子费用要比国内种子高 2 倍以上，且近年来国外种子价格还在不断攀升，这种现象已经严重威胁到了甜菜的种植安全，影响了糖厂效益和工业反哺农业作用的发挥，反过来又制约了甜菜产业的发展。由于品种问题，糖料生产风险上升。因此，必须加大糖料品种研发投入，加快国产高产高糖品种选育。

其次，糖料生产特别是甘蔗种植的自然资源禀赋条件差。与粮食和其他经济作物相比，糖料生产市场风险小、工业对农业的支

① 我国食糖进口配额内关税 15%，低于发达国家平均关税水平以及世界贸易组织所有成员国平均关税水平；配额外关税 50%，远低于世界贸易组织（WTO）成员国平均关税为 97% 的水平；承诺配额内进口数量巨大，达到 194.5% 万 t，是所有成员承诺配额量总和的 50%，超过国内消费量的 20% 以上，远高于世界贸易组织（WTO）设定的不低于国内消费 5% 的水平。

持力度大、地方财政收入稳定，具备一定的竞争优势。但是，对于经济发达地区来说，糖料种植和加工利润相对很薄弱，糖料种植向经济不发达地区转移的趋势非常明显。经过20年来的东糖西移和产业结构调整，糖料种植自然成为老少边穷地区的支柱产业之一。目前，我国糖料尤其是甘蔗绝大部分种植在丘陵旱坡地带，土壤贫瘠、土地分散、水利和道路等基础设施条件差，难以通过实现现代农业来提高单产、降低糖料生产成本。

最后，甘蔗生产机械化水平需要提高。目前，我国糖料主产区广西甘蔗生产综合机械化率约43%，且主要集中在耕种环节，其机械化率约88%，而收获环节机械化率非常低。甘蔗砍收基本上全靠人力，人工成本达到130元/t左右，已经超过甘蔗收购价的三分之一。农村劳动力缺乏和成本快速上升，甘蔗生产尤其是收获环节机械化程度低，已成为制约我国糖业发展的瓶颈之一。

2. 行业综合竞争力缺乏

首先，糖料种植成本高，糖料价格居高难下导致食糖生产成本维持高位。受自然资源禀赋条件和社会经济发展水平等因素制约，我国糖料种植人工成本和化肥等成本高于世界其他糖料主产国家（地区），种植成本高于巴西和泰国的甘蔗收购价格。例如，2013/2014年制糖期，广西甘蔗收购价格下调至440元/t，但仍然相当于泰国的2倍、澳大利亚的1.7倍；甜菜价格从458元/t至550元/t不等，也相当于欧盟的1.6~1.9倍。

其次，糖料生产基础设施建设薄弱。国家对于糖料生产支持缺乏，糖料生产的水利化和机械化水平低，严重影响糖料生产。

最后，农工两个环节缺乏根本利益上的联系。土地流转政策难于落到实处，形成农工两张皮的糖业发展模式，一方面造成制糖企业对生产原料和土地资源缺乏掌控能力，工业反哺农业投鼠忌器；另一方面，农民对于良种良法推广积极性不高，对于高糖品种重视度不高，最终造成产业综合竞争力缺乏。

三、发展趋势

就产量看，2014/2015年制糖期全国糖料种植面积减少。同时，受超强台风“威马逊”和强台风“海鸥”影响，全国糖料主产区的海南、广东湛江和广西部分产区的甘蔗倒伏、折断和水淹，将导致食糖产量下降。

就消费看，受国民经济稳定增长、人民生活水平提高、食品工业增长、淀粉糖等替代消费增长受制以及加强高倍化学甜味剂管理等因素影响，多会对食糖的消费起到积极作用。预计2014/2015年制糖期，食糖消费量将会继续增加。

综合来看，预期2014/2015年制糖期食糖市场存在产需缺口。但是，综合考虑到大量结转库存和食糖进口压力因素，预期2014/2015年制糖期食糖市场仍然是供大于求，全国食糖产销形势依然严峻，国内食糖价格快速合理回升面临重重困难。

四、政策建议

（一）搞好总量平衡，完善宏观调控

1. 做好市场食糖供求总量平衡工作

搞好市场食糖供求总量平衡是市场稳定和糖价回升的基础。虽然预计新制糖期食糖减产、消费增加、产不足需，但考虑到制糖企业和进口原糖加工企业结转库存较多，控制进口尚无有效办法，从糖产量、结转库存和进口计算供给量来看，仍然是供大于求的趋势，加强宏观调控、搞好总量平衡的工作仍然十分艰巨。国家有能力做到的是管住国家储备不出库，同时明确地方政府采取相同储备管理政策，再加上控制好进口，市场才有望回暖。

2. 加强食糖进口管理

借鉴其他国家的经验，加强进口管理，减轻国际低糖价对国内市场的冲击。一是要严格配额管理，将配额食糖进口管理与国家宏观调控紧密结合，严格配额发放；二是要

加强配额外食糖进口管理，加强行业自律，规范原糖进口加工企业行为，采取协调、劝阻等行业自律方法以及政府管理等措施，防止配额外食糖超额进口，要加强食糖进口报告制度，尽早实施贸易救济措施，加强食糖进口检疫，适时启动技术性贸易壁垒；三是要保持高压态势，持续严厉打击食糖走私行为。

3. 严格控制原糖进口加工产能

目前，原糖进口年加工能力已经高达1000 万 t 左右，还有新的原糖进口加工企业在筹建。为保障国内糖业持续健康发展，国家有关部门需要对违反《国务院关于发布实施 < 促进产业结构调整暂行规定 > 的决定》（国发［2005］40 号）和国家发展与改革委员会发布的《产业结构调整指导目录（2011 年本）》的地区和企业予以严厉查处，坚决清理在建项目，严格控制原糖加工规模。

4. 完善制糖企业临储、中央财政贴息等政策

鉴于制糖企业结转库存较多，影响新制糖期正常开榨，应适当扩大制糖企业食糖临时储存规模，中央财政实施半年贴息，以提振市场信心，缓解制糖企业信贷压力，减轻制糖企业财务负担，确保糖料款及时兑付。此外，国家临储文件应尽早下达，贴息时间统一规定，政策实施部门按职能分工要明确，财政贴息及时到位，减少环节，提高实效，让企业尽早享受到国家政策的实惠。

5. 理顺糖料、食糖价格形成机制

应尽快改变当前实行的糖料、食糖价格形成的双轨制政策，与国家宏观调控的权责统一起来。在制定新制糖期的糖料收购价格政策时，应充分考虑国内外食糖市场情况和价格走势，尊重市场规律，糖料首付价格应按市场低位糖价制订，留有余地，糖价回升后，再按照联动比例将回升部分返还农民，实现利益共享，风险共担。如果农民因市场糖价过低，种植糖料亏损，由政府适当补贴，而不应由企业负担。不能不顾市场价格的实际情况，制订糖料价格，让企业继续亏损下去，否则糖农也将深受其害。

（二）尽快实施食糖目标价格管理，完善价格形成机制

中央一号文件决定逐步对粮棉油糖等重要农产品实施目标价格管理，完善价格形成机制。棉花和大豆已经启动目标价格补贴试点，食糖尚未列入。从糖业生产集中度高、糖料与制糖联系紧密的特点看，在粮棉油糖四大农产品中，食糖实施目标价格管理，操作成本低、易于管理、最易实施并取得经验。

因此，实施食糖目标价格管理至关重要。一方面，实施食糖目标价格管理是糖业摆脱目前困境、走上良性发展轨道的最有效办法。既可保证农民收入，又可以有效解决政府制定糖料价格与市场决定食糖价格两个价格形成机制的矛盾。还可以减少政府对市场的干预，降低行政成本，又能更好地发挥市场配置资源的决定性作用，抑制进口。另一方面，实施食糖目标价格管理对各主产省区农民增收、地区经济发展具有同等重要的作用。

（三）加大政府对糖业生产的支持力度

1. 制定财税政策，引导和鼓励建立利益一体化的农工合作产业组织

国家制定相应的财税政策，完善产业利益分配机制，引导和鼓励建立利益一体化的农工合作产业组织，真正使农民享受到种植收益以外的加工、销售等环节的增值收益，从而稳定适度规模的糖料种植面积。

2. 建立和完善国家支持、行业协调、企业参与的新型糖料基础科学研究体系

加大糖料科研领域的投入，积极推进适合我国土壤、气候、种植技术特点的优良品种的选育工作，是我国制糖行业迫在眉睫的首要任务，这也是一项投资大、耗时长、短期经济效益差的基础工作，必须由国家给予税收、资金等多方面的支持。

3. 将糖料种植纳入国家对农业种植的补贴目录

完善糖料生产补贴政策，将糖料生产纳入农资综合补贴范围；加强糖料生产保险支持力度，由中央及地方财政承担糖料种植成本保险的保费，让受灾糖农得到必要的生产成本补偿。

加强糖料种植基地建设，扩大示范片区，发挥标杆示范带头作用，促进主产省区糖料生产规模化、良种化、机械化和水利化。

打破传统计划经济模式，将国家所提供的各类补贴资金通过扶持龙头制糖企业来实施，真正实现以工补农、稳定食糖生产的目的。

（四）加大对制糖行业财税金融支持力度

国家在一些具有战略意义的项目的税收上应该予以必要的倾斜。首先，对于产学研相结合的实体企业从事行业基础科学研究，应给予税收豁免政策；其次，对于从事社会化综合利用体系建设，适度减免增值税和所得税；再次，对于企业技术改造所需进口的大型、高效、节能而国内尚无生产的糖机设备，应予以减免关税的优惠；第四，对于与制糖行业相关的社会化服务体系的建设，如良种繁育公司、农业服务公司等给予税收的豁免或优惠；第五，将制糖行业纳入农产品加工行业农产品增值税进项税额核定扣除试点范围，减轻企业税收负担。

（五）推动糖业立法，规范食糖生产和国家宏观管理，建立统一协调的糖业管理机制

根据世界主要产糖国家的经验，必须通过制定法律和法规，制定产业的利益分配机制，规范市场秩序，稳定市场价格，促进产业各利益环节的相对公平。同时，建立统一的国家糖业行政管理部门，以协调政府部门间的关系，监督行业运行状况，制定统一连贯的糖业政策，保障产业稳定发展。

（六）加强糖精等高倍化学甜味剂管理，扩大食糖消费空间

高倍化学甜味剂在食品中添加使用有严格的范围和数量限制，关系到食品安全问题，必须加强监管。加大对安赛蜜、阿斯巴甜和甜蜜素等其他高倍化学甜味的监管力度，统筹纳入到整体甜度市场的监管当中。严格控制糖精产量和规模，规范市场销售和使用，为我国糖业发展创造良好的市场空间。同时，加强淀粉糖规范管理，促进淀粉糖的生产和销售有序适度发展。

中国糖业协会

方便食品制造业

方便食品制造业指以米、面、杂粮等为主要原料加工制成，只需简单烹制即可作为主食，具有食用简便、携带方便，易于储藏等特点的食品制造业。2014 年，方便食品制造业下行明显，主要产品产量出现了下降，面临的问题涉及市场、政策、创新等多个层面，需要加强食品安全监管，提高行业的技术与装备水平，推动行业转型升级。

一、方便面

（一）行业概况

2014 年，在中国大陆经济增长整体放缓的大背景下，方便面行业产销量加剧下滑，既体现了行业内部深层次的矛盾，也揭示出方便面市场外部环境的进一步恶化。始于 2013 年的量价齐跌，演变为 2014 年的放量下行，使行业的悲观情绪弥漫。中国的方便面行业可以说已经走到了一个关乎生死的关键时期，自 2011 年开始连续四年的下滑，使行业步入了最为艰难的发展阶段。2015 年，行业是否能够止跌企稳并形成反弹，是摆在全行业面前的生死挑战。

1．主要经济指标

（1）产量　2014 年全国方便面月度产量及同比如图 1 所示。根据国家统计局的数据，2014 年全国方便面产量同比下降 1.55%。从主要企业看，2014 年 22 家主要方便面生产企业（部分企业停产未报送数据，实际统计企业数比 2013 年减少了 6 家）总产量 396.35 亿份，同比下降 10.60%；总销售额 526.46 亿元，同比下降 7.94%（图 2）。2014 年方便面前 10 家企业产量分布图如图 3 所示。从生产线看，2014 年全国方便面企业共有 775 条生产线，较 2013 年实际增加 36 条线，生产能力的提升和产量的下降形成鲜明对比。

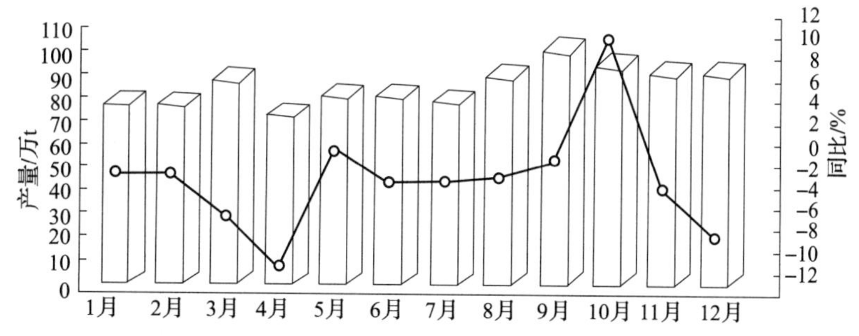

图 1　2014 年全国方便面月度产量及同比

资料来源：国家统计局。

（2）主营业务收入　2013 年，全国方便面及其他方便食品制造行业累计完成主营业务收入 1747.46 亿元。2014 年，全国方便面及其他方便食品制造行业累计完成主营业务收入 1825.69 亿元，增加 78.23 亿元，增幅 4.48%。

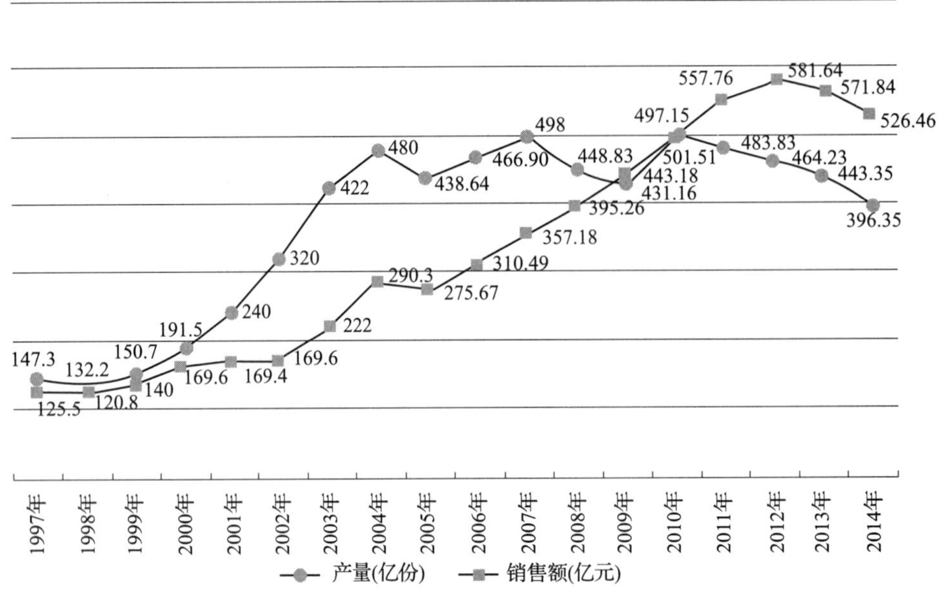

图 2　1997—2014 年主要方便面生产企业产销走势图

资料来源：中国食品科学技术学会面制品分会。

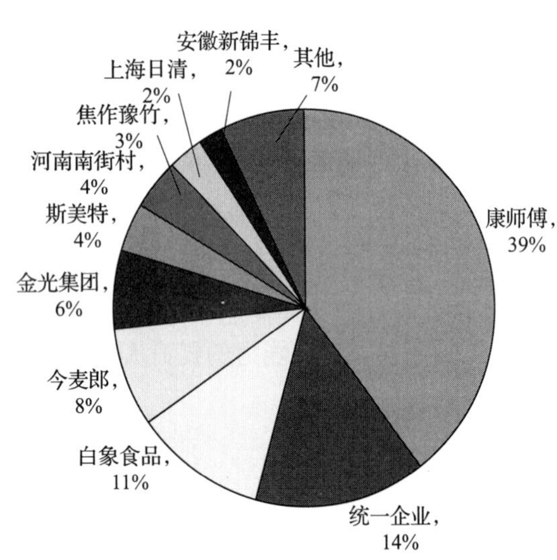

图 3　2014 年方便面前 10 家企业产量分布图

资料来源：中国食品科学技术学会面制品分会。

（3）利税　2013 年，全国方便面及其他方便食品制造行业累计完成利润总额 139.80 亿元，年利税总额 148.04 亿元；2014 年，全国方便面及其他方便食品制造行业累计完成利润总额 127.91 亿元，年利税总额 137.25 亿元，同比下降 7.3%。

2. 行业发展分析

（1）市场　2014 年，方便面市场持续衰退，销售额和销售量分别较 2013 年衰退 2.7% 和 7%。市场竞争表现为全国一线品牌与区域性龙头企业共同发展的格局，包括康师傅、统一企业在内的前 10 家企业市场占有率超过 90%。其中，康师傅占据 50% 的市场份额，居于绝对主导地位（图 4）。

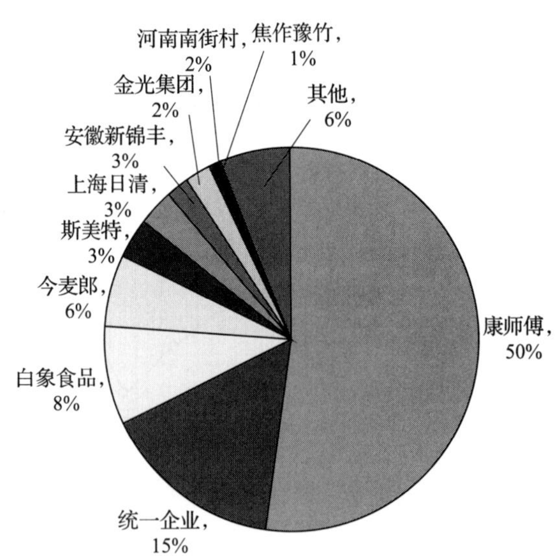

图 4　2014 年方便面前 10 家企业销售额分布图

资料来源：中国食品科学技术学会面制品分会。

（2）资产　2014 年，全国方便面及其他方便食品制造行业资产总计 1081.90 亿元，同比上年增加 96.66 亿元，增幅 9.81%。其中，流动资产平均余额为 502.34 亿元，同比上年增加 17.81 亿元，增幅 3.68%。

（3）价格　2014 年，以面粉、棕榈油为代表的大宗原物料持续稳定在低价位。但这样的优势也加剧了内部的厮杀，从而形成了在品类竞争中的进退失据，让行业失去了地利，更让行业的领军者尽失人和。据统计，2014 年方便面的平均价格仅略微增长了 3.1%（图 5）。

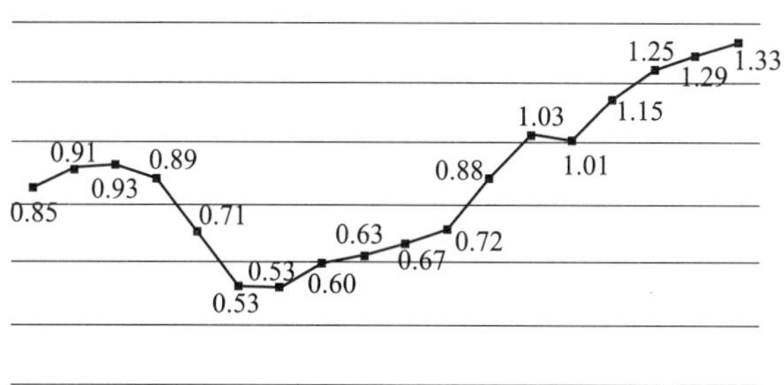

图 5　1997—2014 年方便面平均价格走势图（单位：元/份）

资料来源：中国食品科学技术学会面制品分会。

（4）结构　伴随行业整体的衰退，容器面和袋装面的产销量均呈现下降态势。尽管在平均价格上有小幅提升，但对于数量上的快速萎缩而言只是杯水车薪。容器面的平均价格较去年微涨了 2.04%，而袋装面的平均价格更是只有 1% 的浮动。在销量上，袋装面延续了前两年的趋势，而容器面也一改前两年稳健增长的态势而调头向下。

作为中高端产品的代表，容器面自 2011 年以来一直有着不错的增长态势，销售额年平均增幅在 16.64%，但在 2014 年却是以 2.24% 的跌幅收尾。这样的成绩一方面是大环境下经济下行压力所致，另一方面，也显现出容器面作为方便面产品在城市消费中的主体，其市场正逐渐被其他品类的产品所挤占。消费者可选择的产品越来越多，而方便面在营养健康上的认知误区让更多的人开始选择其他代餐食品。

（二）发展趋势

2014 年对于方便面行业来说是灰暗的，但是在一片阴霾之下，行业也并非一无是处，仍然有一些亮点，显现了行业的发展趋势。

1. 生产线梳理逐渐到位

2013—2014 年，行业领军企业纷纷完成了产能扩张和对生产设备的更新与升级改造。新增的生产线主要来自于康师傅和统一，而刚刚低调庆祝过 20 年周年庆的今麦郎，也凭借与国内设备企业的合作，完成了对生产线速度和稳定性的改造，使国内方便面企业的有效生产速率达到 380 份/min 以上。

2. 创新步伐加快

2014 年 7 月份开始，方便面企业纷纷加大创新产品推出力度，如康师傅的煮面、脆宽趣、爱鲜大餐，统一的革面、冠军榜，中粮的私房五谷面等。尽管在市场中的成绩不尽相同，但是至少带给消费者更多、更健康、更新鲜的选择。而爱鲜大餐、冠军榜和新款的汤达人都在市场上取得不俗的业绩，使企业在寒冬中感受到一股暖意和底气。

3. 价值提升渐成共识

在创新产品上所取得的成功，也让行业更加坚定了进一步提升方便面行业价值的信心。相比农心、日清在产品高端所占据的价值优势，国内方便面企业仍然有进一步提升的空间。而如果在品类之间进行比较的话，方便面的价值更需要回归到消费者认为合理的区间，让人们觉得方便面里用的是好原料，是真材实料。只有跳出价格战，引领行业向上走，让消费者重新认识方便面，才能让行业发展起来。

2015 年，中国经济仍面临巨大的经济下行压力。4月份，制造业采购经理人指数（PMI）终值降至48.9，为2014年4月以来的最低值；新业务指数下滑速度为一年之最，且产出停滞；用工进一步缩减，采购进一步降低。上述数据表明，制造业近期扩张乏力。外部环境的压力需要靠重塑行业内生动力来化解，对于中国的方便面行业而言，这既是压力，也是动力。行业只有真正团结起来，才能够在困境中完成触底反弹。

二、速冻食品

（一）行业概况

作为方便食品制造业的一部分，速冻食品工业得到快速发展。随着市场规模的扩大、冷链环境的改善、标准的不断完善，速冻食品的质量也逐步提升，新品层出不穷，满足了消费者方便的生活需求。2014年，受食品工业整体趋冷的影响，速冻食品行业逐步从规模扩张的高速增长期进入到以自主创新和转型升级为驱动的中速增长时期。其中，最重要的转型就是逐渐从以“价格战”为主的终端竞争，转向以诚信与创新为内涵的品牌竞争、以产业链安全为主的价值竞争。

1．主要经济指标

（1）产量　2014年，我国累计生产速冻米面食品528.3万t，同比下降7.8%，首次出现负增长（图6）。分地区看，河南是速冻米面食品的生产大省，2014年产量占全国总产量的比例达到66.5%，占比远远领先于河北、湖南等主产区。

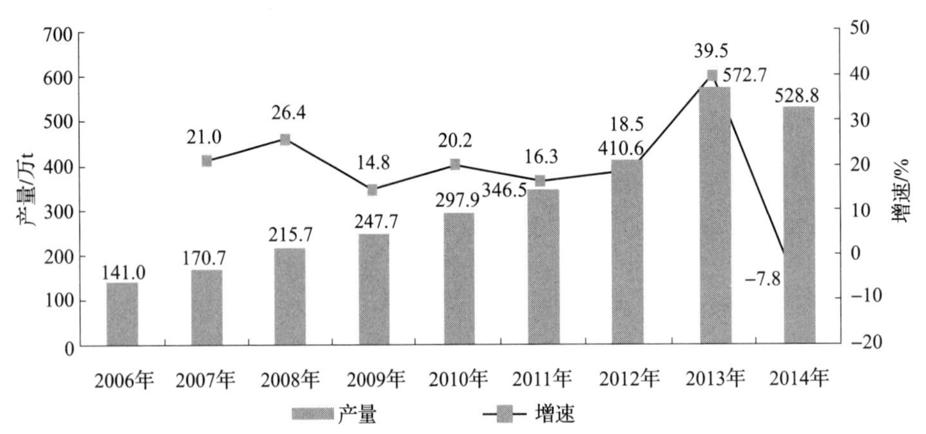

图6　2006—2014年速冻米面食品产量变化趋势

资料来源：国家统计局。

（2）主营业务收入　2014年，全国369家规模以上速冻食品加工企业主营业务收入共782.28亿元，比2013年的649.81亿元增加132.47亿元，增幅20.39%。

（3）利税　2014年，全国规模以上速冻食品加工企业利税共62.65亿元，比2013年的54.80亿元增加7.85亿元，增幅14.32%。其中，企业主营业务税金及附加4.76亿元，比上年的3.38亿元增加1.38亿元，增幅40.83%；企业利润总额57.89亿元，比上年的51.42亿元增加6.47亿元，增幅12.58%。

2．行业发展分析

（1）市场　中国速冻食品企业创新的市场需求空间很大，较易形成差异化格局，市场仍处于充分竞争期，三全、思念、湾仔码头三大品牌呈三足鼎立之势。2014年，最大的企业三全食品年营业收入达40.94亿元，同比增长13.63%；净利润0.8亿元，同比下降32.2%。可见，速冻食品行业在经历多年的快速发展之后进入调整期，即便如上市公司一样的大企业，在保住营业收入增加的背景下，付出的是其利润率的大幅缩水，由此折射出市场竞争的激烈程度。

（2）资产　2014 年，全国规模以上速冻食品加工企业资产总计 508.22 亿元，比上年的 412.07 亿元增加 96.15 亿元，增幅 23.33%。其中，流动资产总计 257.15 亿元，比上年同期的 213.09 亿元增加 44.06 亿元，增幅 20.68%。

（3）价格　速冻食品行业处于充分竞争的市场环境中，企业替代性强，竞争激烈，价格变化相对平缓。虽然近年很多企业不堪商超的压力，向餐饮、业务用方向转型，但由于对食品安全产业链的重视，以及原料成本上升，也使产品的总成本攀升。2014 年主营业务收入利润率为 7.40%，相比上年同期下降 6.44%。

（4）结构　2014 年，冷冻米面食品市场增速明显放缓，保持原有产品销售额的增长愈加艰难。据中国食品科学技术学会了解，冷冻食品在商超的整体增速不足 7%，大企业增速也在下跌。但全行业与餐饮业的对接及业务用市场的量成为主要增长点。

（二）面临的问题

1. 政策层面

（1）标准和监管仍需完善　GB 29921—2013《食品安全国家标准　食品中致病菌限量》自 2014 年 7 月 1 日实施以来，对于生制速冻面米食品中的致病菌没有限量的要求，即生制速冻面米制品目前没有微生物指标限量的要求，监管部门不再对该项内容进行监管。这更需要企业加强自律、加强过程控制。依据即将出台的《食品安全国家标准　速冻食品生产卫生规范》，要注重加强从源头到百姓餐桌的全过程管理。同时，作为需要冷链支撑的特殊食品，也要加大对商超环节冷链的监管，这样才能确保为消费者提供卫生、安全的产品，并且推动速冻面米食品行业的健康发展。

（2）原料基地建设需要加强　速冻食品行业涉及农产品和原料种类繁多，易出现安全隐患。目前绝大多数加工企业没有配套的原料生产基地，大多由农民个体种植，很难实现对每批原料的安全控制和质量控制，给产品品质的稳定性和安全控制带来很大风险。因此，应在政策上引导生产企业从源头抓起，把小、散、乱的农业变成专业合作社及规模化、专业化农场，便于指导、控制，以实现可追溯。

2. 市场层面

市场层面涉及的问题很多，就目前看亟待解决的是互联网+时代的食品安全监管问题。

随着互联网的高速发展和电子商务的广泛应用，网络经济快速发展。网购食品因其时尚而又便捷的消费方式，备受消费者的追捧，网络食品市场成为行业的一个新兴增长点。由于网购不是面对面的经销模式，消费者无法对食品进行真实鉴别，对于自制食品的质量问题，消费者无法了解其生产环境、生产环节和生产人员的健康状况以及食品安全认证情况。网购食品也变成了“碰运气”“撞机会”，食品质量无法得到切实保证。速冻食品由于其特殊的储存条件，在运输、邮寄过程中，需要低温保藏，但很多快递公司一方面没有低温的硬件设施支撑，另一方面也没有低温储藏运输的知识，导致低温产品暴露在常温甚至高温的环境中，易引起产品的变质，使网购低温产品的安全风险加大。这就要求生产及销售企业建立出厂、邮寄、配送等物流系统的冷链及监管体系，确保产品处于全冷链的系统下。

3. 创新层面

（1）行业突破性新技术亟待开展　新型技术研究滞后、现有新型速冻技术应用不足、新型专业冷冻技术应用缓慢，是目前行业普遍存在的问题。需要开展真液态冻结技术、空预冷技术、电位水减菌技术，以及深度冻结技术、裸冻技术等新型冻结技术的应用推广，提高行业新型技术的应用水平，缩短同国际先进水平的差距，实现突破性新型冻结技术、先进冻结技术在行业中的应用。

（2）产品品质需全面提升　随着机械化在行业的推广应用，主要产品的工业化问题凸显，如：饺子品质存在一定缺陷，“家庭厨房”品质缺失。这就需要开展原料物性、物料加工适应性、降脂去油腻、品质评价体系等新型技术的研究和应用，使产品的色泽、口感、组织状态、风味与“家庭厨房”产品的一致性达90%以上。另外，产品质量波动和缺陷严重制约着行业的发展，迫切需要开展品质稳定控制技术的工程化应用推广，开展原料组分标准化重组技术、质构特性控制技术、水分重结晶控制技术、抗裂和冷冻防黏技术、风味稳定化的酶活性控制技术等行业共性技术研究，解决制约行业发展的瓶颈问题，稳定产品品质，促进产业升级。

（3）行业机械化、自动化水平亟待提高　由于起步较晚，我国速冻食品行业装备水平参差不齐，大多数企业仍处于手工作业、半机械化作业阶段，工人劳动强度大，产品质量稳定性难以保证。虽然部分大型企业主要产品已经完成了由手工作业向机械化作业的装备升级，但全生产链条的自动化生产还处于空白阶段，还需要人工将生产过程的部分环节连接起来。个性化或极具中国传统风格的产品，仍是全手工或半机械加工；而量大面广的中小型速冻企业，机械化水平更低。无论与发达国家相比或是与国内同行业相比，我国速冻食品中小企业的设备机械化、大型龙头企业的设备自动化问题亟待解决。

（4）行业能耗水平有待降低　速冻食品行业是一个高能耗产业，目前大多采用平板和双螺旋速冻机，加工多为一段式速冻，工艺单一，冷冻时间长，能源浪费严重，每吨的能耗是欧美、日本等国家和地区的2.5倍。新型冷冻技术的研发、引进、应用和推广严重滞后，速冻装置柔性风场设计、进出口防跑冷装置、冻结区分段和压缩机变频分组供应等技术在我国尚处于开发阶段。随着国内相关机械加工新型技术的应用、电气化控制水平的提高、能源回收技术的应用，国内已开展了冷凝压力自动调控技术、裸冻技术的研究及应用，为速冻面米及调制食品的节能降耗提供了技术基础。

（三）发展趋势

1．市场潜力巨大

在发达国家，速冻食品已成为食品产业的重要组成，美国人均占有量60kg，花色品种3100多个；欧洲人均占有量30kg，花色品种2500多个；日本人均占有量20kg，花色品种3500多个。而我国人均消费量不足10kg，花色品种仅600多个，远低于发达国家水平。尤其在业务市场方面，日本已达79%，我国占比还不足30%。上述数据表明，尽管速冻食品行业增速有所放缓，但市场潜力巨大。市场方面，家庭以外的业务和集团消费的比例在增加，学校、单位、配送及快餐业的集团消费比例将越来越大。产品方面，行业的快速持续发展离不开创新，营养与健康、多样化、方便化、精致化、文化元素的融合等已成为未来方便食品开发的主流方向和创新特点。

2．多元化开发成主要发展方向

在新型产品开发方面，国外速冻食品种类繁多，产品种类和类型覆盖社会需求的各个层面，不仅能满足家庭消费零售市场的需要，也能满足团体或商务业务市场的需要。伴随着业务市场的需要，速冻传统特色产品、速冻非发酵面团、速冻微波食品等将成为未来的发展方向。

3．厨房工程进一步社会化

随着生活节奏加快，家庭规模缩小，人们迫切希望能够从繁重的厨房工作中解放出来，鱼香肉丝、东坡肉等速冻调理套菜、速冻蔬菜、小包装净菜、微波冷鲜食品等受到消费者的青睐，速冻食品的加工也将向更精更细的方向发展。速冻食品的方便、省时、经济节能、保持食物原有风味和营养等诸多优点，使工业食品能很好地融入到百姓的日常生活中。

（四）政策建议

1．加强冷链食品安全监管

配合相关食品安全国家标准的执行，将商超在内的销售环节纳入冷链的常态化监管中，强化从生产到销售的全过程食品安全管理，确保产品在适宜的温度下达到食品安全标准，规范行业的发展。加强对互联网 + 时代冷链食品安全的管理，强化对速冻食品、冷鲜食品等在运输过程中需全程冷链配送产品的安全监管，消除行业潜在的安全隐患。

2．提高行业装备自动化水平

提高行业的装备制造能力和自动化水平，支撑行业发展方式转变和产业结构调整升级，提高集成创新和引进消化吸收再创新的能力。在自动化成套设备的引进和自动化装备等重大科技攻关项目方面，配套支持资金并加大立项数量及经费支持力度，引导行业自动化水平的提升。

3．推动行业技术进步和产业升级

加快出台鼓励和支持企业开发“专、特、新”产品，改善生产条件，提高技术水平，实现技术进步和产业结构升级的奖励和扶持政策。支持企业实施品牌战略建设，加快中华特色名优食品的产品开发、工业化生产和技术进步和技术改造，振兴“中华老字号”传统产品。

中国食品科学技术学会

发 酵 工 业

一、行业概况

发酵工业是我国生物产业的重要行业，近年来产业发展迅速，产业结构不断优化，企业竞争力不断增强，产业正朝着多品种、个性化、专一化和高附加值方向发展。产业快速发展的同时也面临诸多挑战，2014 年以来，受宏观经济整体放缓的影响，我国发酵行业运行持续走低，行业利润显著下滑，节能减排任务更加艰巨，提质增效、科技创新、结构调整等问题依然严峻。

（一）主要经济指标

1. 产量小幅下降

2014 年，我国发酵行业主要产品产量 2420 万 t，同比下降 0.4%，产值约 2800 亿元，较上年同期基本持平。其中，有机酸、酶制剂、酵母、功能发酵制品、多元醇产量小幅增长，氨基酸、淀粉糖产量出现负增长（表 1）。

表 1　2014 年发酵行业主要产品产量

序号	产品类别	产量/万 t	同比增长/%
1	氨基酸	372	−7
2	有机酸	214	9.7
3	淀粉糖	1198	−2.2
4	多元醇	161	2.6
5	酶制剂	115	4.5
6	酵母	30.8	5
7	功能发酵制品	330	6.5
	合计	2420	−0.4

2. 出口小幅增长

2014 年，发酵行业主要产品出口量 333 万 t，同比增长 1.5%。由表 2 可见，赖氨酸及其盐、酶制剂、葡萄糖酸钠的出口量增长幅度较大，酵母、柠檬酸、多元醇增长幅度较小，而淀粉糖、味精和乳酸出口量呈现不同程度的下降。

表 2　2014 年发酵行业主要产品出口量

序号	产品类别	出口量/万 t	同比增长/%
1	味精	39	−4.9
2	赖氨酸	25.6	34.0
3	柠檬酸	93.3	4.4
4	乳酸	4.3	−2.2
5	葡萄糖酸钠	13.2	15.3
6	淀粉糖	115.6	−6.3
7	多元醇	21.9	2.4
8	酵母	11.8	6.7
9	酶制剂	8.7	17.4
	总计	333	1.5

（二）行业发展分析

1. 价格

（1）玉米　2014 年，玉米市场供不应求，优质粮源偏少，玉米原料价格一路上升。2014 年第三季度，玉米价格快速上升，8 月份山东等地的玉米价格最高涨至约 2800 元/t。9 月上旬，市场价格进入下行通道，但整体仍维持高位。11 月份开始，新粮上市价格有所回落，但由于国家启动新一轮托市政策，玉米价格仍在 2300 元/t 左右的高位。

（2）氨基酸　赖氨酸的产能过剩以及动物饲料市场不景气导致赖氨酸产品价格大幅下跌，2014 年年初，98% 赖氨酸的报价从 8.3 ~ 8.8 元/kg 降至 6.8 元/kg 左右，部分公司甚至暂停营运限制产量。小品种氨基酸方面，其产能继续扩大，但由于市场容量有限，竞争加剧，产品价格下降幅度较大，利润空间被压缩。

（3）有机酸　2014 年 12 月，柠檬酸出口价格创下 2010 年以来的新低，全年除了 5 月、6 月两个月高于 2013 年外，其他各月基本都处于近几年的最低位。葡萄糖酸产品出口价格一直波动较大，2014 年，葡萄糖酸和乳酸价格基本是在近年来的最低位徘徊，葡萄糖酸价格更是出现了 5 个月跌破 800 美元/t 的低价。

（4）淀粉糖　2014 年以来，国内玉米终端消费持续低迷，深加工企业开工率保持低位。玉米淀粉的价格在 2400 ~ 2800 元/t 震荡，8—9 月达到高点；麦芽糖价格维持在 2600 ~ 2700 元/t，糊精价格在 3800 ~ 4000 元/t，结晶葡萄糖和 F55 果葡糖浆价格分别为 3500 元/t 和 3300 元/t 左右。

（5）酶制剂　2014 年，酶制剂行业运行平稳，价格相对稳定。酸性蛋白酶、中性蛋白酶的价格较 2013 年有所下降，价格分别为 1.8 万元/t 和 1.2 万元/t；糖化酶（10 万 IU）、纤维素酶（10 万 IU）、高温淀粉酶（4 万 IU）以及植酸酶（5000 IU）的价格分别为 7000 元/t、1.1 万元/t、1.6 元/t 和 4000 元/t。脂肪酶和木聚糖酶价格优势明显，是利润空间较大的产品。

2. 行业集中度

“十二五”以来，味精和柠檬酸行业淘汰落后产能效果明显，行业兼并重组活跃，行业集中度进一步提升。目前，两大行业中年产值达到 100 亿元以上的企业集团 4 家。各行业集中度情况如表 3 所示。

表 3　我国生物发酵产业集中度情况

行业名称	企业数量	集中度	产能占比/%
味精	10	前 3	80
赖氨酸	10	前 6	85
柠檬酸	8	前 6	97
淀粉糖	35	前 9	63
酵母	13	前 3	73

3. 进出口

2014 年 12 月 31 日，财政部调整了部分产品的出口退税，提高了玉米淀粉、乙醇、赖氨酸、苏氨酸（其他氨基醇酚、氨基酸酚及其他含氧基氨基化合物）、色氨酸（其他仅含氮杂原子的杂环化合物）、味精、葡糖酸及其盐和酯、乳酸及其盐和酯、山梨醇、甘露糖醇等玉米深加工产品的出口退税，调整后的税率均为 13%。这一政策的出台对以玉米深加工产品出口的企业来讲是非常有利的。

（1）氨基酸　2014 年我国氨基酸类产品出口量为 81.9 万 t、出口额为 15.2 亿美元，同比增长 11.4 % 和 3.68%。其中，谷氨酸及其盐类全年出口 39 万 t，出口额为 4.9 亿美元，出口量下降为 4.9%，出口额下降 4.7%。赖氨酸及其盐类出口 25.6 万 t，出口额为 3.26 亿美元，出口量同比增长 34%，价格同比增长 6.5%。其他氨基酸全年出口 17.35 万 t，出口额为 7.12 亿美元，出口量同比增长 28.9%，价格同比增长 9.5%。

（2）有机酸　2014 年，柠檬酸产品进口量 1764t，同比增长 4.01%；进口额 887 万美元，同比增长 1.72%。2014 年，柠檬酸产品出口量为 93.3 万 t，出口额 84043 万美元。2014 年，柠檬酸产品出口前十家企业占比为 90%，且保持相对稳定。

2014 年，乳酸及其盐和酯进口量 8115t，同比增长 36.48%；进口额 2121 万美元，同比增长 18.23%。乳酸产品进口量、进口额连续两年大幅上升，对国内市场已经形成压力。

2014 年，乳酸及其盐和酯出口量 43223t，同比下降 1.35%；出口额 5383 万美元，同比下降 2.02%。自 2011 年以来，乳酸出口量和出口价格持续走低，国际市场份额在不断流失。

2014 年，葡萄糖酸及其盐和酯进口量 1009t，同比下降 1.05%；进口额 316 万美元，同比下降 2.67%。2014 年，葡萄糖酸及其盐和酯出口量 13.15 万 t，同比增长 15.39%；出口额 10900 万美元，同比增长 8.93%。葡萄糖酸产品出口价格一直波动较大，2014 年价格基本在近年来的低位徘徊。

（3）淀粉糖　2014 年，淀粉糖产品出口量 115.6 万 t，出口额 7.92 亿美元，分别较上年同期下降 6.35% 和 3.93%；进口量 36.8 万 t，进口额 3.96 亿美元，分别较上年同期上升 5.86% 和 6.45%。2014 年，我国淀粉糖出口以葡萄糖及糖浆（果糖 <20%）为主，与 2013 年同期相比，四大类产品的出口量和出口额呈现负增长。

（4）多元醇　2014 年，多元醇相关产品出口量 21.89 万 t，出口额 3.9 亿美元，较 2013 年同期分别上升 2.41% 和 7.52%，进口量 38.08 万 t，进口额 5.2 亿美元，分别较 2013 年同期上升 19.61% 和 6.81%。山梨醇的进出口量与 2013 年同期相比略有降低，出口平均价格提升明显，但是进口价格下跌幅度较大。甘露糖醇进出口量较 2013 年有所下降，进出口价格持续下滑。

（5）酶制剂　2014 年，酶制剂产品进口量和进口额分别较上年同期增长 17% 和 16.9%，高于上年同期增幅。产品出口量和出口额增幅分别为 17.4% 和 16.0%。

（6）酵母　2014 年，酵母产品进口量和进口额分别较上年同期增长 14.7 % 和 9.5%。其中，非活性酵母的进口量增长 42.6%，活性酵母进口量减少 15.8%；活性酵母进口价格略有下降，非活性酵母进口价格持续提升。酵母出口量和出口额分别较上年同期增长 6.7% 和 7.7%，持续了近年来增长的态势。

二、主要问题

1. 产业结构亟待完善

大宗生物发酵产品所占比重依然偏高，高附加值产品数量少、品质低，产能结构性过剩严重。随着原辅材料、能源价格的逐年上涨，加之产品市场竞争激烈，以大宗发酵产品为主的生产企业效益下滑，严重影响了产业的发展。优化产业结构是生物发酵产业亟待解决的难题。

2. 技术水平有待提升

目前我国发酵工业的技术水平与国外仍有很大差距。尽管近年来研发投入比例明显增加，但与国外企业相比仍显不足，导致我们的关键技术和装备创新能力相对较弱，新兴产品比例较低。企业缺乏对新兴产品创新的动力，新产品产业化能力较弱，新产品市场和品牌培育仍然不足。

3. 要素资源约束加大

一方面，生物发酵产品生产的主要原料玉米受国家政策影响，价格一直居高不下，导致企业生产成本持续增加，利润空间不断被挤压。而随着国家对环境保护、资源能源消耗的要求越来越严格，环保投入持续增加。这些生产要素的双重作用，使得企业发展压力不断增加。另一方面，随着国家环保政策的升级，淘汰落后产能工作的不断推进，将加快行业的淘汰落后，加速行业洗牌。

4. 产业融资能力不足

目前，新兴资本市场对生物发酵产业关注度持续增加，投资公司和资本市场投资意向明显，但在投资方向与产业发展方向之间存在较大的信息不对称，资本市场对产业缺乏有效的认识和深度了解，而生产企业在资本市场的显现度不够，从而影响了产业在资本市场的融资力度。因此，融资主体和投资主体的科技 - 金融互动意识、运行模式亟待改变。

三、发展趋势

在生物发酵产业“十二五”发展的基础上，产业结构调整取得明显成效，产能结构性过剩得到有效缓解。未来，产品发展的重点是大宗发酵产品所占比重将持续下降，高附加值的产品比重持续上升，由发酵产品衍生出的新产品也不断增多。产品趋向于多样性、小品种、高附加值、规模适中、利益最大化，从现有传统产品向衍生产品延伸发展，产品形式可根据用户需求进行个性化定制。技术发展重点主要是提高生产效率，提升原料利用率、糖酸转化率、分离提取收率等；加快节能技术、节水技术、清洁生产技术、环保治理技术等清洁生产技术的推广和应用；加快装备向高效、方便、智能化和集成化方向发展；加强与互联网经济的融合发展，提升产业内涵，壮大新经济。

四、政策建议

1. 完善产业扶持政策

一是适当提高部分劳动密集型和高技术含量、高附加值商品的出口退税率和进出口信贷优惠；二是在 WTO 规则框架下，建立和完善生物发酵产业救助机制和产业安全预警机制，组织企业进行反倾销、反补贴，提高行业技术壁垒；三是提高行业准入门槛，严格执行并提高新建项目最低产能的要求；三是严格开展环保核查，加快淘汰落后和环保未达标产能。

2. 完善标准体系建设

一是积极采用 ISO 系列和国际通行认可的认证和标准，进一步健全发酵行业标准化体系；二是加快修订和完善重点产品标准，提升产品技术含量；三是加快检测方法、生产规范、清洁生产等标准的制修订工作。

3. 提高自主创新能力

一是以重大项目和重点行业的关键技术和产品开发为突破口，组织实施一批产业化示范工程，建设一批产业技术基础示范服务平台，实现关键技术和产品的产业化突破，提升产业链整体创新水平；二是借鉴欧美国家在生物技术领域的成功经验，鼓励发展一批创新型主体（公司）。聚集多学科人才，按公司运行模式进行技术创新和产品开发，培育创新型企业，鼓励此类企业通过技术转让、提供技术服务或与大企业联合开发产品，发展新型创新主体，提高行业创新能力。

4. 加快技术改造

一是设立技术改造专项资金，支持企业技术改造、实施“两化融合”以及技术创新；二是推进行业装备的国产化进程，提高装备数控化水平；三是大力支持产业链菌种库建设及其功能改造等研发平台，全面深化行业体制机制改革，推动相关技术研发的外包服务，提升行业的原始创新和集成创新水平。

5. 强化人才队伍建设

一是注重创新团队和青年人才的培养，大力引进海外高层次创新人才，建立一支创新能力强、掌握国内外技术市场发展的中青年工程技术和管理人才队伍；二是引导和支持企业依托海内外大专院校、科研院所设立人才培养基地，推进校企校地合作，建立人才联合培养机制；三是大力开展股权、期权等激励工作，完善人才激励机制。

中国生物发酵产业协会

酿 酒 工 业

2014 年酿酒行业增速放缓，市场不稳定因素增加。行业产量、销售收入和利税的增幅均呈下滑态势，但行业在质量安全、结构调整、转型升级等方面取得积极成效。

一、行业概况

2014 年，整个酿酒行业规模以上企业共 2602 家，比上年增加 67 家；完成酿酒总产量 7528.27 万 kL，同比增长 0.87%；全年完成销售收入 8778.05 亿元，同比增长 5.85%；实现利税总额 1806.99 亿元，同比下降 5.00%；其中利润总额 976.17 亿元，同比下降 7.44%。

2014 年酿酒行业企业数量分布情况如图 1 所示，产品产量分布情况如图 2 所示，销售收入分布情况如图 3 所示，利税总额分布情况如图 4 所示。

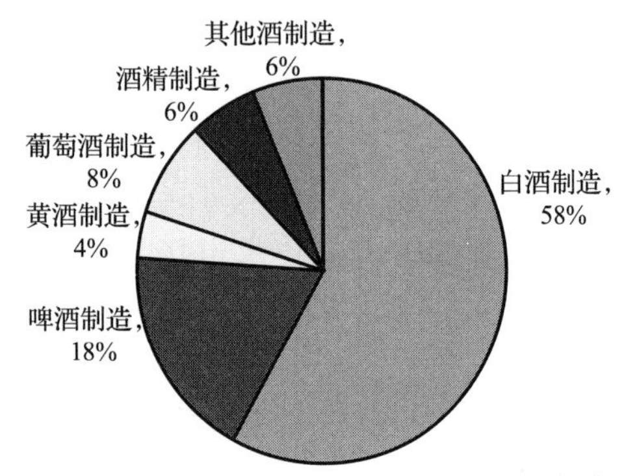

图 1　2014 年酿酒行业企业数量分布情况

资料来源：国家统计局。

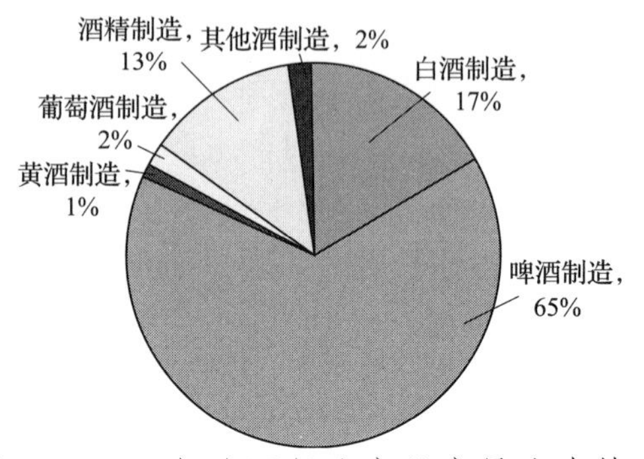

图 2　2014 年酿酒行业产品产量分布情况

资料来源：国家统计局。

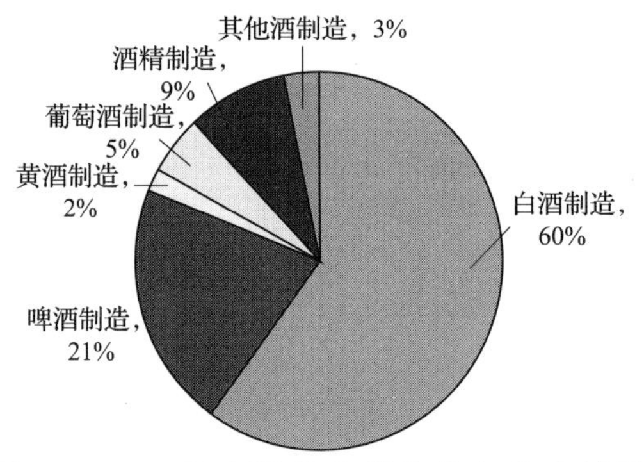

图 3　2014 年酿酒行业销售收入分布情况

资料来源：国家统计局。

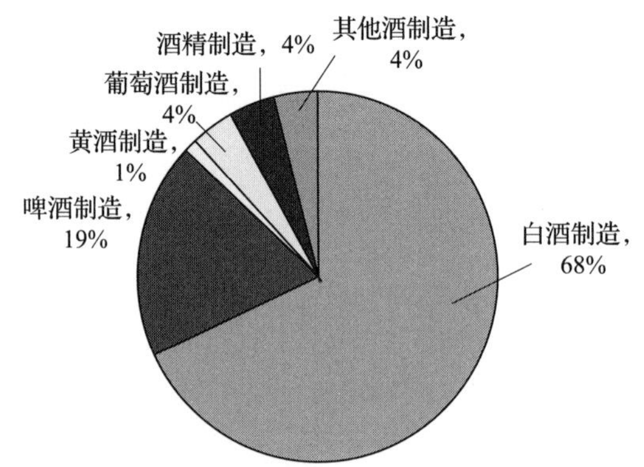

图 4　2014 年酿酒行业利税总额分布情况

资料来源：国家统计局。

（一）主要经济指标

1. 产品产量

2014 年，酿酒行业完成总产量 7528.27 万 kL，同比增长 0.87%；其中，饮料酒产量 6543.99 万 kL，同比下降 0.08%；发酵酒精产量 984.28 万 kL，同比增长 7.69%。主要产品中，白酒完成总产量 1257.13 万

kL，同比增长 2.05%；啤酒完成总产量 4921.85 万 kL，同比下降 0.96%；葡萄酒完成总产量 116.10 万 kL，同比增长 2.11%（表 1）。

表 1　2014 年我国酿酒企业分酒种产品产量及同比情况

酒种	总产量/万 kL	增速/%
发酵酒精（折 96 度）	984.28	7.69
饮料酒	6543.99	-0.08
其中：白酒（折 65 度）	1257.13	2.75
啤酒	4921.85	-0.96
葡萄酒	116.10	2.11

资料来源：国家统计局。

2. 主营业务收入

2014 年，酿酒行业累计完成销售收入 8778.05 亿元，同比增长 5.85%。其中，白酒行业完成销售收入 5258.89 亿元，同比增长 5.69%；啤酒行业完成销售收入 1886.24 亿元，同比增长 5.10%；葡萄酒行业完成销售收入 420.57 亿元，同比增长 3.91%；黄酒行业完成销售收入 158.56 亿元，同比增长 3.24%；其他酒行业完成销售收入 272.33 亿元，同比增长 17.03%；发酵酒精行业完成销售收入 781.45 亿元，同比增长 6.84%（表 2）。

3. 利税

2014 年，酿酒行业完成利税总额 1806.99 亿元，同比下降 5.00%。其中，完成利润总额 976.17 亿元，同比下降 7.44%；上缴税金总额 830.81 亿元，同比下降 1.97%。分行业看，白酒行业完成利税总额 1224.54 亿元，同比下降 9.26%；啤酒行业完成利税总额 346.49 亿元，同比增长 4.97%；葡萄酒行业完成利税总额 73.48 亿元，同比增长 3.56%；黄酒行业完成利税总额 26.92 亿元，同比下降 4.39%；其他酒行业完成利税总额 57.28 亿元，同比增长 18.44%；发酵酒精行业完成利税总额 78.28 亿元，同比增长 4.24%（表 2）。

表 2　2014 年我国酿酒行业销售收入和利税总额变化情况

酒种	实际值/亿元	销售收入增速/%	实际值/亿元	利税总额增速/%
发酵酒精制造业	781.45	6.84	78.28	4.24
白酒制造业	5258.89	5.69	1224.54	-9.26
啤酒制造业	1886.24	5.10	346.49	4.97
黄酒制造业	158.56	3.24	26.92	-4.39
葡萄酒制造业	420.57	3.91	73.48	3.56
其他酒制造业	272.33	17.03	57.28	18.44
合计	8778.05	5.85	1806.99	-5.00

资料来源：国家统计局。

（二）行业发展分析

对于酿酒行业来讲，2013 年以来酿酒产量、销售收入和利税增幅持续下滑的局面在 2014 年成为常态，酿酒产量增速自 2013 年二季度开始低于 GDP 增速，酒业销售收入增速自 2013 年二季度开始低于社会消费品零售总额增速，酒类产品消费价格指数也连续 8 个季度低于居民消费价格指数，从 2014 年一季度开始低于零（表 3）。以上情况说明酿酒行业自 2012 年以来增速放缓、整体进入调整期的局面在一段时间内将持续。

表 3　2014 年酿酒行业主要经济效益指标增速变化情况　单位：%

经济效益指标	1-3 月	1-6 月	1-9 月	1-12 月
产品产量	0.87	3.33	6.17	6.42
产品销售收入	5.85	5.24	6.93	2.08
利润总额	-7.44	-9.38	-8.08	-7.64
税金总额	-1.97	-2.01	-0.02	-6.09
企业亏损面	12.57	13.31	13.48	16.26
亏损额	6.21	6.47	-11.25	-6.18
资产负债率	44.65	45.75	46.26	46.76
进出口总额	7.39	5.88	2.62	-2.43
其中：出口额	43.61	50.79	60.13	62.54
进口额	-0.12	-2.13	-6.33	-10.52

资料来源：国家统计局。

1. 价格

在本轮行业调整的过程中，价格作为市场资源配置的风向标，发挥着重要的导向作用。从产品价格指数不断下跌中可见一斑。2014 年居民消费价格指数同比上涨 2.0%，其中酒类产品消费价格指数同比下降 1.8%。以白酒行业为例，2014 年，白酒行业产量仍然保持惯性增长（全年增长 2.75%），但是自从白酒消费政策发生变化后，众多名酒企业在市场选择下正式宣布官方降价，如 2014 年 5 月五粮液宣布下调核心产品普五出厂价至 609 元/瓶；2014 年 7 月泸州老窖宣布下调 53 度国窖 1573 经典装市场零售价格至 779 元/瓶；贵州茅台批发价格相对坚挺，全年累计跌幅也达到了 12.86%。据协会统计，全国白酒价格各项指数已经连续两年多持续下跌，2014 年全国名酒批发价格全年累计下跌 5.98%，且跌幅呈现扩大趋势（图 5）。

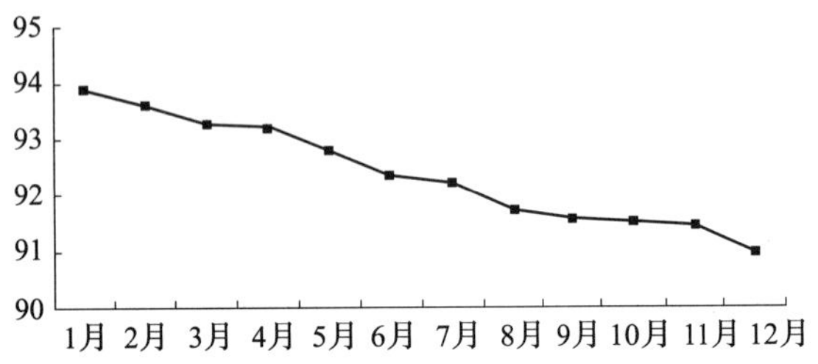

图 5　2014 年全国白酒批发价格定基总指数变化趋势图

资料来源：中国白酒商品批发价格指数办公室。

2. 市场

在消费总量减少、消费结构发生变化的背景下，2014 年全年饮料酒产销量出现小幅下降。根据国家统计局数据，2014 年粮油食品、饮料烟酒等消费品零售总额 17111 亿元，同比增长 11.1%；同期全国社会消费品零售总额 262394 亿元，同比增长 12.0%；2013 年同期这两个指标的增速分别为 13.9% 和 13.1%。反映在市场上，酒类消费增速低于全国社会消费品零售总额增速，同时低于 2013 年同期水平。作为市场资源配置的风向标，产品价格发挥着重要的导向作用，从产品价格指数不断下跌变化趋势中同样可以看出 2014 年酒类市场景气度欠佳。但是，在市场激烈的竞争中，部分地方酒迎合市场需求，通过亲民的价格也实现了产品的逆市上扬，如北京的牛栏山和红星二锅头酒；更有一些关注市场、贴近需求的产品呈现爆发式增长，如 RIO 果味预调鸡尾酒，仅用三年时间就实现了销售收入从五千万元到十亿元的跨越。

3. 投资

2002—2012 年，白酒行业销售收入增长将近 8 倍，同期固定资产投资增长 11 倍。2014 年各个子行业资产增速均有不同程度下降，详见表 4，行业资产负债率也由 2013 年年初的接近 50% 滑落至 2014 年年末的不足 45%。值得关注的是，大中小型企业资产增速水平 2014 年均有所下滑，但小型企业的资产增速显著高于大中型企业（表 5）。

表 4　2014 年重点酿酒行业投资增速变化情况　　单位：%

时间	酒精	白酒	啤酒	黄酒	葡萄酒	其他酒
1－3 月	7.94	11.96	7.09	10.21	7.50	19.49
1－6 月	9.46	13.91	8.00	13.89	9.19	25.24
1－9 月	14.05	10.81	8.30	14.20	9.16	27.00
1－12 月	15.34	8.90	8.27	11.45	4.98	17.92

资料来源：国家统计局。

表 5　2014 年不同规模企业投资增速变化情况　单位:%

时间	大型企业	中型企业	小型企业
1－3 月	8.28	11.31	15.86
1－6 月	9.71	10.17	22.11
1－9 月	7.94	11.70	19.14
1－12 月	7.37	9.93	14.73

资料来源：国家统计局。

4. 区域分布

我国酿酒产量最大的五个地区包括四川、山东、河南、广东、江苏五省，2014 年这五个省区酿酒总产量占全国酿酒总产量的比重达到 43.17%，利润合计占到全国酿酒行业利润总额的 45.98%。2014 年，五省酿酒行业合计实现利润 448.88 亿元，同比下降 13.44%。其中，白酒生产大省四川省和江苏省 2014 年实现利润分别为 188.80 亿元和 107.45 亿元，同比分别下降 27.20% 和 5.67%；山东省白酒、啤酒和葡萄酒产销量均保持行业领先地位，2014 年实现利润 84.94 亿元，同比微增 0.02%，其中白酒、啤酒和葡萄酒行业利润分别为 26.82 亿元、24.54 亿元和 30.29 亿元，同比增速分别为 －1.52%、10.75% 和 －5.11%；河南省的白酒、啤酒和葡萄酒行业发展相对均衡，2014 年该省酿酒行业实现利润 50.81 亿元，同比增长 2.57%；广东省啤酒产业十分发达，2014 年该省酿酒行业实现利润 16.88 亿元，其中啤酒利润占到 72%，同比增长 55.23%，其中啤酒产量增长 70.59%。

表 6　2014 年重点省市酿酒行业利润指标完成情况

省市	酿酒总产量		利润总额	
	实际值/万 kL	同比增长/%	实际值/万 kL	同比增长/%
全国	7528.27	0.87	976.17	－7.44
四川省	613.10	1.56	188.80	－27.20
江苏省	447.69	3.75	107.45	－5.67
山东省	952.49	6.21	84.94	0.02
河南省	764.84	0.02	50.81	2.57
广东省	471.82	－5.19	16.88	55.23

资料来源：国家统计局。

5. 行业集中度

多年来，由于行业准入门槛低、科技含量相对较小，我国酿酒行业整体表现为企业数量众多、单体规模偏小，仅啤酒行业在国际化、市场化、集约化进程中，逐渐形成以华润雪花、青岛啤酒、百威英博、燕京啤酒、嘉士伯五大集团为首的市场格局，行业集中度较高，2014 年五大集团合计产量 3477.80 万 kL，占啤酒总产量的 70.70%，行业集中度较 2008 年提高了 29.40 个百分点，集约化程度接近产业成熟期的边缘，基本达到世界发达国家的啤酒业集中度水平。但是，以白酒行业为主的酿酒行业整体集中度并不高。长期以来，全国有数万个白酒品牌，上万家各型白酒生产厂，上千家规模以上白酒企业，市场竞争结构非常离散。2014 年，规模以上白酒企业数量再创历史新高，达到 1498 家，而前五大集团市场占有率仅为 15.93%；葡萄酒、黄酒、其他酒等行业的集中度也处在较低的水平。但是，从近年来发展情况看，行业总体朝着规模化、集团化的趋势发展。以大型企业为例，2011 年，大型企业占行业数量比重仅 1.12%，资产规模占行业比重

32.70%；至2014年，大型企业数量比重升至4.15%，资产规模比重升至57.66%（表7）。

表7 2011—2014年大型企业规模比重变化情况 单位:%

指标	2011年	2012年	2013年	2014年
数量规模	1.12	1.90	2.05	4.15
资产规模	32.70	39.21	40.37	57.66

资料来源：国家统计局。

6. 进出口

2014年，酒类商品进出口贸易出现回暖，特别是饮料酒出口贸易总额全年保持了45.47%的增长势头，进口饮料酒贸易总额的负增长势头呈现逐季收窄的趋势。根据海关总署数据，2014年我国饮料酒及发酵酒精进出口贸易总额37.54亿美元，同比增长7.96%。其中，出口贸易总额8.76亿元，同比增长41.88%；进口贸易总额28.78亿元，同比增长0.64%。进口酒中，葡萄酒2014年进口量同比微增0.57%，上年同期为负5.14%；进口额增速为－3.75%，上年同期为－1.91%。啤酒2014年进口量同比增长85.54%，上年同期为65.62%；进口额增长74.21%，上年同期为60.66%。

表8 2014年饮料酒及酒精产品进出口情况

商品名称	出口			进口		
	出口额/万美元	增速/%	上年同期/%	进口额/万美元	增速/%	上年同期/%
白酒	32743	28.68	－26.72	4261	－19.97	9.19
啤酒	17705	8.61	15.58	40357	74.21	60.66
葡萄酒	13023	250.81	－50.89	143545	－3.75	－1.91
黄酒	2510	2.57	－9.29	46	－57.79	2.31
其他饮料酒	17915	83.50	11.18	97562	－9.75	－12.88
酒精	3666	－9.37	－12.39	2018	1316.17	－86.42
合计	87562	41.88	－14.86	287790	0.64	－3.58

资料来源：海关总署。

注：（1）其他饮料酒包括：葡萄汽酒、味美思、蒸馏葡萄酒制得的烈性酒、威士忌酒、朗姆酒及蒸馏已发酵的甘蔗制得的酒、杜松子酒、伏特加酒、利口酒及柯迪尔酒、龙舌兰酒、浓度小于80%的未改性乙醇以及中药酒，共11种。

（2）酒精包括：按容量计酒精浓度≥80%的未改性乙醇、任何浓度的改性乙醇2种。

7. 重点行业

综合来看，2014年酿酒行业增长速度继续放缓，调整力度进一步深化：占行业体量最大、市场调整力度最大的白酒行业，随着消费结构的变化，行业价格体系开始进行自我调整和重塑，全年产量、销售收入保持低速增长，利润仍为负增长。2014年，啤酒行业产销量首次出现负增长，结束了连续24年的增长势头，除市场消费需求趋于饱和这个主因外，低价亲民白酒、预调酒等酒类的跨界影响、政策法规的持续影响、啤酒销售旺季气温偏低等都是导致产销量负增的原因。葡萄酒行业2013年整体负增长的局面在2014年得以缓解，全年产量、销售和利润实现转负为正，但行业资产增速趋缓，规模扩张趋势收窄。黄酒行业在深度调整期行业整体利润比上年略有下降，但产量和销售仍然保持增长。各项指标表现最为靓丽的仍为其他酒行业，2014 年销售、利润分别保持了 17.03% 和 19.97% 的两位数增长水平。预调鸡尾酒、配制酒、“小酒”在市场上异军突起。以往定位于夜店酒吧销售的预调酒，如今在很多商超都有售卖。这些新兴产品多数具有酒精度低、口味众多、饮用方便、包装时尚的特点，容易受到年轻消费群体的喜爱。以往没有受到厂商重视的“小酒”产品，由于容量小、形象新颖、营销革新等因素，在中低端产品中也表现抢眼。发酵酒精行业经过多年努力，于 2014 年 12 月 1 日起取消了实行多年的消费税政策，为行业发展注入了强心剂和新活力。

8. 包装与装备

我国酿酒产业既有白酒、黄酒等中国特色传统产业，也有啤酒、葡萄酒等外来现代酒产业。啤酒行业是中国酿酒工业中最年轻、发展最快的行业，目前，我国啤酒装备制造业已建立起了比较完整的装备制造体系，装备水平也基本与世界持平。葡萄酒行业的装备也已取得较大的进步，关键设备已经基本实现国产。作为我国传统产业，目前，大部分白酒企业的生产工艺、技术装备相对落后，多数工序环节仍采用传统的手工或半机械化生产方式，行业整体机械化水平较低，且在提高产品质量稳定性、产品优质率、节约能耗、降低成本等方面的技术问题难以解决。与整个食品工业相比，我国白酒行业工艺技术装备严重落后。

近年来，全行业已经开始面临劳动力成本不断攀升，土地资源日益紧张，生产环境、食品安全要求更加严格等局面，中国传统白酒、黄酒改变生产方式已成为产业可持续发展的重要课题，改造升级、走新型工业化和机械化道路已势在必行。

中国酒业协会为推动白酒产业转型升级、产业结构及产品结构调整、技术与装备水平进步，近年来开展了多项工作：中国白酒“169”计划，对白酒健康成分、香味物质等进行研究，20 家行业企业参与探索和研究，取得积极成效；中国白酒“158”计划，从制曲机械化、发酵工艺机械化、蒸馏工业机械化、调酒计算机集成制造技术和灌装、包装、成品库智能管理五个领域提高白酒行业机械装备水平；中国白酒“3C”计划，以“品质诚实、服务诚心、产业诚信”为主旨，推动白酒产业健康、持久发展，加快白酒产业结构调整。

中国酒业协会希望通过酿酒产业一系列项目的开展，在能源综合利用、循环经济、农业深加工、环境保护等方面推动产业结构和产品结构调整，加快产业升级，使整个酿酒产业取得长足的进步和创新的发展。

二、行业面临的问题分析

2012 年以前，酿酒产业高速增长，经济效益持续提升。之后，由于多种因素的叠加作用，行业结束了以往超高速增长态势，进入到理性调整发展期。与此同时，近十年的高速增长过程中积累的大量生产、流通、消费等方面的问题和矛盾也在这个阶段集中显现出来。全行业进入到微利时代。面对新常态下的酿酒行业，在政策、市场和创新方面行业仍要继续和深入关注如下几点。

（一）政策调整需强化市场调节能力

我国酿酒产业发展环境长期以来受政策约束较大，尤其是白酒行业，自 20 世纪 90 年代至今在《产业结构调整指导目录》多个版本中一直被列为限制发展类行业。白酒生产企业在项目立项、土地供给、技改扩能、许可证办理、环境评价、税收、贷款等许多方面受严格限制，对白酒产业优化和行业发展产生一定制约。在自由竞争的环境下，市场根据供需关系自身可以产生良性的发展轨迹，但对酿酒产业的一些政策限制了市场自动调节能力，进而影响了产业发展。2014 年年底,《外商投资产业指导目录(2015 年修订)》征求意见,相比 2011 年的版本,这份目录进一步放宽了外资准入,取消了名优白酒和黄酒的外商投资限制。此次政策调整意味着一些优势的产业资本、投资资本、外商资本可以进入白酒企业。长期来看,有利于行业持续稳定和国际化。

(二)市场监管机制不完善弱化行业管理作用

从市场准入看,目前涉及酒类生产流通的主要法律是《食品安全法》和《产品质量法》,虽然针对酒类流通和食品安全问题,商务部等部门先后颁发了《酒类商品批发经营管理规范》《酒类商品零售经营管理规范》《酒类流通管理办法》《酒类流通随附单制度》等部门规章,但大多属于推荐性标准,强制力相对较弱。全国有十余个省(自治区、直辖市)出台了地方性酒类管理法规,但各地立法缺乏统一衔接。随着酒类市场消费形势的不断变化,十分缺乏适应酒类生产流通特点的专门性法律法规。标准方面,现行的涉及酒类产品、标识、原料及贮存、运输等的国家标准有数十个,但主要集中在产品标准,对于检测、流通等方面的标准较少。立法和标准的滞后,导致对酒类商品的监管存在困难,对大量作坊式制假贩假者很难起到有效管理。

(三)业态革新势在必行

传统酒类市场销售依靠经销商地区代理制的根系销售网络,从省级、地市级、县级等一层层向下流通,规模逐层递减。传统经销企业和营销模式对产业维持稳定的销售渠道、良好的市场秩序和价格体系起到了重要作用。但自身也存在一些问题,比如流通环节过多,销售链过长,铺货成本过高。铺货过大、市场存货过多的特点也导致在行业调整期难以及时应对,造成损失。

行业一致认为,酒类业态的调整势在必行。一方面是连锁经营模式将发生突破。连锁经营模式压缩了酒类流通环节,开创专业购买场所,更直接面对消费者,给流通市场带来积极作用。但多数的酒水连锁只注重或者只做到了店面形象的统一,并没有形成品牌、产品、价格、管理、配送、服务等系统性运作;以往团购的盈利模式,也导致主题、品牌格局不清晰等问题。未来行业的发展可以借鉴电器连锁专卖的业态模式,趋向规模化发展,利用现代信息技术,推行一站式供应链管理,依托线下体验发展线上交易,不断降低流通成本、提高流通效率。另一方面是新型流通业态将加速发展。在 2014 年李克强总理作的政府工作报告中,反复提及了互联网的作用,提出要“把以互联网为载体、线上线下互动的新兴消费搞得红红火火,让亿万群众的消费潜力成为拉动经济增长的强劲动力”。电子商务拥有全新的销售网络和运营模式,代表了新的业态革命,在家电、服装、小商品等行业带来了革命性的变化。事实上,“互联网 +”的形式已经与酿酒产业融合了一段时期,只是酒产品的特有属性,如包装、物流、随机消费的模式和传统销售方式、定价体系尚不能与互联网完美契合,电子商务目前还未成为酿酒产业一条稳定、重要的销售渠道。据统计,2014 年酒类互联网销售额仅占我国酒类产品销售额的 1.04%。但是,“互联网 +”必将成为未来酒业发展不可忽视的重要途径,探寻互联网与酿酒产业完美结合的方法是当前产业革新的难点,但也是势在必行之事。

三、发展趋势

2015 年上半年,酿酒产业开局良好,利税恢复正增长,为全年打下良好的开端,可以说这是 2012 年行业进入深度调整期后全行业主动适应新常态、认识并实践创新思维取得的成绩。但如同宏观经济一样,酿酒产业仍然处于困难与挑战相交织的阶段。我们认为，在中国经济发展新常态的背景下，酒类产业已经由快速增长转入平稳发展。充分认识行业面临的新形势，主动适应市场变化新格局，是保障行业发展的必然选择。相信随着消费需求的逐步稳定、消费水平的不断升级，借着“一带一路”和“互联网+”等相关政策措施的落实和不断深入、国企混改步伐的加快和并购整合拉开序幕，定将为酿酒行业的发展注入新的活力，行业将呈现产业转型升级、结构深度优化、质量显著提升、经济增长趋缓、价格体系下沉、市场回归理性的态势。

四、政策建议

（一）规范行业准入条件，优化产业结构调整

规范行业准入条件，强化节能、环保、土地、安全等指标约束，出台有利于行业利用存量、用好增量的政策措施，引导行业消化库存，解决行业过剩危机，优化产业结构调整。

（二）支持传统行业技术改造及装备升级

加快运用高新技术和先进适用技术改造提升传统产业，促进信息化和工业化深度融合，重点对产业升级带动作用大的重点项目给予政策倾斜。出台鼓励措施，支持酿酒行业在提高自主创新能力、促进节能减排、提高产品质量、改善安全生产条件、保障酒业食品安全等方面开展的技术改造项目。

（三）积极践行社会责任，推动行业健康发展

行业社会责任现已成为行业健康、可持续发展的重要推动力，协会及业内企业近年越来越重视社会责任的践行。青岛啤酒、茅台集团等业内大型集团每年都发布企业社会责任报告，协会每年均针对其报告进行点评，但发布企业占比很小。建议针对酿酒行业企业社会责任报告制定相关发布政策，规定符合相应标准的企业均应每年发布社会责任报告，以推动整个酿酒行业健康发展。

（四）理性饮酒推进政策化，行业引导规范化

国家相关政令法规的持续推动，使得理性饮酒推进不断深化。出台相关政策法规，以便于行业引导更加规范、合理、有效，有利于将理性饮酒推广及酒类知识普及社会化、透明化，有利于推动酿酒产业健康发展，有利于科学引导消费者健康消费。

（五）调整酿酒行业税收政策，引导产业健康发展

近年来，协会积极关注酿酒产业税收调整和变化，并为维护行业竞争环境，引导产业健康发展，积极推动酿酒产业税制改革，通过努力，2014 年 11 月，相关部门取消了酒精消费税，解决了酒精行业多年来税负不公平竞争的现象，使行业走向良性发展。现今，随着市场环境和消费环境的变化，建议对白酒和啤酒等税收政策进行研究并给予调整，以推动行业的有序、合理、良性竞争，促进行业健康发展。

（六）充分发挥行业协会作用，完善行业治理模式

充分发挥行业协会的桥梁、服务、规划、标准制定及市场预警等功能，建立和完善政府与市场、企业的沟通机制。以食品安全、行业和区域发展为出发点，加强舆论引导，倡导科学消费理念，澄清社会误解，促进行业健康发展。

中国酒业协会

食品添加剂和配料工业

纵观2014年国际经济形势，大部分国家和地区面临复苏缓慢、增长乏力的大环境，我国经济则在此情况下不仅要保持复杂国际经济环境下的稳定增长态势，而且国内许多行业都面临着转型和升级，我国经济已从改革开放初期的高速增长转变成现今的中高速增长。在国内外这种大的经济形势下，我国食品添加剂和配料行业也和大多数食品行业一样，由高速增长进入稳定增长的阶段。

一、行业概况

2014年，我国食品添加剂和配料工业延续了前两年的态势，呈现平稳发展、稳中有升的局面。

（一）主要经济指标

1．主营业务收入

2014年，食品添加剂和配料行业主要品种的总产量达947万t，同比增长7%左右；销售额约935亿元，同比增长7.5%左右。从主要数据看，行业总体上仍呈现平稳发展、稳中略升的态势，而且2014年国内外食品市场对食品添加剂产品的需求没有明显的变化。

2．利税

由于食品添加剂品种繁多，利税难以统计。总体来看，全行业总利税率在15%左右，大宗产品竞争更加激烈，利润水平低，小品种产品利润水平高一些。

（二）行业发展分析

食品添加剂和配料工业是食品工业的重要组成部分，随着现代食品工业的发展，食品添加剂已经进入到保证食品安全规范发展的时代。食品添加剂也是食品工业创新的基础，食品添加剂行业与食品工业一直保持着相互促进和相辅相成的关系。我国食品添加剂行业是食品工业中与国际法规和标准接轨最直接、最完全的行业，我国现在是国际食品添加剂法典委员会（CCFA）的主席国；与国际发达国家一样，我国也制定了一系列较为完善的有关食品添加剂生产、使用和管理的法规和标准。

目前，我国已批准使用的食品添加剂品种共2600余种，几乎涵盖所有的加工食品。食品添加剂中主要的常用品种在国内都有生产，且大多数产量都居世界前列，产品除满足国内市场外，许多产品出口也较多，有些产品在国际市场上占主导地位。图1所示为2014年我国食品添加剂主要品种产量的分布情况。2013—2014年，行业企业整体数量没有发生大的变化，行业的产量和销售额却都有增长，说明行业企业的规模和实力在不断增长。近年来，行业企业通过扩大产能、技术改造和技术升级、在原料基地附近设立分厂等方式使得产能和销售额都有明显增长。同时，通过兼并、重组等方式扩大企业规模或组成企业集团，壮大企业实力。目前行业内已经上市的公司近10家，如保龄宝、龙力、晨光、爱普、百润、阜丰、金禾等，还有一批行业企业正在积极运作上市。

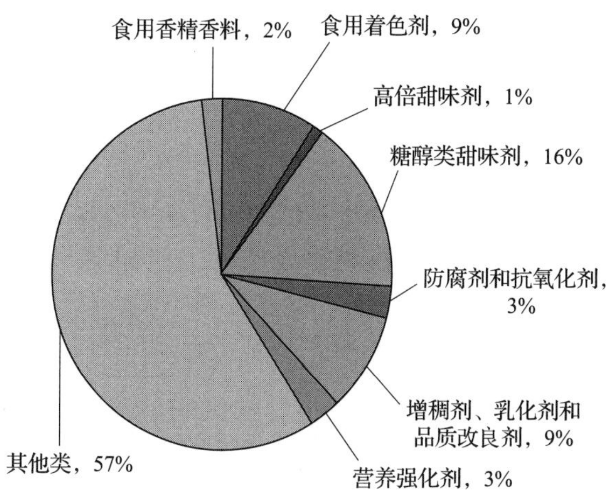

图 1　2014 年食品添加剂主要品种产量分布情况

注：此表中“其他类”主要包括味精、柠檬酸及盐、酶制剂等发酵制品。

资料来源：中国食品添加剂和配料协会。

1. 价格

由于食品添加剂品种较多，产品价格没有系统统计，总体产品价格平稳，2014 年主要产品价格波动不大，但整体出现下滑的趋势。以着色产品为例：主要品种全年价格总体保持在上一年水平；有些高端天然色素产品如藻蓝、姜黄、红曲黄等产销量大幅增长，价格有所上升。但行业中的一些大宗产品，如辣椒红目前由于产能严重过剩，价格大幅下降；而万寿菊浸膏等产品经过几年的培育，价格又有从低谷复苏的迹象。

2. 市场

从国内市场来看，市场容量有所增加，但竞争更加激烈。随着国家监管越来越严，食品生产企业使用食品添加剂也越来越规范，同时有效打击了“非食用物质”的违法添加，对食品添加剂的市场给与了有效净化，规范、促进了食品添加剂行业的发展。

国际市场较上一年有好转但仍不乐观。2014 年，行业出口额增长 2. 8%，较 2013 年 1. 1% 的增长略有提高，但是增长缓慢。由于竞争激烈，一些产品还经常受到国外反倾销的威胁。行业正努力转型，由传统的欧、美等市场向新兴市场拓展。

3. 投资

食品添加剂是市场化较早的行业，投资多以民营或外资为主，在食品添加剂行业快速发展过程中，行业竞争十分激烈。食品添加剂的企业一般都较小，投资不大，当一个产品市场好的时候很容易吸引资本进入，企业价格战的情况时有发生，一些出口产品的竞争更加白热化，个别产品市场前景还不明确，很多企业就已蜂拥而上，导致整个产业都没有利润。但是经过多年的市场竞争以及国家和行业的积极引导，加强行业自律，很多产品的发展已趋于平稳，产业结构较以前已有明显改观。

2014 年，全行业新增投资不多，只是个别行业和个别企业在技术改造和科研开发上有些投入，新增产能不大。一方面，市场变化不大，绝大多数产品产能已经过剩，市场竞争激烈，产能没有扩大的空间。另一方面，从国家政策上对食品添加剂行业限制增加，新品种审批放缓，现有产品扩大使用范围和扩大使用量也非常困难，企业投资愿望不足。虽然从产量、产值上看，食品添加剂行业在食品工业中所占的比例为 2% 左右，但其在食品工业发展中的作用是不容忽视的。食品添加剂行业品种繁多，单一产品的产量不大，所以生产企业也就以中小企业为主。企业的规模小，比较分散，企业发展基础不强，在融资能力和贷款等资金方面遇到了许多困难。由于资金短缺，企业很难开展技术改造，产业升级困难，大多徘徊在低水平竞争上。新产品开发更是力不从心，当市场好的时候扩大生产也不容易。所以，资金短缺的问题是行业遇到的普遍问题，一直制约着行业的发展。

4. 区域分布

我国食品添加剂工业是改革开放后首先由东部沿海城市迅速发展起来的，在很长一段时期内，仅有少数几个省份较发达、活跃。而大多数中西部省区都很少有食品添加剂产业的发展。近几年，除广东、上海、浙江、山东、江苏、北京、天津等省市外，一些中西部地区充分发挥各自资源优势和国家扶持政策或地域优势，开发出了一些性价比较高的食品添加剂产品，规模和数量都有明显上升。同时，受能源和原料的影响，一些耗能大、原料成本比重大的产品也逐步向中西部转移，许多产品已经形成了区域优势。

5. 行业集中度分析

我国是食品添加剂生产大国，很多产品的产量和出口量都居世界前列。大多数主要产品都已经过了充分市场竞争，产业集中度较高。主要行业如防腐剂、抗氧化剂、甜味剂、增稠剂、乳化剂、酶制剂，还有一些列入食品添加剂名单的发酵制品如味精、柠檬酸、乳酸等生产集中度已经很高，以上行业前5家企业的产量都已超过行业的80%。近年来，国家对食品添加剂行业监管力度加大，一些小型不规范的企业遭到淘汰，使得行业集中度进一步提高。但也有个别行业生产集中度虽然较高，但企业数量仍然较多，产业集中度还有很大提升空间。如辣椒红色素行业，我国辣椒红年出口量已占全球市场的60%，而龙头企业河北晨光生物科技有限公司一家企业占全国出口量的50%以上，产业集中度已经较高，但国内目前生产辣椒红的企业还有近70家。这使得行业竞争非常激烈，产品价格一路下降，21世纪初产品价格在40万元/t左右，目前同等质量规格的产品只能卖到15万元/t，行业只能依靠出口退税维持发展。

6. 进出口

我国食品添加剂不仅满足了国内的生产需要，许多产品还出口到国际市场。从数量来看，我国是世界食品添加剂的主要生产国和供应国之一，在国际市场上占有举足轻重的地位。

由于2014年大部分国家和地区面临经济复苏缓慢、增长乏力的大环境，以及受国内出口产品退税政策调整等因素的影响，食品添加剂和配料产品的出口增长放缓。根据协会对行业骨干企业数据的统计分析，2014年食品添加剂和配料行业主要品种出口约37亿美元，同比增长约2.8%。但从主要数据看，行业总体仍呈现平稳发展、稳中略升的态势。

我国大多数食品添加剂产品在国际市场上占有主导地位，特别是一些大宗产品的生产量和国际贸易量均居世界前列，但以较成熟的产品居多，高端产品和新产品不多。我国部分食品添加剂所占的国际市场份额如图2所示。

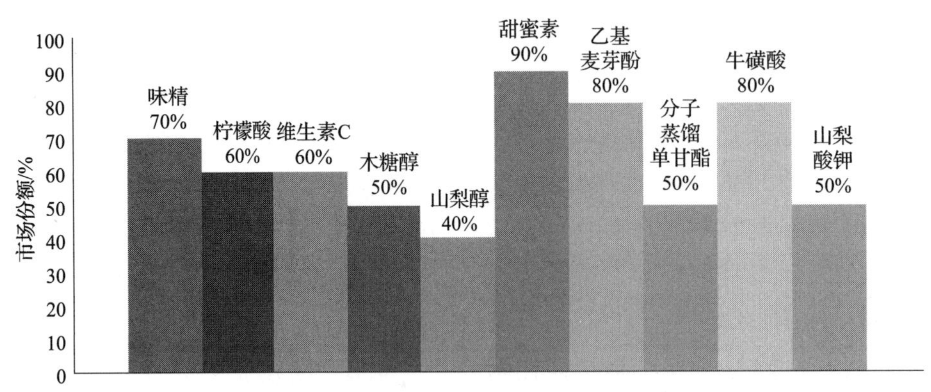

图2 中国部分食品添加剂所占的国际市场份额

资料来源：中国食品添加剂和配料协会。

我国进口产品中多以高端产品为主，其中香料、香精产品的进口量占食品添加剂总进口量的50%，营养强化剂进口 1.5 亿美元。

7. 重点行业

（1）着色剂　2014 年，食用着色剂行业产销总量达81 万 t，同比增长约 1%；销售额 55.8 亿元，同比增长 4.6%。2014 年出口量达到9400t，与 2013 年持平；出口创汇 3 亿美元，同比减少 5%。食用着色剂的三大类产品为天然着色剂、合成着色剂和焦糖色。2014 年各类食用着色剂的产量分析如图 3 所示。其中，天然着色剂销售量 2.4 万 t，同比持平。焦糖色产量 77 万 t，销售额 23 亿元。合成着色剂产量 4900t，同比增长 2%；销售额2.1 亿元，同比增长4%。高端天然色素产品藻蓝、姜黄、红曲黄等产销量大幅增长；行业中的一些大宗产品，如：辣椒红目前由于产能严重过剩，生产企业多数处于亏损状态；而万寿菊浸膏等产品经过几年的培育，有从低谷复苏的迹象。

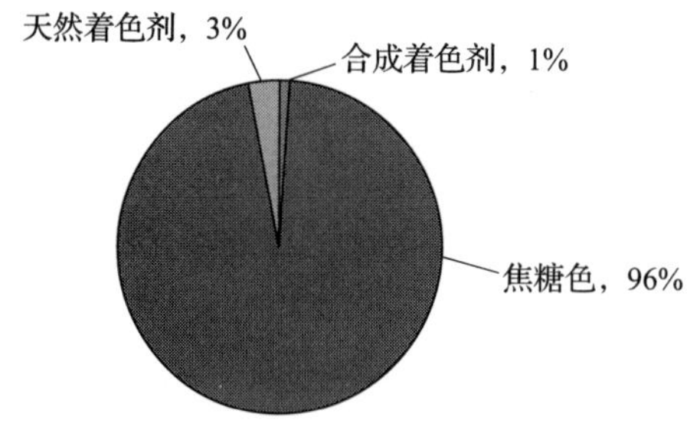

图 3　2014 年食用着色剂产量分析

资料来源：中国食品添加剂和配料协会。

（2）甜味剂　糖醇类产品：经过几年的发展和整合，2014 年功能糖类产品以骨干企业为主导的、高集中度的行业特点越来越显著，行业已形成一个良性发展的循环。但因原材料价格上涨达到 15% ~20%，产品价格较上年同期却下降 2% ~5%，企业利润空间收窄。2014 年行业功能糖类产品销量同比增长约 7.2%，销售额与上年基本持平。低聚果糖、低聚半乳糖产品市场需求继续扩大，果葡糖浆、低聚异麦芽糖产品因原料用工成本上升，利润下降。2013 年木糖醇产量达 60000t，销量 55000t，同比增长 12%，销售额同比增长 8%；麦芽糖醇、赤藓糖醇销量同比增长 7%，销售额同比增长 7%。

高倍甜味剂产品：2014 年高倍甜味剂产品和往年相同，产品出口所占比重较大，少部分供应国内市场。高倍甜味剂产品产量总体有所提高，达到 12.2 万 t（不含复配），同比增长约 3%。糖精（钠）全年销售量约 2.5 万 t，销售价格总体平稳。甜蜜素国内产量约为5.0 万 t，甜蜜素产品原料受国际石油价格影响变化相对较小，销售价格总体稳定，但受市场消费量下降等因素的影响，产销量同比有所下滑。安赛蜜全年产量约为 13000t，产销量和销售价格有所下降；出口继续受到国际金融危机大环境的影响，没有明显改善，企业效益下滑。阿斯巴甜产量约为 1.2 万 t，90% ~95% 的产品出口，但销售价格明显走低。三氯蔗糖则继续受益于知识产权诉讼胜利的影响，出口增加，产量也在上升，但价格延续前几年的走势继续下滑，目前已到 30 ~40 万元/t。值得庆幸的是，2014 年该领域大量投资建厂的情况开始趋缓或停止。甜菊糖产量约 3500t，销售量和出口量比 2013 年略有上升。

（3）食用香精香料　2014 年食用香精香料行业整体上发展比较平稳，市场需求比较稳定。食用香精价格有所上涨，企业效益略有上升，销售量和销售额比 2013 年增长约 8%。食用香料麦芽酚、甲/乙基麦芽酚以及杂环类食用香料销售量和销售额均有增长，估算全年销售量同比增加 8%，销售额同比增长 6%。咸味香精的生产和销售形势发展比较好，销售量和销售额同比增长估计超过 10%。

（4）防腐剂和抗氧化剂　2014 年，防腐剂和抗氧化剂主要产品产量和销售额与 2013 年相比略有增长。其中，苯甲酸和苯甲酸钠销售量约为6万t，同比增长12%；受原材料价格持续下降的影响，成品价格有所下降；销售收入同比下降，但销售利润有所增长。山梨酸和山梨酸钾销售额同比增长8%，销售量同比持平。双乙酸钠全年预计销售量2500t，同比增长7%，出口量占销售总量的80%。

生物防腐剂乳酸链球菌素全年销量估算为650t，近几年价格一路下滑，2014年再创历史新低，销售量和销售额下降均超过10%。

抗氧化剂异抗坏血酸钠2014年的销售量比2013年略有上升，销售量同比增长6%，销售额同比增长4%，产品价格下跌20%左右，市场竞争激烈，出口下降。抗氧化剂叔丁基对苯二酚（TBHQ）近两年受到印度低质廉价产品的严重冲击，大部分企业处于半停产状态，出现重度萎缩。我国最大的TBHQ生产企业广州泰邦食品科技有限公司于2013年6月向商务部申请反倾销诉讼，2014年4月30日商务部公告初裁认定进口自印度的TBHQ产品存在倾销，幅度为37.6%～56.9%。从公告日起开始对印度进口产品征收保证金。目前，印度产品和国内高端产品的价格接近，而国内产品质量占优，在市场竞争中处于优势地位。这给以泰邦为龙头的国内TBHQ生产企业带来了新的转机和发展契机。

（5）增稠剂、乳化剂和品质改良剂　增稠剂和乳化剂产品在2014年发展较平稳，乳化剂销售额和销量估算同比增长6%～7%。其中，单甘酯产量6万t左右，司盘、吐温类产量共计7200t，蔗糖酯产量约4800t。蔗糖酯由于GB 2760—2011《食品安全国家标准　食品添加剂使用标准》修订后使用范围扩大，市场需求量呈逐年递增的趋势。卡拉胶2014年运行状态良好，生产、销售、出口均呈上升趋势，销售量和销售额比2013年增长7%，价格受原材料变动影响有所起伏，企业效益同比持平。目前卡拉胶行业正步入整合阶段，欧美产量进一步减少，海藻原料产地印度尼西亚的产品越来越有竞争力；国内卡拉胶行业的集中度进一步提高。行业面临的主要问题是生产原料全部依靠进口，一旦出现加税和禁运，势必给行业的生产经营带来严重影响。黄原胶目前的产能过剩，产量远远大于市场需求，同时受瓜尔豆胶价格下降的影响，黄原胶价格略有下降，销量同比增长8%，销售额同比增长5%。

复合膨松剂（泡打粉）2014年的销量为42500t，同比下降5%，行业整体发展平稳。由于受国家卫计委等五部委发布《关于调整含铝食品添加剂使用规定的公告》（2014年第8号）的影响（公告于2014年5月14日批准，5月22日在网上公布，7月1日实施，从发布到实施，给予行业的缓冲期较短），对整个泡打粉行业及上游供应商明矾行业的冲击相当大，造成许多产品滞销压货，给生产和经营带来一定的困难。目前，行业企业正积极调配资源，加大“无铝”泡打粉的生产和推广力度，尽力减少因法规变化给产品生产和经营带来的负面影响。

（6）营养强化剂　整个行业2014年的形势也是稳中有升，预计复配营养强化剂的销售额和销量比2013年增长约8%。

二、行业面临的问题分析

（一）政策与市场

从政策上看，在2014年《食品安全法》修订成稿和国家食品安全监管体系逐渐理顺的大环境下，国家对食品添加剂生产和经营的监督管理更加科学化和理性化，在一定程度上摆脱了前几年全社会包括政府监管部门对食品添加剂的不正确认识，食品安全形势整体趋好，食品添加剂生产企业的生产经营基本恢复正常。我国通过几十年的探索，已经初步建立了一套完整的食品添加剂法规、标准和管理体系，但现行的法规和管理体系在运行过程中还有一些需要改进的地方。主要有以下几个方面：

第一，按照食品添加剂生产许可管理要求，食品添加剂生产企业获得生产许可的必要条件之一是该产品必须有国家的质量规格标准，这一要求在实际执行中遇到了许多问题。多年来，食品添加剂产品一直是按照相关标准组织生产，尚未制定国家或行业标准的产品，按照备案的企业标准生产，这样的生产方式并未出现食品添加剂安全和质量上的突出问题，至今也不是所有的食品添加剂品种都有国家或行业标准。因此，依据国家或行业标准发放生产许可证对食品添加剂生产和经营造成较大影响。

第二，按照食品添加剂生产许可管理要求，每个品种都必须获证。食品添加剂产品种类繁多，食品用香料、复配食品添加剂等都按照一个产品申领一个许可证的方式，将极大增加生产企业办证的负担，也由于这些产品生产过程、原料等相似而浪费监管资源。纵观世界各国，大多数国家对食品添加剂生产的监管通过控制生产条件、环境等方式保证产品的安全和质量，很少采用每个产品都发许可证的方式。

第三，食品添加剂相关的法规标准不完善。到现在为止，GB 2760—2014《食品安全国家标准　食品添加剂使用标准》规定了食品添加剂如何在食品中使用，但现实中为了适应食品添加剂的生产、贮存、使用等需要，还存在着食品添加剂以及食品配料中使用食品添加剂的一类产品，这种形式的产品一直存在，但一直没有明确的规定或标准，造成实际生产中无法可依，无标可循，给这些产品的生产经营和监管造成很大困扰，是亟待解决的问题。

（二）科技创新

技术创新对于食品添加剂行业至关重要，尤其是食品产业战略转型对科技创新提出了更高的并且多样化的需求，但是目前我国关于食品科技创新的整体理念尚未形成或没有被接受，尚未对食品产业进行系统布局研究，往往只是局限在某一环节。与国际同行相比，国内企业科研投入偏低，行业总体创新不够，企业发展后劲不足。另外，由于我国对食品添加剂的认识偏差，近年来食品添加剂使用范围和使用量的扩大很难得到批准，而新产品的开发放缓，这也给企业的科技创新造成很大影响，企业创新动力不足。在未来应建立良好的运作机制，构建稳固的产学研合作平台，充分发挥企业在科技创新中的主体地位作用，建立以企业为主体、市场为导向、面向生产的技术创新体系，开展共性关键技术和前沿技术攻关，推动相关产业实现重大技术突破，形成核心技术标准，支撑和引领产业技术创新，促进食品添加剂产业增长方式的转变。同时搭建好资源共享与信息交流平台，实现相关产业与标准、管理、监督等职能部门的良好沟通。

三、发展趋势

纵观这几年国内外经济发展的趋势，2015 年全球经济将继续调整，国内经济下行的压力仍然很大。面对经济增速下滑带来的需求下降、产业结构调整、行业竞争进一步加剧等问题，行业也逐步进入经济新常态下转变思维、增强素质、创新发展的模式。食品添加剂和配料行业与 2014 年同期相比预计会保持一个平稳发展、稳中略升的态势。

根据对行业骨干企业所报数据的分析，预计 2015 年，我国食品添加剂和配料行业总产量可达 900 万 t，预计增长 5%；销售额可突破 1000 亿元，同比增长 4%；出口约 40 亿美元，基本与 2014 年同期持平。全行业总体运行将基本保持平稳。

四、政策建议

（一）借鉴国外的管理经验，理顺和完善对食品添加剂生产经营的管理

在《食品安全法》修订版以及出台新的

《食品添加剂监督管理办法》的基础上，改变目前对每一个食品添加剂产品都必须发放生产许可证的方式，借鉴国外的管理经验，对食品添加剂的生产采用备案制管理，只要企业生产条件、环境条件等满足要求，就可生产国家允许使用的食品添加剂产品。

（二）加强对食品添加剂生产过程的监管，在行业内推广 GMP、HACCP 等管理方法

根据食品添加剂生产经营现状，制定相应的过程管理法规、标准和办法，进一步规范生产中的各个环节，改变事先严控企业生产许可发放、事后仅以产品检验结果定论的传统管理方式。与此同时，在行业企业中鼓励推广 GMP、HACCP 等行之有效的管理体系和方法，将产品生产的安全隐患控制在整个生产过程中。

（三）继续加强和完善食品添加剂相关标准的制（修）订工作

（1）允许制定食品添加剂企业标准并能够备案。

（2）加快制定食品添加剂中使用食品添加剂的相关标准或管理办法，解决包括制剂类产品在内的一批产品的生产许可问题。

（3）加快研究食品配料中使用食品添加剂的问题，使食品配料中使用食品添加剂的情况能够规范并得到解决。

中国食品添加剂和配料协会

营养与保健食品制造业

2014年，我国保健食品业健康快速发展，已迎来升级发展的关键时期。

目前，我国并无明确的营养食品定义和相关法规，只有“保健食品”的定义和相关的管理法规，所以本篇的相关数据只涉及保健食品内容。

一、行业概况

（一）主要经济指标

保健食品尚未纳入国家行业统计目录，因而统计渠道不完善，行业数据短缺。据测算，2014年我国保健食品年产值约为3900亿元，通过GMP认证的保健食品企业达到2200余家。

（二）行业发展分析

截至2014年年底，我国已审批保健食品15022个，其中国产保健食品14293个，进口保健食品729个。2014年共有1313个保健食品通过审批，包括国产保健食品1303个，进口保健食品10个。我国保健食品主要有以下特点：一是国产品种多，进口产品少；二是审批的保健食品功能分布不均衡，多为增加免疫力、缓解体力疲劳、辅助降血糖、减肥等少数功能；三是剂型多样，但以胶囊、口服液和片剂为主，传统食品形态的产品较少；四是产品成分多数为药食两用的中药。目前该种趋势正逐渐缓解，未来中国市场保健食品的发展中，产品功能将逐步分散，产品结构趋向合理。

保健食品销售渠道正向多元化发展，特别是网络电商平台、微信等电子商务渠道的快速发展，为保健食品行业的监管带来了新的挑战。而成品出口几乎为零的现状，也为中国保健食品生产企业的发展提供了广阔空间。

1. 企业规模及区域分布

经过20多年的发展，保健食品产业已具一定规模。根据中国保健协会的调查数据显示，截至2014年年底，投资总额在1亿元以上的大型企业占1.5%，投资总额在5000万元至1亿元的中型企业占38.2%，投资在100万元至5000万元的企业占6.7%，投资在10万元至100万元的小型企业占41.9%，投资不足10万元的作坊式企业占12.5%（图1）。

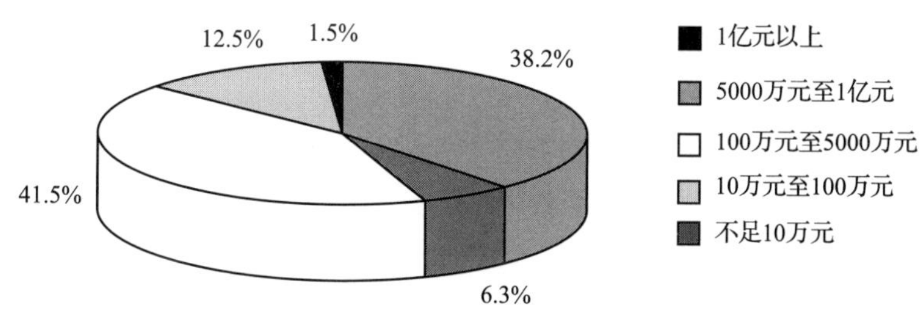

图1　我国保健食品企业规模分布

资料来源：中国保健协会。

从区域分布看，我国保健食品企业区域布局不尽合理，产地过度集中，分布状况具有南多北少、东多西少的特点，主要集中在北京、广东、山东、浙江、上海等经济发达地区，新疆、西藏、青海等中西部地区企业较少。

参与调查的企业中，72.5%集中在北京、广东、山东、浙江、上海等经济发达地区。宁夏、西藏、青海、新疆等经济不发达地区的产品仅占1.5%（图2）。

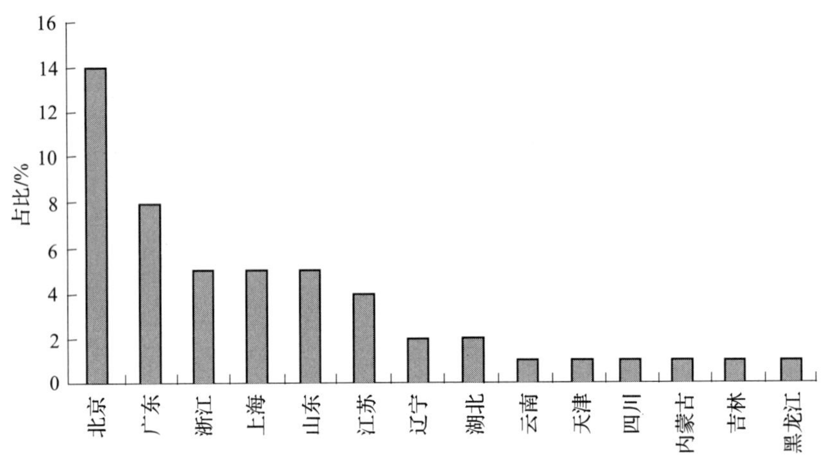

图2　我国保健食品企业区域分布

资料来源：中国保健协会。

这种地区分布上的不平衡基本与各地区的综合经济发展水平相适应，经济发达地区对健康类产品的关注程度和市场需求量自然要比不发达地区高。

2. 保健食品企业销售模式

传统商业渠道依然是保健食品销售的主要途径，但是随着电子商务的普及和电子商务平台的快速发展，电子商务模式也正成为保健食品企业主要的销售模式之一。电视购物、直销、会销等其他销售模式情况相当（数据百分比为该渠道在所有参与调查企业中的比重）。

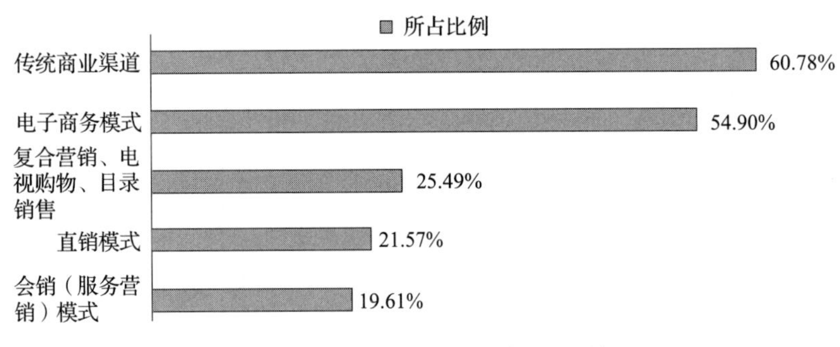

图3　保健食品企业销售渠道情况

资料来源：中国保健协会。

目前，网购已经成为我国居民日常消费的重要方式。据中国互联网络信息中心CNNIC统计，截至2013年12月，中国网民规模达6.18亿，全年新增网民5358万人。互联网成为保健食品行业发展最迅速的新兴渠道。保健类产品特别是保健食品，是现阶段网上零售市场增长最快的细分品类之一。网上销售保健食品主要有以下几种模式：保健食品

B2C 模式（此种模式又分为综合类 B2C 网站的保健食品专业频道、保健食品专业 B2C 网站、保健食品企业自建销售网站）、保健食品 C2C 模式和保健食品 O2O 模式。

3. 进出口状况

（1）进口　近几年，国外保健食品在中国市场上的销量持续增长。截至 2014 年年底，我国共批准进口保健食品 729 个，主要来自美国，其次为中国香港和日本。除全球营养保健食品巨头安利公司外，宝洁、强生、康宝莱、辉瑞等公司也积极进入中国营养保健食品市场。大量进口保健食品的涌入的确给国内保健食品市场带来了种类更丰富、产品线更全面的优质产品。

（2）出口　近几年，我国保健食品外贸呈现出进出口两旺的态势。2011 年，我国保健食品出口同比增长 115%。经过 2010 年—2011 年的大幅增长后，2012 年我国保健食品出口额为 2.13 亿美元，同比增长 3.47%；2013 年出口额为 2.48 亿美元，同比增长 16.17%，基本属于平稳增长。2013 年，我国有 327 家企业从事保健品出口。其中，民营企业是推动保健品出口的主要力量，有 240 家，出口金额为 1.48 亿美元，同比增长 17.12%，占比高达 59.69%；“三资”企业有 34 家，出口额为 8315.61 万美元，出口金额占比 33.56%；国有企业出口金额为 1672.92 万美元，占比 6.75%。

我国出口的保健食品主要是鱼油、卵磷脂、蜂王浆等保健食品原料，保健食品成品较少。

我国保健食品出口主力省份为广东、浙江、山东和河南。其中，广东省保健食品出口以鱼油和鱼肝油为主，浙江省以出口蜂王浆产品和蜂蜡为主，山东省以出口鱼油和卵磷脂为主，而河南省则以出口蜂蜡和蜂花粉为主。

（三）基本监管情况

2014 年，国家食品药品监督管理总局汇总通报了 3 期违法保健食品广告情况。在 3 期违法广告汇总期间，各省（自治区、直辖市）食品药品监督管理部门以发布《违法广告公告》的方式，通报并移送同级工商行政管理部门查处保健食品违法广告共计 25706 条次。11 个保健食品广告因严重篡改审批内容进行违法宣传被撤销和收回广告批准文号。总局对 6 个违法情节严重的保健食品广告进行了汇总通报。

自 2014 年 8 月底国务院食品安全办公室、国家食品药品监督管理总局、工商总局联合部署启动农村食品市场“四打击四规范”专项整治行动以来，各级食品安全办公室、食品药品监管及工商等部门一边抓机构改革、一边抓监管工作，积极响应、周密部署、密切配合，围绕“四打击四规范”行动的工作目标和各项任务加大执法力度，严厉查处各类食品生产经营违法行为，专项整治行动取得了初步成效，产生了良好的社会效果。截至 10 月中旬，全国共依法取缔无证经营户 6256 户，吊销食品生产经营许可证 453 户，吊销营业执照 167 户，捣毁制售假冒伪劣食品窝点 517 个，查扣侵权仿冒食品 7.61 万 kg，查扣劣质食品 153.95 万 kg，查处各类食品违法案件 1.67 万件，其中移送司法机关处理案件 222 件。

二、行业面临的问题分析

（一）政策与市场

2013 年，保健食品由新成立的国家食品药品监督管理总局全程监管，但部门变化以及法律法规的不明确，导致监管基础相对薄弱，监管体系不健全，其中重要的法律法规体系、标准体系、风险控制体系、技术支撑体系等亟待健全完善。

国家发展与改革委员会产业目录、统计项目目录没有列保健食品产业，政策支持缺乏。与国内外其他企业相比，保健食品产业发展得到的政策支持较少，竞争上处于不平等的境地。国家对不同类型的国有企业有一系列的扶持政策，这些政策涉及税收、土地、信贷、贴息、各部委的有关配套支持资金等。但是，国内保健食品企业绝大部分是民营企业，基本上享受不到这些优惠政策，处于不平等竞争地位。

与国外发达国家相比，我国居民生活习惯中存在重医疗、轻保健的意识。与一些保健产业成熟的国家相比，企业资产和销售规模较小。产品老化，产品及功能雷同，适用人群类似，新产品缺乏，低水平重复，缺乏技术资金投入，造成企业恶性竞争。少数企业以概念造势，粗制滥造，夸大宣传，违规经营，被政府通报和媒体曝光，使消费者产生“信任危机”，给产业发展带来不利影响。

（二）生产经营中存在的问题

虚假申报、无证生产、套号生产、非法添加、夸大功效、虚假宣传等是保健食品生产经营中存在的突出问题。主要体现在：

（1）非法添加违禁物品现象严重，如在减肥、降血压、缓解体力疲劳等功能的产品中非法添加药物成分。

（2）违法违规生产经营，不按批准的配方、生产工艺生产，委托加工不规范，套用、冒用批准文号，一个批准文号用于多个产品。

（3）夸大宣传，擅自增加功能，扩大适用人群，变更食用量，故意混淆药品与食品的区别。

（4）假冒产品、鱼目混珠，如普通食品冒充保健食品。

（5）行业委托加工盛行，目前没有专门的管理规定来制约委托加工行为，因此存在着不少的监管漏洞，证照过期、不全，地址擅自变更等问题依旧存在。在保证产品质量方面，委托双方各自所负责任不够明确或难以界定落实，多方或多重委托后产品质量安全就更加难以保证，异地委托加工现象就更严重。

三、发展趋势

（一）机遇与竞争并存

根据已经发布的《食品工业“十二五”发展规划》和《关于促进健康服务业发展的若干意见》，国家将“营养与保健食品制造业”列为我国重点发展行业。规划指出，到2015年，中国营养与保健食品产值达到1万亿元，年均增长20%，并形成10家以上产品销售收入在100亿元以上的企业。到2020年，健康服务业总规模要达到8万亿元以上。在巨大的产业机遇下，中国保健产业已迎来升级发展的关键时期。

2014年国家发展与改革委员会、国土资源部、住房和城乡建设部等10部委联合下发《关于加快推进健康与养老服务工程建设的通知》，2014年发布《中国食物与营养发展纲要（2014—2020年）》，均对营养与保健食品行业发展形成利好。

随着新修订的《食品安全法》的发布和《互联网食品药品经营监督管理办法（征求意见稿）》的发布，未来部分保健食品的审批将逐步向备案制过渡，保健食品入市流程将逐渐简化。此外，国家将加大对保健食品的监管，非法生产销售的小企业将面临清理风险，而更多大公司将加入到保健食品行业中，我国保健食品的市场竞争也将空前激烈。

（二）药企加速进入保健食品领域

由于国家对健康产业的支持，不少上市药企除了经营药品主业外，均不同程度地试水保健食品领域。受药品价格管控、新药研发资金巨大等诸多因素的影响，药企转战“非药”市场将加速。目前，我国A股医药类上市公司共有140余家，其中披露保健食品业务收入的有14家。数据显示，保健食品销售收入最多的是哈药股份，共计13.5亿元；保健食品收入占比最高的是江中药业，占比15.03%；获批保健食品最多的是海王生物，共 87 个产品。

（三）保健食品销售渠道向多元化方向发展

保健食品销售渠道正向多元化发展，特别是网络电商平台、微信等电子商务渠道的快速发展，为中国保健食品生产企业的发展提供了广阔空间。2014 年在保健食品企业销售渠道统计中，保健食品在药店渠道中占市场的比例为 20%，而电子商务模式已经达到 54.9%。

四、政策建议

（一）推进我国保健食品独特资源优势和传统优势生产的产业化

鼓励企业建立我国保健食品独特资源优势原料和食药两用中药材原料基地，发挥其带动作用，推进大宗独特资源优势原料和食药两用中药材原料生产的规模化和产业化。提高企业核心竞争力，培育和保护知名品牌。对拥有区域性和全国性知名商标的企业要给予必要支持和保护，做好商标保护和宣传，提高产品竞争力。进一步扩大开放，鼓励和支持中国企业参与国际竞争，争创国际保健食品知名品牌。

（二）在技术、金融政策上给予支持

把保健产业列入国家技术支持范围，在产品试制、传统保健技术创新、知识产权保护、专利快速申请和认证等方面给予支持；在研发费用上给予支持，鼓励企业提高研发能力，增强产品的核心技术，促进技术创新；发展和引进风险投资，鼓励风险投资投入保健产业领域；鼓励保健产业在 A 股市场特别是创业板市场上市融资，建造具有国际竞争力的企业。

（三）完善促进保健产业发展的法律法规和标准体系

加快制定与完善《保健食品注册与备案管理办法》《保健食品原料目录和功能目录管理办法》《保健食品原料目录名单》等配套的法律法规。

中国保健协会

罐头食品制造业

2014年从总体上看，虽然受到原辅材料和生产成本上升等不利因素影响，但全行业在提高产品质量、保障食品安全的基础上，调整结构稳步发展，依然保持稳步向上的发展态势。在出口方面，市场延续2013年量跌价增的局面，产品附加值增高导致平均价格上升，国内产品发展不断转型升级，在国际市场上逐渐由以前的质量低下的低端产品转变为产品附加值稍高、有知名度的中上品质产品。内销市场经过近几年的不断努力，有了长足的进步，一扫以往单纯依赖出口的局面，内销量已经远远超过了出口，国内市场虽然增速放缓，但依然保持一定增长势头。

一、行业概况

（一）主要经济指标

1. 主营业务收入

根据对规模以上846家罐头企业统计的数据显示，2014年我国罐头产量为1171.89万t，比2013年增长12.1%；主营业务收入为1631.70亿元，比2013年增长8.54%。

2. 利税

2014年我国罐头行业完成利税总额为154.10亿元，比2013年的140.43亿元增长9.86%（表1）。

2014年罐头行业整体经济效益增幅比2013年同期有所下降，主营业务收入和利税总额增幅均低于2013年同期水平。从走势上看，行业增长现已企稳，比例基本保持协调，企业亏损面与2013年同期基本持平。罐头行业企业整体效益增势相比2013年有所放缓。

表1　2013—2014年我国罐头行业规模以上企业主要经济指标

经济指标	2013年	2014年	同比增长/%
产量/万t	971.52	1171.89	12.1
主营业务收入/亿元	1503.01	1631.70	8.54
利税/亿元	140.43	154.10	9.86

资料来源：国家统计局。

（二）行业发展分析

1. 价格

根据国家统计局数据计算，2014年罐头行业平均价格为1393.2元/t，同比2013年平均价格1438.3元/t下降了3.1%。罐头产品平均价格的下降，一方面是因为2013年大部分罐头产品原料收购价格过高，如2013年黄桃和橘子的原料价格最高到1.5元/斤，而2014年黄桃的原料价格持续稳定在1.0元/斤左右，橘子原料为1.2元/斤左右；另一方面是由于针对国内劳动力成本的增加，罐头企业在近年来加大了企业机械化和连续化的投入，从而节省了人工成本的支出，对机械化和连续化的投入已经初见成效。成本的降低有利于保障企业的效益，将更有利于提高产品竞争力和企业实力。

2. 市场

我国罐头销售分国外和国内两个市场，2014年罐头出口市场延续了2013年出口量略有下降但出口额却有所增长的局面，主要是因为产品品质提升、国际番茄价格回暖和人民币汇率波动导致。纵观行业内出口量较大的品种，番茄酱罐头出口量为 86.7 万 t，蘑菇罐头出口量为 26.6 万 t，柑橘罐头出口 31.5 万 t，桃罐头出口 16.4 万 t，相较 2013 年均略有增减，但幅度不大。由此可见，我国罐头出口市场相对稳定，已经进入企稳阶段。

2014 年罐头产品在国内市场方面延续了 2013 年产销两旺的态势。其中，八宝粥罐头依然为内销中的最大类，产量高达 165 万 t，几乎全部内销，约占罐头内销总量的五分之一。另外，水果类罐头在内销市场上依托其良好的口感风味，部分企业打破传统，根据市场需求，在产品外包装和原材料上进行大胆改进创新，从而吸引了新的消费群体，并且提升了企业的品牌价值。

3. 投资

2014 年全行业总体新增投资不多，仅个别企业在机械化改造和新品包装创新方面有所投入，行业总体产能变化不大。主要由于行业门槛低、中小企业居多、业内竞争激烈导致利润率低下和绝大多数产品已经产能过剩，企业对此投资意向不大。

但行业一直倡议加强企业联合，共同发展。企业间合作的形式很多，可以从产品 OEM 加工或技术合作开始，逐步深入到品牌、市场和资本，直至组建联合体，实现大集团、大市场、大运作的新模式。

4. 区域分布

罐头行业分布主要依托原料优势和当地饮食习惯，产业分布已趋向明朗化。例如，我国水产品类罐头的产区以广东、福建、浙江、辽宁等沿海地区为主；柑橘罐头以浙江、湖南、湖北等地为主产区；肉类罐头以上海、福建、四川为主产区；黄、白桃罐头以河北、山东、安徽和大连为主产区；蘑菇、芦笋罐头以福建、山东为主产区；番茄酱以新疆和内蒙古为主产区；竹笋罐头以浙江、福建、江西为主产区。八宝粥主产区是浙江、福建和山东等。

2014 年，全国罐头产量最高地区为福建省，福建省的罐头产量比排列第二的湖北省和第三的山东省高出一倍有余（表 2）。福建地区罐头产品各类原料极其丰富，为行业提供了稳定、可靠的原料供应基地。目前福建漳州已形成了罐头行业较大的产业集群区，2014 年全市罐头生产总量达 107.8 万 t，占全国总产量的 9.2%；其中出口 38.5 万 t，占全国总出口量的 13.4%。漳州市罐头食品行业的持续、稳定、健康发展，不仅使漳州罐头食品加工业的工艺技术和设备在全国同行业中处于领先地位，而且人才济济，同时还拥有一批具有国际先进水平的马口铁空罐制造商和专业的商标印刷、机械设备制造和零件配套等供应商，形成了比较完整的产业链。

山东平邑县地方镇是水果罐头产业集群区，当地依托丰富的果品资源，发展壮大水果罐头产业。目前，该镇罐头加工及相关配套企业达 100 家左右，年加工各类水果罐头 76 万 t，创产值 70 亿元以上。

新疆地区由于日照时间长，昼夜温差大，当地气候条件非常适合种植番茄，因此我国番茄酱罐头主要集中在新疆地区。

表 2　2014 年全国罐头十大生产省份（自治区）及其产量

地区	生产量/万 t	与上年同比增长/%
福建	269.5	11.1
湖北	128.4	0
山东	106.3	3.8
湖南	98.7	11
浙江	61.7	-7.9
安徽	59.2	23.6
新疆	49.5	27.5
河北	49.3	23.2
广西	46.8	-14
四川	36	-0.1

资料来源：国家统计局。

5. 行业集中度

由于罐头行业起步较早，且技术含量低，导致行业入行门槛偏低，又由于罐头行业平均利润率低，导致企业很难做大做强，因此罐头行业总体以中小企业居多，行业集中度不高。以柑橘罐头为例，行业加工柑橘罐头前十家企业加工总量约占行业40%；番茄酱加工主要集中在新疆和内蒙古地区，由于加工规模量大，行业集中度略有提高，行业前五家企业加工总量约占行业70%。近年来，由于国家对食品安全监管力度加大，使得地方一些作坊式、不规范小罐头企业遭到淘汰，使得行业集中度有所提高。八宝粥罐头是业内加工集中度最高的类别，主要集中在杭州娃哈哈集团和厦门银鹭食品集团，产量占市场的三分之二以上。

6. 进出口

(1) 出口　据国家海关数据显示，2014年我国罐头出口总量为288.3万t，同比下降3.5%；出口金额为52.5亿美元，同比增长6.5%。近年来，我国罐头出口连续三年表现为出口量略有下降而出口金额增长，该迹象表明，我国出口罐头的平均吨价呈现持续增长态势，2014年罐头出口的平均吨价达到1821美元/t，比2013年的罐头出口平均吨价1697美元/t上涨了7.3%。2014年罐头出口平均吨价上升的主要原因在于国际市场番茄酱价格的回暖和人民币升值。

2014年，我国罐头出口到全球165个国家和地区，出口市场的基本格局并没有发生实质性变化，欧盟、日本、美国、俄罗斯仍是中国罐头的最大出口市场。从国别出口量来看，2014年中国罐头对其出口量超过10万t的国家有5个，分别是日本、美国、俄罗斯、尼日利亚和德国，对这5个国家的出口量之和占2014年中国罐头出口总量的40%左右，如图1所示。

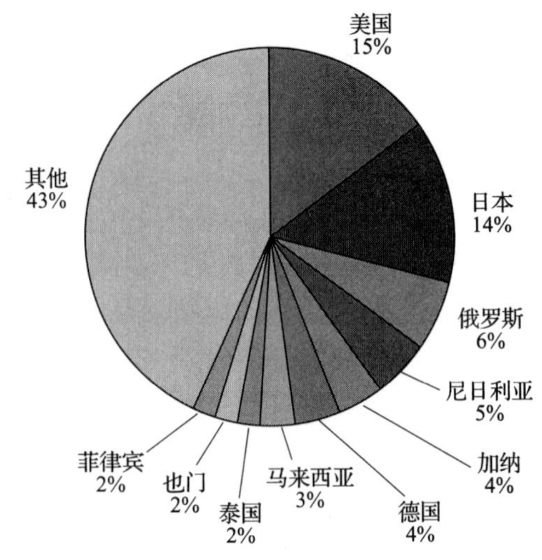

图1　2014年罐头出口国家和地区所占比重

(2) 进口　2014年罐头进口量为8.63万t，同比增长3.55%；进口额为1.35亿美元，同比增长5.66%。

国内进口水果罐头的品种主要是大桶番茄酱罐头、黄桃罐头和菠萝罐头。进口黄桃罐头主要来自南非，由于南非产黄桃罐头品质优良、颜色均匀，受到国内烘焙业和连锁快餐业的青睐，2014年我国黄桃罐头的进口量达到12455.65t，比2013年的进口量12617.37吨略有下降，下降幅度为1.28%，而2014年的进口额由2013年的1624.35万美元上升到1961.17万美元，上升幅度为20.74%。进口菠萝罐头的数量也较大，2014年进口量达到15932.34t，比2013年的进口量15205.95t增长4.78%，进口额也有15.68%的增幅。可见，国内进口水果罐头平稳增长，并且趋于选择高品质的产品。进口海产品罐头主要是金枪鱼罐头，2014年的进口量为2690.88t，进口额为1291.89万美元。进口金枪鱼罐头在国内市场占主导地位。

7. 重点行业

(1) 八宝粥罐头行业　八宝粥罐头是行业中最大的品种，而且产品几乎全部内销。据中国罐头工业协会统计，2014年全国的总产量达到165 万 t，同比增长10%，增长速度高于整个罐头行业，销售收入达到105 亿元。行业内主要生产企业是杭州娃哈哈集团和厦门银鹭食品集团，两家的生产量占八宝粥市场份额的三分之二。八宝粥罐头生产的连续化和机械化程度高，能一年四季生产，所以产能较大，能形成规模效益。

（2）番茄酱罐头行业　根据海关统计数字，2014 年全国番茄行业出口总量88.84 万 t，出口额9.57 亿美元，其中大桶番茄酱（>5kg）出口量45.97 万 t，同比下降14.8%，累计平均单价1040 美元/t，同比增长14.5%；小包装番茄酱（≤5kg）出口量42.87 万 t，同比下降2.9%，累计平均单价1117 美元/t，同比增长2.3%。根据数字分析，2014 年番茄酱出口量大幅下降，其中大桶番茄酱出口量下降尤为明显，而番茄酱价格却明显提升，番茄酱行业一扫连续3 年的价格倒挂，企业开始出现盈利。而目前行业和市场面临的主要问题是：国内低质量番茄酱产品较多，严重影响国产番茄酱在国际市场上的声誉，导致产品的国际竞争力严重下降。企业应当严格控制产品质量管理，不应因小失大，自毁产品的国际声誉；应努力加强行业自律和规范，把行业和市场引入正常良性轨道。

（3）桃罐头行业　我国桃罐头分国际和国内两个市场。从国际市场看，我国桃罐头加工竞争对手主要是南非、美国、希腊、阿根廷等六、七个国家。不过市场基本稳定，全球主要生产国的总加工量大体保持在每年110 万 t 左右的规模。2014 年，我国桃罐头出口16.42 万 t，比2013 年增长3.1%，主要出口国家依次是美国、日本、俄罗斯、墨西哥和加拿大，其中对日出口中白桃罐头占较大比例。在桃罐头国际贸易中，我国与希腊、南非等国家形成此消彼长、互补共存的关系，我国出口产品有相当一部分是3kg 大罐，供应集团消费或者用作食品工业原料。对于我国桃罐头出口而言，主要是成本的不断上升削弱了产品竞争力，此外在产品质量上与国外同类产品存在一定差距。所以，对待2015 年的出口市场，相关企业一定要谨慎操作，坚持以销定产。

近年来，国内桃罐头市场有较快发展，成为畅销的罐头品种。据不完全统计，目前国内生产桃罐头企业多达300 家，全年生产总量近60 万 t。但是随着竞争加剧，市场增长空间进一步缩小，以及卖价不断攀升，国内市场增速放缓。

（4）柑橘罐头行业　我国的柑橘罐头产量占世界总贸易量的70% 以上，2014 年我国柑橘罐头出口量为31.49 万 t，同比下降3.8%，出口额为3.32 亿美元，同比下降5.4%，主要出口美国、日本和欧盟。虽然出口量、出口额额均有下降，但降幅不大。下降的主要原因在于近年来欧盟持续对我国产柑橘罐头实施反倾销，导致国际竞争力下降。

近年来柑橘罐头国内市场发展较好，销售规模稳中有升。企业近年来重视柑橘罐头的连续化、机械化生产，使得产品成本有所下降，保证了企业效益。在产品方面，柑橘罐头产品在包装、口感方面不断改善，在稳定既有消费群体的条件下，努力开发新品及扩展新的消费群体，从而促进内销市场不断扩大。

（5）食用菌罐头行业　2014 年食用菌罐头总产量约为50 万 t，主要集中在福建、四川和山东等省份。在出口方面，2014 年我国食用菌罐头总出口量为26.6 万 t，同比2013 年下降4.3%，下降原因在于我国依然没有摆脱受到美国蘑菇罐头多年的反倾销和多菌灵事件的阴影，造成中国出口美国的食用菌罐头受阻，出现出口负增长。食用菌罐头在国内市场上销售主要针对快餐连锁和星级酒店，销售近年来一直比较平稳。

（6）午餐肉罐头行业　我国午餐肉生产企业主要集中在上海、四川和重庆等地，2014 年总产量约为 14 万 t。午餐肉罐头三分之一用于出口，主要出口东南亚国家和中国香港地区，三分之二用于内销。根据地区饮食习惯，四川、重庆等地习惯在火锅中涮食午餐肉，因此午餐肉在该地区消费量较大。2014 年猪肉原料价格稳定，午餐肉销售情况良好。

8. 包装与装备

罐头产品在包装上也呈现多样化并且在不断创新，但主要分为硬（马口铁、玻璃、铝等金属）和软（高阻隔塑料等）两种包装形式。以往的罐头产品在包装上最常用玻璃和马口铁这两种硬包装，标签主要是粘贴在罐体上面。近年来，企业在各自产品玻璃瓶外形上进行创新，采用富有各自企业个性的玻璃瓶外包装。在金属包装方面，由于近年来印铁技术的不断提升，罐头金属罐也逐渐由粘贴标签改变为印铁包装，外包装趋于精美和高档化。在软包装方面，由于软包装具有多种硬包装材料所不具备的优势，如易于运输、外观精美、原料占体积小、价格便宜等，导致近年来采用软包装的罐头产品不断增多，已经逐渐形成规模。

随着国内人工成本的不断攀升，企业对机械化、连续化设备越来越重视，罐头行业装备发展态势十分明显，高新技术得到逐步推广与应用。随着市场的需求和企业研发能力的增强，高新机械设备在罐头加工业中得到了较为广泛的应用。特别是随着先进设备的引进和消化以及罐头加工产品的出口，对产品的质量和加工技术水平要求较高，推动了高新技术的广泛引进和应用研究。如：低温连续杀菌技术和连续化去囊衣技术在酸性罐头（橘子罐头）中得到了广泛应用；引进了电脑控制的新型杀菌技术（板栗小包装罐头产品）；水果罐头实罐工艺中的自动称量技术；包装方面，EVOH 材料已经广泛应用于罐头生产；自动灌装机和自动剥皮机的应用也越来越广。

二、行业面临的问题分析

（一）政策与市场

1. 国内大部分消费者对罐头产品缺乏了解，长期以来对其营养和安全性方面存在着很大误区

罐头食品采用罐藏工艺，使食物获得较长的保质期。而目前国内某些媒体对罐头工艺不了解，误以为罐头食品具有较长的保质期是因为使用了大量的食品防腐剂所造成的，并且对其进行大肆报道，哗众取宠以博得吸人眼球的效果。普通消费者信以为真，对罐头产品产生了很深的误解。而实际上罐头食品可长期保存主要依赖于真空、密封和杀菌。食品装入罐中以后，经过排气、密封、杀菌等过程，容器完全密封，处于无氧环境，达到商业无菌，微生物（如细菌）没有生长、繁殖的条件，所以食品不会腐败，根本不需要添加任何防腐剂。

在营养方面，罐头食品的质量由于在预置的加工中得到了控制并保持了新鲜度，因而实际上大多数罐头食品要比通常分销渠道中储运的新鲜农产品还要新鲜。罐头食品的原料在从收获、运输到加工的全过程耽搁的时间很短，有的产品从采摘到完成加工甚至不到 2 小时，这使得罐头食品能保持较高的营养价值。

总之，罐头食品在加工工艺中采用成熟的罐藏工艺技术，不仅使产品能够获得较长的保质期，并且能够锁住新鲜原料的营养，是一种安全、方便、健康、美味，并且有着较高营养价值的产品。

2. 行业入行门槛低，业内无序竞争较为严重

我国罐头行业起步较早，技术较为成熟，行业入行技术门槛偏低，在某些罐头原料丰

富的地区，小型罐头企业多如牛毛，但普遍规模不大，行业集中度偏低。行业无序竞争严重，分散、同质化的问题没有解决，企业之间缺少交流合作，习惯于以低价竞争，导致企业效益低下，行业困难加大。我国虽已是罐头出口数量最多的国家，但价格始终处于低位，行业难以持续发展。

3. 市场诸多因素导致成本不断提升

我国罐头产品约三分之一用于出口，因此直接受制于人民币汇率的影响。近年来，由于人民币不断升值，汇率升高，导致国内罐头产品出口成本增加。另外，罐头产品属于农副产品加工，需要大量人工劳动力，近年来国内人工成本不断增加，导致罐头企业成本不断提升。

4. 作为传统产品，对新生消费群体吸引力较小

一直以来罐头作为传统消费食品，部分消费者将其视为一种怀旧，更由于近年来大部分罐头产品在包装上鲜有变化，依然采用传统包装材料和形状，导致 80、90 后新生消费群体很难对罐头产品产生兴趣。针对此种情况，国内部分企业仿照英国、日本等国的罐头吧餐厅，将罐头产品陈列于酒吧等消费场所，通过对罐头产品的集中组织、有效陈列，用于向来往人群展示和宣传罐头产品。其目的在于改变传统罐头在公众心中的形象，力图让更多的 80、90 后新生消费群体认识罐头，了解罐头产品。

（二）科技创新

1. 产品总体创新力度、品牌力度不够，国内市场竞争力低下

多年来罐头产品基本以老产品、老包装为主，缺少新品种，更缺少具有影响力的“主打新品”。普遍缺少对自身产品进行品牌培养，导致国内市场对新生消费群体的吸引力度不够，虽然产品物美价廉，但难以开拓新兴消费群体。不过近年来随着国际市场的饱和，企业不断重视国内市场，对产品的创新力和品牌力也逐步进行改善，已取得部分成果，加大创新和进行品牌培养已成为促进产业发展的关键因素。

2. 罐头加工用水果原料种植品种有待进一步改良升级

水果罐头产品的优良与否主要在于原料的品质，原料的好坏直接影响着最终产品。由于农产品改良需要投入大量的人力、物力、财力，并且需要很长的时间，品种改良困难重重。以国内黄桃种植为例，目前我国黄桃罐头加工所使用的桃原料与南非、希腊等国相比品种落后很多，黄桃原料品质无法与其相比，导致我国产桃罐头产品品质不如外国，国际竞争力不足。

三、发展趋势

纵观近年来行业发展现状，结合行业数据来看，我国罐头产品近年来出口量已经稳定，国际市场趋于饱和。其中，水果罐头的出口量约占全球市场的 1/6，蘑菇罐头占世界贸易量的 65%，芦笋罐头占世界贸易量的 70%。此外，由于人民币汇率不断攀升，出口难度不断加大，导致国际市场很难再有大的发展。反观国内市场，由于国内经济水平不断提升，民众各方面需求不断升高，导致民众更加青睐健康、美味的食品，罐头产品采用安全性高的罐藏工艺技术，并富含营养，今后在国内市场上必将大有作为。因此，在市场方面，企业今后将逐渐将重点从国外市场转移到发展、培育国内市场上。

根据近几年的发展趋势，罐头企业在产品方面已逐渐开始进行创新，其中包括对产品的外包装、口感等，以求改变以往罐头包装千篇一律、俗气等缺点。随着包装技术的不断发展，罐头产品在包装上也必将变得更加精美和夺人眼球。另外，企业会进一步重视产品品牌的培养和宣传，在今后的罐头市场上，我国必将有更多国内、甚至于国际化的罐头产品大品牌出现。罐头行业也将加快

机械化、连续化的技术改造，提高生产效率，发展规模化、现代化的种植，建立自己的产业基地等。总之，罐头行业还将进一步发展壮大，行业集中度将进一步提升，企业机械化水平、产品附加值和知名度增高，行业将持续健康、平稳发展。

四、政策建议

（一）扶植原料种植，支持原料基地建设

加强罐头用果蔬种植研究，鼓励适合加工用新品种开发，开展系统性的良种培养研究，形成早、中、晚熟的全覆盖品种系列，延长原料收购期。同时从政策、资金和项目等方面给予种植科技创新和企业农业基地建设大力支持，从根本上解决原料的安全性和有效供给。

（二）制定严格的环保标准和行业准入条件，淘汰落后产能

制定严格的环保标准和行业准入条件，推进企业的技术改造和提升，积极推进节能减排，在行业内推行冷却水循环使用的节水新技术，淘汰污染严重的小作坊式企业，以规范行业生产，改善行业同质化严重、低价竞争的局面，提高产品附加值，提高行业集中度，维护罐头行业的可持续发展。

（三）推广宣传罐头食品作为国民家中常备防灾物品

在向公众普及抗震减灾等相关知识的同时，鼓励国民在日常生活中多给家中贮备一些罐头食品作为应急食品，以备不时之需，将灾难可能带来的损失进一步降低。

中国罐头工业协会

焙烤食品糖制品行业

2014年，我国经济发展从高速发展步入了中高速发展的新常态，焙烤食品糖制品行业适应经济发展新常态，依然保持了稳步发展的良好态势。

一、行业概况

据国家统计局统计及行业测算，2014年国内焙烤食品糖制品行业主要产品（含糕点面包、饼干、糖果巧克力、冷冻饮品、方便面和蜜饯）产量合计为3045.62万t，同比增长9.05%；主营业务收入6359.75亿元，同比增长7.39%；利润总额510.23亿元，同比增长0.06%；利税总额769.97亿元，同比增长1.85%；出口交货值171.16亿元，同比增长7.35%（表1）。

据行业统计，截至2015年2月5日，焙烤食品糖制品行业通过食品生产许可（即QS）的企业有35839家（含糕点18218家、饼干1918家、糖果巧克力5387家、果冻533家、蜜饯3457家、方便食品3029家、冷冻饮品1233家、膨化食品2064家）。

表1　2012—2014年焙烤食品糖制品行业经济运行分析

经济指标	2012年	2013年	2014年
产量/万t	2481.1	2792.5	3045.62
主营业务收入/亿元	5175.7	5922.34	6359.75
利税总额/亿元	674.4	756.02	769.97
出口交货值/亿元	145.1	159.44	171.16

资料来源：国家统计局规模以上企业数据统计（即年主营业务收入2000万元及以上工业法人企业）。

（一）主要经济指标

焙烤食品糖制品行业2014年经济运行情况如表2所示。

1. 主营业务收入

2014年，焙烤食品糖制品行业规模以上企业主营业务收入为6359.75亿元，同比增长7.39%、其中，糖果巧克力业1185.58亿元，同比增长8.68%；糕点面包业899.44亿元，同比增长11.04%；饼干业1527.23亿元，同比增长9.83%；冷冻饮品业393.37亿元，同比增长0.16%；蜜饯业528.44亿元，同比增长15.71%；方便面1825.69亿元，同比增长5.29%。

2. 利税

2014年，焙烤食品糖制品行业规模以上企业实现利税769.97亿元，同比增长1.85%。其中，糖果巧克力业实现利税173.85亿元，同比下降1.53%；糕点面包业实现利税117.06亿元，同比增长10.62%；饼干业实现利税177.06亿元，同比增长5.66%；冷冻饮品业实现利税40.09亿元，同比下降5.98%；蜜饯业实现利税60.18亿元，同比增长14.06%；方便面实现利税201.73亿元，同比下降4.24%。

表 2　焙烤食品糖制品行业 2014 年经济运行情况

指标		焙烤食品糖制品	糖果巧克力	糕点面包	饼干	冷冻饮品	蜜饯	方便面
产量	累计/万 t	3045.62	362.41	(321)	(764)	308.57	(264)	1025.64
	同比/%	9.05	13.84	—	—	-0.66	—	-1.55
主营业务收入	累计/亿元	6359.75	1185.58	899.44	1527.23	393.37	528.44	1825.69
	同比/%	7.39	8.68	11.04	9.83	0.16	15.71	5.29
利润总额	累计/亿元	510.23	115.33	82.42	120.30	22.35	41.92	127.91
	同比/%	0.06	-2.40	9.88	6.82	-9.24	12.79	-8.29
利税总额	累计/亿元	769.97	173.85	117.06	177.06	40.09	60.18	201.73
	同比/%	1.85	-1.53	10.62	5.66	-5.98	14.06	-4.24
销售税金	累计/亿元	39.67	8.54	6.47	9.43	2.87	3.02	9.34
	同比/%	6.61	6.69	26.01	-5.67	-5.96	13.53	13.23
出口交货值	累计/亿元	171.16	65.04	8.78	23.24	2.63	53.65	17.82
	同比/%	7.35	9.58	-27.47	-5.40	-0.35	32.06	-17.10

数据来源：国家统计局规模以上企业数据统计（即年主营业务收入 2000 万元及以上工业法人企业）。

注：括号内数字是行业测算数据。

总体来看，2014 年，焙烤食品糖制品行业依然处在良性发展的轨道上，全行业主要产品产量和主营业务收入都保持了较好的增长，但同比增长速度有所放缓，显现了行业经过多年的发展，有序竞争的产业结构已经逐步成熟和稳定，产品花色品种日益丰富，行业整体实力不断增强，已经能够较好地满足国内消费需求，为可持续发展奠定了基础。

（二）行业发展分析

1. 价格

焙烤食品糖制品行业产品价格主要受原材料、流通成本及人工成本的影响。2014 年度行业产品价格与 2013 年相比基本持平，但由于经营成本不断增加，利润同比增速大幅下降。

2. 市场

随着人民生活水平不断提高和生活节奏加快，糕点、面包、方便面、巧克力、糖果、冰激凌、蜜饯等食品已成为人们日常消费中不可或缺的组成部分。电子商务的兴起和发展，使得产品销售模式发生改变，行业中的饼店业已经逐渐从传统的店面销售模式向“店面 + 网络”的线上线下的销售模式转变，并出现了“无店面 + 网络”的电子商务经营模式。电子商务销售模式的最大优点是能够直接面向每一位顾客，大大减少了流通成本，使更多的资金投入到品质控制、产品开发、服务质量、品牌推广等环节。例如廿一客集团，以“21cake”为品牌，采用互联网销售、中央工厂订单生产、冷链物流配送体系的电子商务营销模式，先后在北京、上海、杭州、广州建立了总面积 47000m^{2}的中央工厂，拓展了 8 大城市的蛋糕配送市场，2014 年企业营业额已超过 3 亿元。

3. 投资

焙烤食品糖制品行业是市场化程度较高的行业，外资和港澳台资、国有、集体、民营、股份制等多种体制企业共同发展的格局已经形成。行业属于劳动密集型产业，门槛相对较低，以中小型企业居多。从取得食品生产许可（即 QS）的企业数量来看，2014 年同比增长 20% 左右，说明市场投资对焙烤食品糖制品行业保持了相当的热度。焙烤食品糖制品行业中外资的国际品牌企业在中国占有中高端市场较大的份额，并呈扩大的趋势。例如，国际食品行业巨头雀巢公司，近年来逐一收购了中国的“五羊牌”雪糕、“徐福记”等企业大份额的股权。

4．区域分布

焙烤食品糖制品行业产品具有保质期短以及地方区域特色等特点，因此，企业分布广泛，遍布全国，没有明显的区域集中特征。形成了大中型企业根据市场需求分区域扩建分公司，与当地中小型企业并存的产业格局，既满足了新鲜供给和就近消费的需求，又降低了运输成本，搞活了区域经济，这样的产业布局符合行业快速消费的特点，有利于长远可持续发展。

一些具有较长保质期的产品，则具有一定的区域集中的特征。如，2014 年国内饼干行业从主营业务收入上看，河南、山东、湖北、河北、福建、广东、上海位居前列，其中河南省 275.6 亿元、山东省 157.7 亿元、湖北省 150.9 亿元、河北省 127.0 亿元、福建省 119.5 亿元、广东省 104.2 亿元、上海 102.2 亿元。以上七省（市）主营业务收入合计为 1037.2 亿元，占全国规模以上饼干行业主营业务收入总额的 67.9%。

5．行业集中度

（1）糕点、面包和饼干等焙烤食品　焙烤食品的行业集中度不高，基本情况是规模以上大型企业占据一二线城市的中高端市场，占有较大市场份额。中小型企业的中低端产品通过批发流通渠道销往中小城镇和农村市场，覆盖全国各地。总体上，无论从产销量还是市场占有率来看，还远达不到少数大型企业高度占有市场的地步。

（2）果冻　我国果冻行业经过 30 多年的发展，目前已形成以喜之郎、蜡笔小新、亲亲等一批具有一定规模的骨干企业为主，中小企业为辅的行业格局。这些大型企业注重经营理念的创新，在产品研发、加工技术和生产装备水平等方面不断提升。目前已获得生产许可证的果冻企业为 533 家，果冻行业中骨干企业的产量和销售额约占果冻总产量和销售总额的 60% 以上，市场集中度较高。

（3）蜜饯　蜜饯产品生产企业的地域性较强，有些产区的产品只在本地区和周边地区销售，市场集中度较低。但技术工艺的提升、新产品的开发，促进行业发展较快，充满活力。近两年蜜饯行业的主营业务收入增长率在焙烤食品糖制品行业中一直处于领先地位，尤其是出口交货值，2014 年实现了较大幅度的增长。从市场消费来看，梅子系列的蜜饯产品购买频率最高，也是产品最丰富的品类。

（4）糖果　全国糖果品牌集中度较高，生产企业主要集中在福建省、广东省和上海市，全国各地的销售分布比较均匀。

（5）巧克力　目前，巧克力产品基本上以外资品牌为主，占据绝对的中高端市场份额，国内巧克力生产企业主要以生产代可可脂巧克力产品为主，与大型外资企业相比不具有竞争力。

（6）膨化食品　一线城市销售的膨化食品基本以外资品牌为主，市场占有率达到 70% 以上，二三线城市，特别是批发市场销售的产品以地域品牌居多。

（7）冷冻饮品　冷冻饮品行业经过多年的发展，基本形成了以伊利、蒙牛等国内大型企业以及和路雪、雀巢等外资企业为龙头，遍布各地的中小型企业产品为辅的行业格局，行业集中度较高。

6. 进出口

近年来，进口食品销售在我国呈连年上升趋势，产品从中高端消费逐渐向大众消费靠拢，焙烤食品糖制品也同样受到了进口同类产品的冲击。

在出口方面，我国焙烤食品糖制品行业的国际贸易状况一直不甚理想，出口量值始终不大。2014 年，除糖果巧克力与蜜饯行业出口交货值有较好的增长外，其他行业的出口都有一定程度的缩水。

7. 重点行业

近年来，在国家加强食品安全管理的政策方针指导下，在相关政府部门的监督指导下，业内的食品安全理念和意识不断增强，而且经过多年的积累和发展，业内许多骨干企业的生产设备、检测水平和生产环境都有了较大改善，规范化管理意识逐步增强，为保证产品质量奠定了良好基础，使得产品质量稳步提高，为消费者提供安全、优质的产品已成为行业的共识。

（1）糕点面包业　糕点面包行业是焙烤食品行业的重点行业，其特点是生产厂家数量多，遍布全国各地，其中大多数是中小型企业，产业集中度不高。行业以工业化工厂和饼店（面包坊）两种生产经营模式为主。糕点工厂是传统生产经营模式，而饼店业是改革开放后发展起来的经营模式，现已成为我国焙烤食品行业的重要组成部分，经营形式也逐步由前店后厂的生产作坊转变为由中央工厂统一配送、门店售卖的连锁型企业。

2014 年，全国规模以上糕点面包生产企业的总产量约为 320 万 t（行业测算数据）；主营业务收入 899. 44 亿元，同比增长 11. 04%；利润总额 82. 42 亿元，同比增长 9. 88%；行业通过食品生产许可（即 QS）的企业 18218 家。

在国际贸易方面，进出口量值很小，与整个行业规模和增速相比，几乎微不足道，对行业整体运行趋势的影响也不大。2014 年，全行业出口交货值 8. 78 亿元，同比下降 27. 47%。

总体看，我国糕点面包行业经过多年的积累，已经奠定了较为坚实的基础，形成稳中向上的发展格局。

（2）饼干业　2014 年，全国规模以上饼干生产企业的总产量约为 760 万 t（行业测算数据）；主营业务收入 1527. 23 亿元，同比增长 9. 83%；利润总额 120. 3 亿元，同比增长 6. 82%；行业通过食品生产许可（即 QS）的企业 1918 家。

我国饼干的主产区主要集中在河南、山东、湖北、河北、福建、广东、上海七省市，以上七省市占全国规模以上饼干行业主营业务收入总额近 70% 的份额。饼干行业进出口量值始终不大，2014 年全行业出口交货值 23. 24 亿元，同比下降 5. 4%。

饼干行业的主要特点是外资和港台企业占据中高端市场的主导地位，领跑行业；内资企业发展不乏亮点，竞争实力逐步增强。外资和港台企业例如亿滋食品（上海）管理有限公司、康师傅控股集团，东莞徐记食品有限公司、好丽友食品有限公司等一些企业的产销量和市场占有率逐年增长，而且占据着国内饼干行业的高端市场，他们依托自身的雄厚实力和多年打造出来的品牌优势，不断加大投入力度，以占有更多的市场份额。国内的民营企业例如福建达利食品集团有限公司、东莞锦泰食品有限公司、北京美丹食品有限公司等都已经具备了持续发展的实力和基础。但我们也应看到，内资企业与国外跨国公司相比，在人才引进和使用、企业管理、新品开发和市场营销等诸多方面还存在着较大差距，若想实现超越和突破，仍需不断努力，任重道远。

8. 包装与装备

（1）包装　行业内大型包装生产企业的综合实力逐渐增强，生产经营逐步走向专业化和大型化。骨干企业在引进国外先进生产设备的同时，对原有设备进行了技术改造和升级。目前，在包装生产企业的生产环境、装备水平以及管理能力等方面都有了较大提高。在保证食品安全、保鲜、保质的同时，也使得焙烤食品糖制品行业的包装实现了专业化、多元化的格局，许多新颖、独具特色的包装层出不穷。这也在一定程度上促进了行业的提升和发展。

（2）装备　经过多年的积累和发展，行业内的骨干企业近年来在技术、设备的引进和对现有企业基础设施的改造等方面都投入了相当大的热情和力度，其整体装备水平都有了较大提高。行业的生产设施、装备水准和技术水平的整体情况可分为三个层次：龙头企业、大中型骨干企业、行业中小企业。

行业龙头企业：主要包括一些大型外资或合资、港澳台资企业以及国内大型企业，这些企业的生产设备、技术水平与国际同行业水平相当，代表了行业中最先进的设备和技术水准，这些企业数量虽然不是很多，但他们的产能较大，高端市场占有率较高，市场份额较高。

行业大中型骨干企业：生产设施和装备仅次于少数龙头企业的是占比例较大的大中型内资企业，它们的生产环境已经得到了较大改善，装备水平是国产设备或部分进口设备，其设备技术水平应用在产品生产上，基本可以满足目前的消费需求，是目前行业装备水准的主流。与国际水准的外资企业相比，生产设施等硬件差距不是很大，主要是人员素质和技术管理水平差距较大，有待于逐步提高。

行业中小企业：行业中一些规模以下的中小型企业，特别是小型企业，其生产设备水平较差，人员素质偏低，主要市场在偏远地区的中小城镇和农村，市场份额较小。随着行业的发展，预计这些企业将在不久的将来或被淘汰，或被兼并，经过改造整合，得以提升和发展。

二、行业面临的问题分析

1．月饼行业及相关产业持续下滑，挑战与机遇并存

2014 年，月饼市场需求继续缩减，产品价格与前一年基本持平。2014 年全国月饼产量同比下降 10% 以上，销售额同比下降 20% 左右。

总体看，2014 年月饼行业团购明显减少；价格实惠，更为消费者接受；品牌消费更加明显；产品包装更趋理性，包装简约实用，礼盒数量减少，礼盒装潢设计突出了文化元素；传统经典月饼依然是主流，特色创新月饼比往年更丰富添彩；更加注重营养健康，回归食品属性；销售渠道更加多样，顾客选择购买非常便捷。

从长远发展的角度看，节日礼品市场会趋于平稳，企业面临的机遇和挑战并存，这也会极大地促进企业转型升级，练好内功，更加注重品牌培育，抓好管理，提高产品质量。我们坚信，月饼这一具有深厚文化底蕴的经典传统食品具有很强的生命力和发展潜力，眼前的困难是暂时的，这些只会推动和促进行业的进步和理性，也是行业发展和成熟的过程。一个符合市场规律、可持续发展的月饼行业定会重新展现在我们面前。

2．食品安全形势依然严峻，行业规范和管理工作依然任重道远

2014 年，随着国家进一步强化食品安全的日常监管，焙烤食品糖制品行业对于食品安全的重视程度和风险意识都有了空前的提高。但是，由于行业内中小型企业居多，专业技术人员相对缺乏，人员综合素质较低，工厂设施和生产环境相对较差，生产设备和检测水平较为落后，因此，在原料控制、生产管理等诸多方面都存在一定漏洞，食品添加剂的使用不当以及非法添加等问题也时有发生。尽管行业的进步是明显的，但食品安

全形势依然严峻，行业规范和管理工作依然任重道远。

3．众多中小企业实力不足，品牌消费和品牌培育的矛盾凸显

目前在我国焙烤食品糖制品行业中，中小型企业占行业企业总数的90%以上。行业里为数众多的小型企业，规模不经济，资源利用不合理，技术和管理水平不高，产品质量得不到可靠保证，人才相对缺乏，农产品价格及原辅料、交通、能源价格上涨，生产成本持续增加，小型食品企业获利艰难。另外，小企业信用等级低，信贷困难，普遍存在资金不足的问题，严重制约企业技术创新的步伐。

随着品牌消费的理念越来越深入人心，大型跨国企业对中国市场的关注度和投入力度越来越大，市场占有率也日渐增加，而对于近年来崛起的大批民营企业来说，品牌培育的难度和艰辛可想而知，品牌消费和品牌培育的矛盾是整个行业进步和发展的“瓶颈”之一。

三、发展趋势

我国焙烤食品糖制品行业的发展将紧密结合消费者需求的个性化、全面化以及消费内容的科学性和文化性，积极引领和创造消费，引导健康消费和经营模式的创新。

品牌国际化程度、产业链控制的水平、专用装备与生产线的自主化能力、自主创新的深度依然是行业综合实力的重要标志，加快焙烤食品糖制品行业科学、健康、有序的发展，是满足、丰富、提高我国人民物质文化生活需求、增强国际食品市场竞争力的重要体现。追求高附加值和高成长是我国焙烤食品糖制品行业未来发展的主要方向。

总之，在可预见的未来，我国焙烤食品糖制品行业还将进一步发展壮大，在设备、技术、管理水平、从业人员素质以及自主创新能力等各个方面，将逐步缩小与发达国家的差距，在国际消费品市场上也将具有一定的竞争实力。

中国焙烤食品糖制品工业协会

调味品制造业

2014年，调味品行业处于行业不断细分、市场不断集中的高速成长阶段，细分行业中的龙头公司不断扩张，新产品层出不穷，消费者需求不断提升，消费量稳步增长，持续受到资本市场的青睐，产业内部的结构调整和产业集中度发生了明显变化。

一、行业概况

（一）主要经济指标

据国家统计局统计，2014年调味品和发酵制品制造主营业务收入2649.10亿元，同比增长14%；利润总额225.50亿元，同比增长14.6%（表1）。根据行业品牌100强统计，2014年调味品行业生产产量平均增长率为10.48%。各重点分支产业中，除酱腌菜出现产量下滑，其他产业均呈现了不同程度的增长，其中增长较快的依次为蚝油、腐乳、食醋、酱类等产业（表2）。

表1　2014年调味品、发酵制品经济效益

产品类别	企业数/个	主营业务收入		利润总额	
		实际值/亿元	同比增长/%	实际值/亿元	同比增长/%
调味品、发酵制品制造总计	1088	2649.10	14.00	225.50	14.60
味精制造	79	440.80	23.60	31.60	38.60
酱油、食醋及类似制品制造	396	903.50	11.00	100.60	12.20
其他调味品、发酵制品制造	613	1304.70	13.10	93.30	10.70

资料来源：国家统计局。

（二）行业发展分析

1. 价格

由于消费者需求档次的提升，调味品的消费档次也不断提升。再加上企业提升品牌形象和缓解制造成本、人工成本、运输成本和经营成本压力的需要，促使调味品价格水平提升。同时大众餐饮对降低成本的需要以及强势品牌对提高市场占有率的需要也促成企业开发中低档的产品，降低调味品的价格。因此，调味品价格会向高价和低价两个方向发展。

2. 市场

（1）行业竞争不断加剧　大企业以产品品牌和企业效益为发展侧重点，中小企业面临更多的压力，采取跟随策略，行业优胜劣汰也将加速。国有企业加大改制力度，各种形式的配套改革取得成效。一些民营企业定位明确、市场意识强烈，发展速度很快。跨国食品集团凭借雄厚的资本实力、先进的经营理念和经营手段，占据了一些细分子行业的龙头地位，显示出强大的生命力和竞争态

表 2　2014 年调味品行业重点分支产业产量及增长率

产品类别	企业数/个	2014 年产量/t	同比增减/%
酱油	28	3255217	3.46
食醋	28	1272869	16.59
酱类	29	732342	14.21
复合调味料（不含鸡精、鸡粉）	22	234402	11.67
鸡精（鸡粉）	16	332120	10.28
酱腌菜	9	191084	-3.01
火锅调味料	7	114950	12.27
香辛料和香辛料调味品	8	129209	13.80
调味料酒	12	188474	13.83
蚝油	7	399967	24.28
腐乳	10	111388	19.38

资料来源：2014 年度中国调味品品牌企业 100 强统计。

势，同时促进了国内调味品生产技术和管理水平的提高。各种所有制企业纷纷抢占位置和市场，行业竞争不断加剧。

（2）渠道变革加剧　调味品销售渠道包括家庭消费、餐饮行业和食品加工业，各细分渠道在运营上存在着巨大的差异，每种渠道对品牌、品种、品质、配送、服务的要求也不一样，同时覆盖渠道所需要的账期资金要求和营运成本存在明显的差异。尤其是电商在调味品领域的发展，必将成为调味品行业企业全渠道体系中一个重要的渠道类型。因此，也为各类规模的调味品企业创造了生存空间。

3. 投资

由于调味品行业品牌建立比较困难，资本倾向于通过收购来进入调味品行业，可以减少相对较长的摸索过程。同时，由于调味品行业的稳定性、持续盈利能力、抗风险能力也被资本市场关注和了解，因此调味品行业近年来不断受到资本市场青睐。比如目前已有近 16 家调味品企业成功上市，鲁花向酱油类、食醋类发展，金龙鱼也在寻求调味品市场机会，以及巴菲特收购亨氏寻求风险投资或价值投资等。

4. 区域分布

受中国饮食文化影响，全国各地饮食习惯差异明显，形成了“南甜北咸，东酸西辣”的饮食格局，因此调味品具有明显的地域性。由于调味品行业呈现出“诸侯割据，区域为王”的业态，许多品牌只能覆盖到各自的区域市场，行业缺乏强势的全国性的统一品牌，因此调味品行业是为数不多未完成整合的行业。目前，中国的区域调味品品牌已经形成特色的有粤系调味品、川系调味品和沪系调味品等。部分地方区域品牌通过占领大的品类、通过大路产品进行产品上的创新、在营销方式上创新，以及在产品包装上的方便性，或产品给消费者所带来的方便性，利用新的利益点来取得突破，拓展全国市场。

5. 行业集中度

调味品目前的品牌集中度较 5 年前有了很大提升，并且产品大类的集中度提升空间还比较大，我国酱油、食醋行业集中度提高是长期趋势。调味品品牌将会形成全国一线品牌和区域性品牌两大阵营，由于资本聚合力量的加大以及消费者品牌意识的提高，品牌集中度提升是行业大趋势，鸡精、腐乳、酱油和蚝油行业集中趋势较为明显。从世界范围来看，鸡精、酱油类产品已经形成品牌集中。目前市场竞争由不饱和竞争到行业集中度提高，行业中大企业开始主导市场，如海天、美味鲜和恒顺等，从产品、渠道、价格和市场方面加剧竞争，促使中小企业加速退出市场，很多销售额在5000万元以下的企业只能退回二线市场，或是考虑退出行业，或是已经面临被淘汰的局面，促使地级市场竞争加剧。

6. 重点行业

（1）酱油 酱油产业是调味品行业的第一大产业，产业产销量和企业规模均居调味品行业首位，产业发展潜力大，产业结构的调整还将带动产业平均利润率的增加，尤其是规模企业的利润率增加更加明显，因此，酱油产业近年来备受资本市场的关注和青睐。海天、加加的成功上市，带动了酱油企业上市的热潮，也吸引了更多资本对酱油产业的关注。同时证券市场的改革，也为酱油企业上市提供了更多的平台和渠道。可以看出，随着国家政策、食品安全和消费升级三个方面的影响，将引导消费向大品牌集中，优秀酱油企业有望凭借产品和渠道优势分享行业快速增长，并抢占市场份额。另外，酱油企业也需要通过优化内部管理降低管理费用、改进生产技术降低生产费用、增加产量获得规模经济、提高售价转出部分成本压力等措施，化解原辅料价格上涨等方面的不利影响。作为中国调味品产业中品类最大的酱油行业，必将带动整个调味品行业向着更加健康的方向发展。

根据中国调味品协会对著名品牌企业100强统计得知，2014年百强企业（28家）酱油总产量达到325.5万t，平均增长率为3.46%。产品产量上，前三名的企业为佛山市海天调味食品股份有限公司、广东美味鲜调味食品有限公司、李锦记（新会）食品有限公司，产量分别为1304578t、721327t和258318t（图1）；产量增长前三名的企业为鹤山市东古调味食品有限公司、北京老才臣食品有限公司和东莞市永益食品有限公司，产量增长率分别为65.4%、30%和17.06%；9家企业出现了负增长（图2）。

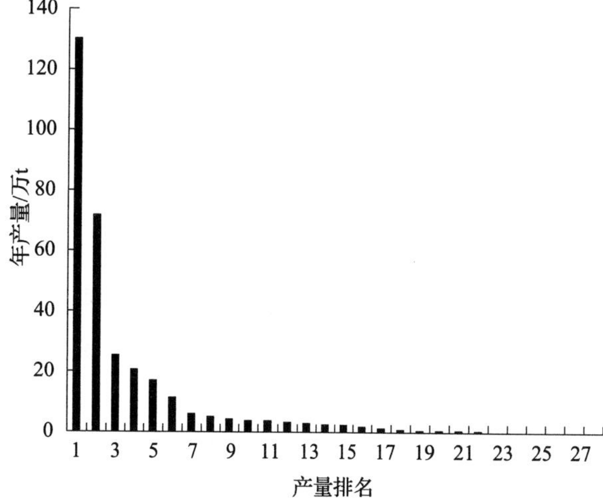

图1 2014年度调味品品牌企业酱油产量

注：（1）2014年度酱油产量在10万t以上的企业有6家，占总数（28家）的21%；

（2）2014年度酱油产量在5～10万t的企业有2家，占总数（28家）的7%；

（3）2014年度酱油产量在1～5万t的企业有10家，占总数（28家）的36%；

（4）2014年度酱油产量在1万t以下的企业有10家，占总数（28家）的36%。

资料来源：2014年度中国调味品品牌企业100强统计。

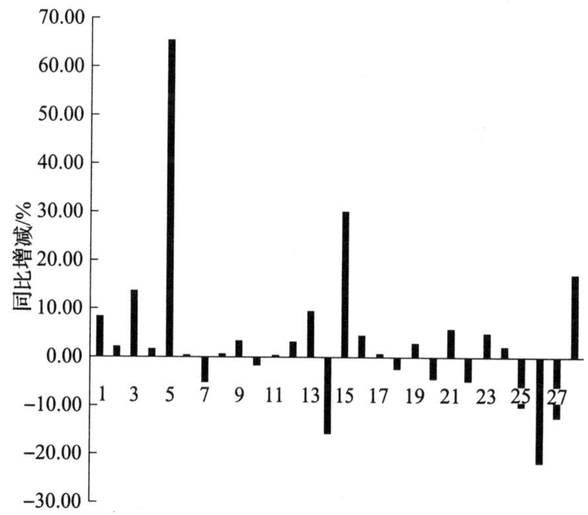

图2 2014年度中国调味品品牌企业酱油产量同比增减统计

资料来源：2014年度中国调味品品牌企业100强统计。

（2）食醋 由于我国各地区对食醋的风味要求不尽相同，食醋行业存在着明显的地域分布特点，主要集中在江苏、山西、山东、四川等地，全国性的大型食醋企业基本没有形成。从竞争格局来看，我国食醋行业可以分为两个层次，一是各区域性强势品牌，以山西、福建、江浙、四川的四大名醋为主，代表性产品有恒顺香醋，山西水塔老陈醋、保宁醋、永春老醋等，这类企业产品均具地方特色，或集各特色之所长，产品质量上乘，在销售网络上已突破了单一的地区限制；二是小规模工厂或家庭作坊，这类企业销售覆盖半径较小，产品质量一般、价格低廉。随着食醋的各种功能不断被挖掘，近年来，各种食醋新产品层出不穷，如果醋、保健醋等，食醋产品功能化、多元化趋势愈加明显。通过在食醋生产中加入其他新原料并对食醋功能的进一步挖掘，可以为食醋生产企业带来更大的利润空间。

2014 年，百强企业（28 家）食醋总产量达到 127.2 万 t，平均增长率为 16.59%。产品产量上，前三名的企业为江苏恒顺集团有限公司、山西水塔醋业股份有限公司和四川保宁醋有限公司，产量分别为 269100t、255600t 和 91080t（图 3）；湖州老恒和酿造有限公司以

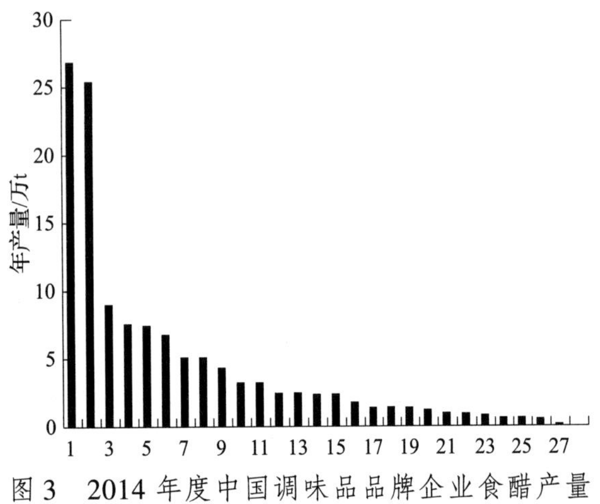

图 3　2014 年度中国调味品品牌企业食醋产量

注：（1）2014 年度食醋产量在 10 万 t 以上的企业有 2 家，占总数（28 家）的 7%；

（2）2014 年度食醋产量在 5～10 万 t 的企业有 6 家，占总数（28 家）的 21%；

（3）2014 年度食醋产量在 1～5 万 t 的企业有 12 家，占总数（28 家）的 43%；

（4）2014 年度食醋产量在 1 万 t 以下的企业有 8 家，占总数（28 家）的 29%；

资料来源：2014 年度中国调味品品牌企业 100 强统计。

293.77%、太原市宁化府益源庆醋业有限公司以 28.71% 和北京老才臣食品有限公司以 21.95% 分别位列食醋产量增长率前三位；2 家企业出现了负增长（图 4）。

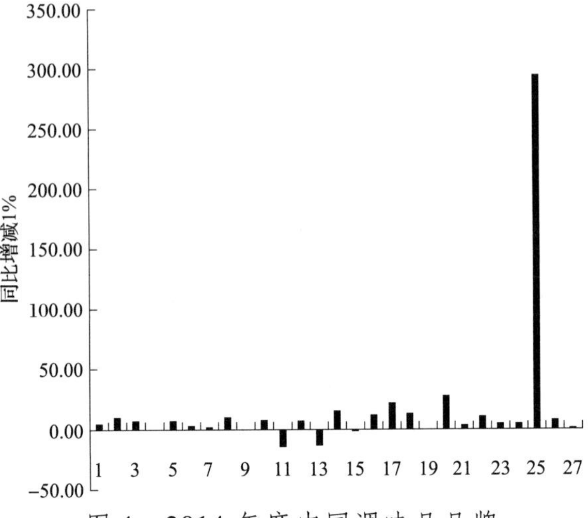

图 4　2014 年度中国调味品品牌企业食醋产量同比增减统计

资料来源：2014 年度中国调味品品牌企业 100 强统计。

7. 产品质量

2014 年，调味品质量安全呈现了整体向好的趋势。根据国家食品药品监督管理总局监督抽检结果显示，调味品整体合格率较高。在不合格项目上，占比最大的是品质指标不合格，主要项目是酱油的氨基酸肽氮、食醋的总酸等指标。在调味品领域，我国食品安全风险监测体系近年主要针对黄曲霉毒素 B_1、微生物指标和非食用物质进行了监测，整体在可控范围内。调味品食品安全标准体系建设有序开展，其中《水产调味品》《酿造酱》已经发布实施，《酱油》《食醋》《复合调味料》《酱腌菜》《酱油生产卫生规范》和《食醋生产卫生规范》正在制修订过程中。

8. 设备与包装

调味品机械自动化是必然的发展趋势。目前在调味品机械行业中，整体实力较强的仍为德国、意大利和日本的生产线。随着新产品的开发、新技术的引进以及国内自主研发投入的加大，新型机械设备和全自动包装

设备开发水平提升，我国调味品机械行业在国际市场上的整体竞争力有所提高。

由于社会各界高度关注食品安全问题，符合食品安全标准的包装材料、包装技术成为发展趋势。另外，随着网络渠道等新兴销售渠道的涌现，传统的玻璃瓶并不适合物流运输，企业的产品定位需要适应新的销售渠道。从包装材料来说，薄型、轻量化、耐挤压的包装将部分取代易碎的玻璃包装。一方面可以节约运输成本，减少用量；另一方面可以减少物流中的货损情况。产品定位进一步细分，包装也需要符合定位人群的需求。如针对儿童市场的产品包装——李锦记的儿童专用番茄沙司。一些非常有设计感的铝塑复合包装调味酱、设计精美的高档礼盒，吸引了年轻时尚一代消费者的关注。为了方便消费者的反复使用，很多玻璃瓶包装在瓶盖方面做了改进，改用塑胶瓶盖；芥末、沙拉酱类制品也在涌现方便使用的软管包装。方便使用、满足使用需求的产品包装已成为趋势。

二、行业面临的问题分析

（1）生产设备和工艺技术水平的提高比较迟缓，科技研究相对滞后，科研人才流失比较严重，我国调味品生产和工艺水平总体上与国际水平存在着差距。

（2）近两年，中国调味品产业受国内经济下滑趋势和国内政策因素的影响，产业整体的增长速度尽管下降幅度不大，但是产业内部的结构调整和产业集中度有了明显的变化或正在发生变化。一些定位不突出的中小品牌企业、以供应高端餐饮业为主的调味品企业，以及产品线过度集中于高端而忽视大众消费的调味品企业的产销量均出现了明显的下滑，利润率也受到一定程度的影响。

（3）市场上依然存在假冒伪劣现象，部分著名品牌调味品深受假冒之苦。假冒侵权产品直接冲击了调味品市场，坑害消费者，破坏了著名品牌调味品生产企业的正常生产秩序。随着国家食品安全工作力度加大，假冒伪劣产品有向农村转移的趋势，市场监管的任务日益繁重。

三、发展趋势

（一）餐饮业恢复性增长利好，新业态新趋势出现促进调味品应用

调味品在餐饮行业应用广泛，越来越多的企业和厨师认识到高质量的调味品是产品质量的根本保证，发展餐饮行业离不开积极研发使用新型调味品。2015 年 1 月—6 月，全国餐饮收入 14996 亿元，同比增长 11.5%，比上年同期加快 1.4 个百分点。限额以上餐饮消费收入 3949 亿元，同比增长 6.3%，比上年同期加快 3.4 个百分点。餐饮市场继续保持强劲增长势头。

餐饮业在广泛应用调味品方面有五个新特点。第一，烹调环节对复合型调味品有较高需求；第二，越来越多的企业和厨师在开发新菜菜单时，已细化到某类调味品的某品牌、某系列；第三，厨房应用中常用统一配汁的办法以保证本店风味特色，一些餐饮企业也将自有品牌调味品推向市场，在这一领域，调味品行业和餐饮行业有合作共赢的机会；第四，餐饮企业大量使用上游厂商加工过的原料以减轻厨房加工环节的用房及人工压力，因此部分调味料使用将上移；第五，餐饮业的外延服务增加，比如厨师上门服务的私厨平台（如“爱大厨”等）浮出水面，这将为调味料的定制生产提出新课题。

（二）高新技术的应用将不断提升行业的整体水平

调味品生产中越来越多地应用生物工程领域的高新技术，比如发酵菌种的基因工程处理、复合多菌种发酵技术、风味物质的分离提取、生物酶解技术、固定化酵母技术、膜技术、萃取技术、微胶囊技术等，大大提升了调味品品质和产品科技含量。

（三）产业转型升级的速度越来越快

调味品产业的转型升级不仅仅体现在产

品的包装、行业的细分和营销渠道变革等方面，更主要体现在在保留传统工艺的基础上引入现代化和标准化的生产体系，建立起新的生产质量标准，因此调味品质量保障体系的升级是实现产业升级的重要方面。

四、政策建议

（一）加大传统产业技术改造和转型升级的支持力度

相关政府部门应出台相关措施，引导企业通过对自主创新成果的转化，开发对产业结构调整和优化升级有带动作用的新技术和新产品，支持企业在食品安全保障体系建设、自主创新能力建设等方面开展技术改造，促进调味品行业技术升级换代。

（二）加强对行业协会的领导和支持

行业协会作为政府和企业的桥梁和纽带，在建立行业自律机制、规范行业自律行为、提高行业素质、维护行业利益、打击侵权行为、制定行业基础标准和技术标准方面的作用越来越明显。中国调味品协会作为全国调味品行业的一级协会，在加强行业管理、开展行业自律和国际交流、制定标准、引导消费等方面做了大量工作。国家有关部门应进一步促进行业协会发挥作用，保护企业的合法权益，加大对协会工作的支持，落实协会的各项工作职能，协调解决协会存在的实际问题，使协会在加强行业管理和为企业服务方面做得更好。

中国调味品协会

食品装备业

食品装备制造业是为食品工业提供技术装备的基础产业，是国家战略性新兴产业的重要组成部分。

2014年，我国食品装备行业继续保持平稳发展的良好态势，年增长率超过机械行业的平均水平，涌现了一批研发能力较强、具有一定规模、营业收入突破10亿元的重点骨干企业；部分企业为应对未来市场竞争的需要，进一步扩大生产能力、规模，提高了企业基本设施投入；一批适应食品行业发展需要、技术上有突破性进步的标志性产品陆续投放市场；企业发展模式进一步优化，创新能力持续提高。

一、行业概况

（一）主要经济指标

2014年，据相关协会统计数据，我国食品装备企业数量有8000家左右，从业人员约40万人。2014年规模以上企业数及盈亏情况如表1所示，规模以上企业经营情况如表2所示；2014年食品装备行业总产值如图1所示，进出口额如图2所示。

表1　2014年规模以上企业数及盈亏情况

食品和包装机械企业数量/家			亏损企业情况	
总数	食品机械企业	包装机械企业	食品机械企业	包装机械企业
953	697	256	47	27

数据来源：国家统计局。

表2　2014年规模以上企业经营状况

	食品和包装机械		食品机械		包装机械	
	实际值/亿元	同比增长/%	实际值/亿元	同比增长/%	实际值/亿元	同比增长/%
主营业务收入	1295.37	11.59	986.67	9.29	308.70	19.65
利润总额	93.44	7.12	76.10	7.26	17.34	6.56

数据来源：国家统计局。

（二）行业发展状况分析

受到食品工业增速下降的影响，食品装备行业整体呈现增速放缓、主要经济指标有所回落的发展态势。但服务于不同细分食品领域的装备企业受到前方行业发展状况的影响不同，生存状况存在较大差异。肉类装备受到了国内肉类加工业投资减少和出口下滑的影响，啤酒装备销售受到啤酒企业的投资和技术改造费用下降的影响明显。但另一方面，受益于快速提升的乳品包装技术装备水平，高端乳制品装备则整体表现出强劲发展势头。

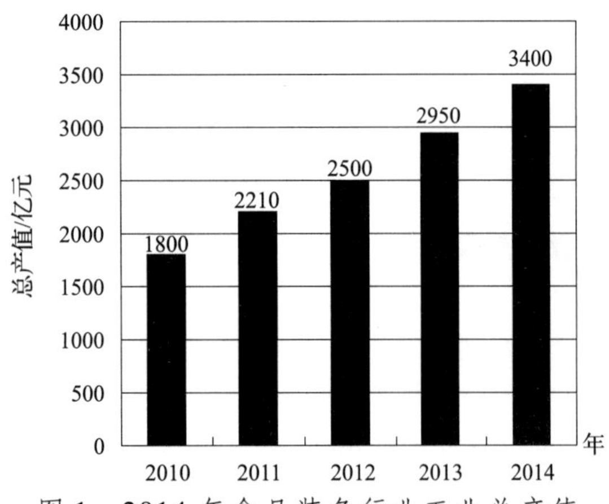

图1 2014年食品装备行业工业总产值

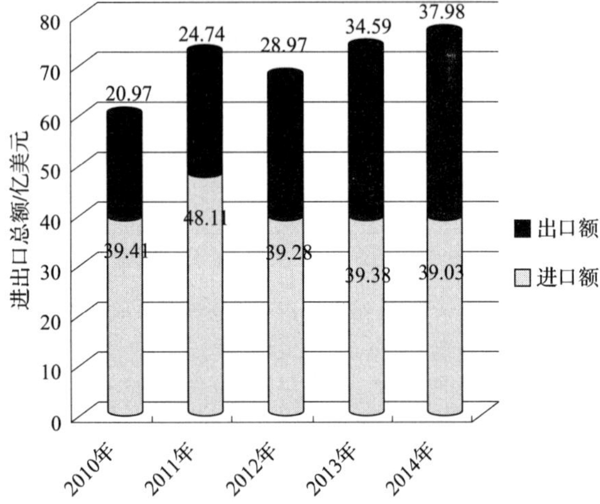

图2 2014年食品装备行业进出口额

数据来源：协会统计。

总体来看，科技水平较高，可以替代进口产品的食品装备，整体表现较好。而在科技含量较低、进入门槛低、产品同质化严重的细分领域，则竞争激烈，同时需求增速也出现下降。

1．行业进步

（1）技术水平持续提高　不少新产品、新技术通过鉴定，推向市场。高速、成套、自动化程度高和可靠性好的食品装备不断涌现，产品结构更加丰富，产品数字化与自动化水平显著提高，信息技术和管理技术日益渗透，节能降耗水平明显提升。

（2）生产经营手段、装备能力、资产质量和融资能力提升　部分企业通过扩大生产场地、规模，引进先进的加工设备，进一步强化了生产能力、提高了加工水平和质量，一些行业骨干企业积极通过资本市场寻求企业发展的支撑。

（3）创新能力持续增强　政产学研用技术创新模式获得了更好的发展，开展食品装备相关教学与科研的高校数量有所增加；新成立了一批国家级、省级研发中心、示范基地。

（4）更加注重知识产权保护　2014年，我国食品装备企业专利申请和授权数量保持上升态势，知识产权保护意识增强。广东达意隆包装机械股份有限公司的商标已获得10个马德里成员国的授权许可，廊坊百冠包装机械有限公司成功申请CIP自动清洗机控制系统、装笼卸笼机控制系统、消毒液制备机控制系统三项软件著作权等。

（5）企业走出去步伐加快　随着我国食品装备企业整体实力的提升，中国食品装备企业不但产品走出了国门，更迈出了跨国资产并购的步伐。乐惠集团于2014年收购英国Microdat公司资产的同时，也收购了Microdat公司拥有的全部知识产权（IP），中集安瑞科收购世界啤酒酿造装备提供商德国吉曼集团（Ziemann Group）等。

（6）标准体系建设取得新进展　例如，合肥中辰轻工业机械有限公司主持起草了QB/T 2369—2013《灌装封盖机》等一批行业标准，广东轻工机械二厂主持了国产高速包装线设备国家行业标准。与标准建设同步，国家食品机械监督检测中心建设也得到加强，有力推动了我国食品装备标准化水平和检测能力的提升。

2．市场分析

2014年，我国的食品装备行业面临国内外经济环境和需求结构深刻调整、国际产业分工体系加速重塑的诸多发展机遇和挑战，食品装备行业显现出多层次、多方位的转型压力。特别是食品工业增速下降直接影响到食品装备行业的整体发展速度，倒逼业内企业更加重视创新驱动，转型升级。

在看到我国食品装备行业经过多年发展取得进步的同时，也要清醒地认识到存在的差距：我国食品装备行业仍然无法全面满足国内庞大的食品工业质和量的要求。受到我国社会发展水平制约，食品消费结构依然停留在大多来自农业未加工食物的阶段，远低于发达国家使用工业制成食品的比例。我国每年因缺乏必要的食品加工装备，使食品资源不能直接加工、贮藏、保鲜而造成的损失高达几十亿元，而未能深加工综合利用而造成的资源浪费损失更高。例如，我国肉类装备的主要设备屠宰、分割、肉制品加工、调理食品加工、中式（休闲）食品加工、辅助加工、卫生清洗消毒设备等国内大部分都已有制造，但综合利用方面的加工设备相对较少，缺少专业工厂从事这些骨、血、毛等综合利用设备的研制。水产品加工装备领域亟需渔船卫生设施的改造及冷藏物流设备的改善，提高海上第一线渔获物冷冻保鲜水平的渔船自带制冷机组装备与保鲜技术系统、海上冷藏运输加工船也面临较大的需求缺口。

3. 各细分领域

（1）肉类加工装备　2014 年，专业从事肉类加工机械制造的企业有 200 家左右，投资在 1000 万元以上的专业制造厂屈指可数，投资在 5000 万元以上的专业制造厂不足 10 家。全国专业肉类加工机械制造厂的年产值约在 18 亿元人民币左右。企业规模以中小型机械厂为主，小微企业居多，加工能力和产能较弱，产值上亿元的企业寥寥无几。

2014 年肉类加工设备在技术研发方面有重大突破，河北晓进机械制造股份有限公司研制出目前国内最先进的猪牛羊自动化屠宰生产线，特别是超声波检测大小胴体通用型三点式电麻机、在线式真空采血系统，属国内首创。

（2）液态食品加工和包装装备　我国液态食品装备在食品装备行业中表现较为突出，其规模化、大型化、自动化程度较高，形成了比较完整的制造体系。2014 年，我国液态食品装备整体水平有明显提高，行业技术水平与国际先进水平的差距不断缩小，虽然受到部分液态食品行业增速放缓的影响，但液态食品装备行业总体上依然保持向好的发展态势。业内企业总数约 3000 家，龙头企业产值处于 5 亿～10 亿元区间。但大多企业仍属于中小型机械企业，年销售额位于千万元数量级。2014 年我国液态食品机械行业十强企业如表 3 所示。

表 3　2014 年中国液态食品机械行业十强

企业名称
广州达意隆包装机械股份有限公司
杭州永创智能设备股份有限公司
上海普丽盛包装股份有限公司
宁波乐惠食品设备制造有限公司
杭州中亚机械股份有限公司
德玛克控股集团有限公司
普瑞特机械制造股份有限公司
广东轻工机械二厂有限公司
广州华研精密机械有限公司
南京轻工业机械厂

资料来源：中国轻工业联合会、中国轻工机械协会。

根据中国轻工机械协会对 332 家规模以上液态食品装备企业和配套设备企业的抽样调查，企业资产总额共计 229.29 亿元，从业人员共计 46157 人，2014 年度营业收入达到 262.17 亿元。

随着液态食品装备企业规模和技术的发展，部分企业已开始通过转型升级寻求在技术、运营和管理模式上新的突破和发展。企业间、产学研间的技术合作、资产重组和对国外企业兼并、通过资本市场获得投资等举措不断出现和得到实施。

2014年，液态食品装备领域品牌企业在技术创新和市场竞争方面表现优异，在食品装备关键技术和重大装备研发及应用方面取得了很大成绩，很多自主研发产品填补了国内空白，打破了跨国公司的市场垄断。部分骨干企业2014年研发的重点项目如表4所示。

表4　部分骨干企业2014年研发的重点项目

	企业名称	2014年研发的重点项目	备注
1	威海远航科技发展有限公司	60000瓶/h高速啤酒空瓶验瓶机	啤酒设备
2	广东轻工机械二厂有限公司	72000罐/h高速易拉罐灌装机	啤酒设备
3	南京轻工机械集团	60000瓶/h啤酒全线包装装备的技术储备	啤酒设备
4	南京乐惠轻工装备制造有限公司	“PET瓶装饮料（中性）无菌冷灌装生产线”通过江苏省新产品科技成果鉴定，“36000瓶/h纯生啤酒玻璃瓶智能自动灌装线”通过科技部重点新产品战略创新产品评审	啤酒设备
5	广州达意隆包装机械股份有限公司	36000～68000瓶/h饮料无菌吹灌旋生产线并实现产业化，食品专用机器人（负载最大10kg，最高生产节拍180个/min，位置精度±0.1mm）并实现产业化，单模产量2250瓶/h的第5代吹瓶机、36000瓶/h热灌装铝瓶旋盖定量生产线、“高速酱油灌装机”通过广东省科技厅高新技术产品认定	饮料设备、调味品设备
6	江苏新美星包装机械股份有限公司	80000瓶/h高效节能型PET瓶饮料吹灌旋一体化成套智能装备关键技术及应用、6000瓶/h 5L大容量吹灌旋一体机、智能立体仓储系统，高效节能型PET瓶液态奶无菌包装数字化车间项目	饮料设备
7	上海普丽盛包装股份有限公司	24000包/h高速无菌砖式液态乳和饮料灌装机并实现产业化	乳品设备
8	杭州中亚机械股份有限公司	采用干法灭菌技术的24000瓶/h高速直线式乳品无菌塑瓶灌装成套装备	乳品设备
9	廊坊百冠包装机械有限公司	24000瓶/h PET瓶乳饮料无菌冷灌装生产线	乳品设备

（3）酒精装备　2014年，行业年销售收入达到28亿元，年增长率8.78%。酒精装备企业通过加大研发投入，技术水平得到了提高，吨优级酒精耗汽量降到3t，与国际上的酒精装备供应商丹麦奥高布殊、德国海德堡的吨优级酒精蒸汽消耗基本相同，差距主要体现在酒精装备的自动化水平方面。中国酒精装备企业具备了国际市场竞争能力，产品出口到泰国、缅甸、澳大利亚、俄罗斯、哈萨克斯坦、阿根廷、意大利、叙利亚等30

多个国家和地区。

（4）制糖装备　2014 年，我国的制糖装备制造能力和产能呈现稳定上升态势，企业的技术创新和新产品研发能力快速提升。我国部分制糖装备制造水平与国外先进的装备技术已经逐渐接近。我国制糖原料主要分为甘蔗和甜菜两种，长期以来形成了“南有昆明克林，北有包头青峰”的两大不同类型制糖装备的制造格局。2014 年，昆明克林轻工机械有限公司成功研发出日处理甘蔗 2 万 t 的成套制糖装备生产线，其中包括自主研发的中国最大型 ϕ1300mm × 2600mm 压榨机和双辊强制喂料器。包头市青峰机械制造有限公司解决了适用于甜菜糖厂日处理 3000t 和 3000t 以上规模企业的设备配套问题。这些代表了当今中国制糖装备的最高水平。

2014 年，90m^3 洗菜机、200m^3 冷灰桶、100m^3 热主灰桶、1500m^3 预灰槽、80m^3 饱充罐产品得到不断改造升级，制糖装备行业加大了节能减排降耗的新产品开发，大型压榨机、强制循环结晶罐、鼓式切丝机等一批设备逐步投入使用，提高了甜菜制糖企业的加工水平和生产效率。

除了具有代表性的两大制糖装备企业外，还有一些规模很小的制糖装备企业，这些企业大多产品结构单一，技术创新不够，产品多年保持不变，产能萎缩。

（5）罐头装备　我国罐头食品装备企业规模普遍较小，总体技术水平不高。2014 年我国罐头装备制造行业销售收入约 27 亿元，企业大约有 300 多家。

2014 年空罐装备发展最为迅速，设备更新换代也较快。数控伺服系统应用，三片罐底盖冲压设备产能由原 400 片/min 提高至最高 2400 片/min，效率提高六倍，板材的利用率提高 10%。配套设备高速注胶机、电磁烘干、自动计数打包等设备与 CNC 冲床组成高速自动底盖生产线；高速自动罐身焊接设备最高产能达到 650 罐/min，罐身组合机设备产能提高至 600 罐/min 以上，食品罐制造告别半自动时代，基本实现全自动，接近世界先进水平。中高速罐身制造设备无需依赖进口，已有多条生产线出口。但是，几大制罐企业还是引进世界最先进的制罐关键设备，国内配套成线。

国内对于食品二片罐方面制罐的研究和发展较慢，多以半自动为主，高速自动生产设备依赖进口。

实罐装备近年来发展较慢，特别是前处理装备，只有黄桃自动劈桃挖核机等个别单机有所有突破。2014 年，一些小型实罐装备生产线有出口，但只是第三世界国家小额订单。

2014 年，罐头食品使用的国内高温杀菌装备还是以传统的间歇式杀菌釜为主流，但已配置高速自动装卸篮（600 ~ 800 罐/min），实现了连续化和自动化；同时国际上先进的连续式高温杀菌釜和超高压杀菌釜在 2014 年已实现产业化，开始进入罐头生产厂。间歇式杀菌釜配套出口较多，但大多是低附加值装备。

罐头仓储和后包装：罐头是季产年销售，仓储量极大，一直是简单多层堆放，后包装主要借用饮料、啤酒工业的包装设备。包装物内的异物检测采用引进设备，液位检测、包装物外观检测由人工完成，无法实现高速；仓储由于管理不善，损失是经常性的。

（6）水产品加工装备　2014 年，我国水产品加工的机械化水平依然不能适应渔业生产高速增长的需要，但巨大的市场为水产品加工机械的快速发展提供了良好的基础和条件。虽然近年来我国在水产品加工能力、技术水平及产品结构等方面均取得了长足进展，但与日本、美国、加拿大等渔业先进国家相比，仍有一定差距。

（7）马铃薯加工装备　马铃薯精淀粉加工技术装备较成熟，受环保及原料供应的影响，发展缓慢；全粉加工技术装备保持良好势头，且向全线自动化方向发展；速冻薯条加工技术装备仍以大型进口为主；薯片加工技术装备有抬头趋势，中小型加工设备以国产为主，规模较大的企业多使用进口设备。

2014 年，行业企业普遍提高了对马铃薯产地商品初加工、鲜切半成品加工及在此过程中产生的废水废渣处理工艺技术与设备研发的重视，新产品新技术延长了货架期，更有利于保持成品营养风味、减少城市垃圾。

（8）豆制品加工装备　2014 年，我国大豆食品生产工艺水平与日本等技术先进国家的差距逐渐缩小，各类豆制品生产均已实现了工业化和规模化。加工设备实现了从洗豆、泡豆、点浆、凝固到最终的杀菌、包装系统全部采用计算机自动控制，而且各系统之间的连接也实现了自动化，很大程度上减少了人为控制对最终产品品质的影响，并大幅度减轻了员工劳动强度。

（9）面食加工装备　国产设备有所突破，企业自主研发的馒头智能化生产线成功推广使用。该设备模拟手工成型技术，且自动化程度较高，拥有自主知识产权，提高了行业劳动生产率。研制开发出自动化程度较高的米粉生产设备，使米线、河粉等传统食品实现了工业化生产。挂面工业化生产设备也有较大进步，新产品采用气流面粉输送技术和真空连续和面技术，实现了供粉、和面、喂面的连续自动化；高温快速烘干技术实现了由低温工艺向高温工艺的转化，已形成日产 3～12t 的系列配套生产线；全谷物半固态连续化酶解技术得到攻克并实现了产业化。

（10）果蔬加工装备　目前我国果蔬汁加工业处于快速发展期，国外普遍采用的闪蒸浓缩、高温短时杀菌、无菌灌装等技术装备已引起业内企业的重视和应用。专业生产果蔬汁加工机械的企业有 300 多个，产品品种达 1000 多种，机械加工装备细化程度越来越高，机电一体化的应用更加广泛，其发展趋势呈现出高技术、高效率、高智能化的特点。2014 年，果品加工技术和装备有了较大进步。具有代表性的有扬州福尔喜公司研制的基于多光谱检测的枣及小杂果精分选技术和装备，实现了枣及小杂果大小、颜色、缺陷、霉变的精选分级。

大型果蔬加工企业采用的直饮型果蔬汁加工技术装备，其关键设备，如榨汁机、超滤机、蒸发器、灌装机还是以国外引进为主。

脱水蔬菜领域的主体技术依然是热风干燥技术，市场应用比较普遍。真空冷冻干燥技术可使蔬菜脱水前后品质基本相同，已被生产企业广泛应用。国产各类干燥设备日渐成熟，逐步实现产业化应用。

4．技术水平

我国食品装备企业技术力量和实力参差不齐。对比国内外食品装备行业的发展水平，我国尚处于对国际食品装备的学习、模仿、跟踪阶段，行业性创新和引领能力不够。部分食品装备领域经过多年的引进、消化、吸收，已经具备较强的生产能力、创新能力和工程化配套能力，产品能够替代进口，参与国际市场竞争，但装备产业链中部分关键设备、关键零部件依然依靠国外厂家的配套。我国食品装备在非标设备离散制造的智能化和信息化方面、在产品满足用户个性化需求、实现端到端实时透明的决策优化、大数据制造的增值服务、离散制造非标装备的互联、生产流程中断点消除等方面，与国外一流企业还有差距。食品装备智能化与工业发达国家相比落后 20 年，涉及食品工业众多门类（水产、肉类、方便食品、乳制品等）所需要的冷链贮存、物流系统、仓储系统等综合配套装备能力难以满足行业发展需要。

5．区域分布和行业集中度

2014 年，我国食品装备行业主要企业分布没有大的改变。不同食品装备细分领域的区域分布也各具特点。总体上，行业集中度不够，企业还存在着小、散、乱的特点，还没有形成具有广泛国际影响力的企业集团。

液态食品装备及包装设备主要以长三角、珠三角为主要聚集地，行业集中度不高。肉类加工机械企业的分布区域主要在沈阳、天津、石家庄、青岛、南京、杭州（长三角地区）和广东（顺德）等地。所生产的肉类加工设备几乎覆盖了所有畜禽肉类加工领域，产品种类比较齐全；制糖装备产业布局与产糖区密切相关，制糖装备企业主要分布在广西、云南、广东、海南、新疆、内蒙古和山东等地；罐头装备企业主要分布在广东（汕头）和浙江部分地区。

6. 进出口

表 5　2014 年我国食品和包装机械进出口情况

产品类别	进出口		进口		出口	
	进出口额/亿美元	同比增长/%	进出口额/亿美元	同比增长/%	出口额/亿美元	同比增长/%
食品和包装机械	77.01	4.11%	39.03	-0.89%	37.98	37.98
食品机械	30.26	11.67%	13.46	-1.29%	16.81	10.95%
包装机械	46.75	0.26%	25.57	-0.69%	21.17	8.95%

资料来源：国家海关总署。

随着我国食品装备行业产品水平的不断提升，大多数食品装备门类的普通装备已基本满足国内市场的需要，并开始向东南亚及第三世界和欧美国家市场出口。

二、行业面临的问题分析

（一）产品结构调整与长期市场机遇并存

我国巨大而多样化的国内市场为食品装备行业的发展提供了广阔的空间，但受到食品工业发展趋缓的影响，2014 年食品装备行业主营业务收入增速和利润增速呈现下降趋势。但从今后的一段时间考察我国的食品装备行业，随着我国人口结构进入老龄化和城镇化进程的不断推进，劳动力成本不断提升，食品工业对于以机械装备代替人工的需求日渐显现，食品企业更加需要自动化、智能化的设备替代人工或降低劳动强度，采用自动化、智能化设备已经成为企业发展、解决人力资源的重要途径。食品装备行业还将有很长一段高速发展的战略机遇期。

随着我国经济发展进入新的历史时期，经济结构转型升级的要求和压力必然会影响到食品装备行业的发展。企业的管理模式、市场营销和售后服务能力、技术研发体系、基础加工能力等诸多方面必将面临向现代企业转型，但受到企业规模和行业特点的影响，亟需国家政策支持。

（二）产品科技含量低与同质化竞争并存

我国食品装备行业大部分为中小企业，制造能力、开发能力、经济实力和市场竞争能力受到企业规模的制约，既缺乏大型、集团化、具有较高品牌认知度的标杆企业；又缺乏小而精，在特定领域具备特殊能力，引领行业技术水平的小微专业公司。行业竞争停留在低水平、同质化的价格战中，从而造成了研发投入不足、产品科技含量低、产业集中度不高、利润空间小这样的恶性循环。进而导致企业抵御市场风险的能力较差，特别是遇到所服务的食品工业细分领域发生结构调整和发展增速大幅降低等情况时，食品装备企业往往会出现大规模的人员流失和企业倒闭现象，引起行业发展停滞。2014 年食品装备行业部分细分领域已出现企业由于市场原因进行裁员等现象。

（三）以基础工业为支撑的高端食品装备亟待突破

发达国家的食品装备行业已完成工程化、系列化发展阶段，正在跨入智能化、高柔性和跨学科融合发展的阶段，创新理念和新材料、新技术的应用水平极高，并形成一定的技术壁垒。受到我国基础工业水平、食品装备从业技术人员学科融合能力、对技术理论和工艺研究不够深入、对外来产品设计理念理解不足等诸多方面的影响，我国食品装备同国外一流设备相比，还有着生产效率低、稳定性差、智能和柔性低、工程化配套能力低等诸多不足之处。我国的食品工业所需的高端装备依然以德国、意大利、瑞典、美国、日本等发达国家的企业产品为主，以高速化、智能化的整机和工程承包方式进口。国际主流食品装备企业在我国大多都有生产基地和完善的销售、售后支持。国内企业大多只能生产中低端设备，以单机为主，并以低价(大致相当于国外同类产品的一半左右)、高性价比的优势进入国际市场，主要出口地区为东南亚、中东、南美、南欧、非洲等。

（四）劳动密集型和技术密集型并存

近年来，随着我国食品企业对产品研发的不断投入和在市场竞争中不断总结经验，一些领域集中出现了可以与国际水平看齐的技术装备，如高速不干胶贴标、饮料吹灌旋一体机、高速激光打码、啤酒高速灌装、乳制品高速包装、高端肉制品屠宰加工等领域。这些领域所表现出的技术密集型产品在市场上获得高度认可，这也是我国食品装备技术密集型所决定的高附加值产品发展趋势。

另一方面，在我国食品装备的多数领域，还存在大量的以劳动密集型为主要特征的装备产品。结合我国食品工业当前整体的发展现状，这些附加值较低的产品也有巨大的市场空间。尽管市场竞争同质化严重，但通过不断的市场竞争，将一些科技含量低的企业淘汰出局也是行业发展的必然。

（五）装备产品的信息化和智能化与国际水平的差距有扩大的趋势

从全球范围来看，尽管我们国家的食品装备在不断的模仿追赶，在一些领域出现了技术上的突破，但应当看到的是我们在不断进步的同时，国际先进装备也在不断快速进步。在一些领域，我们与国际水平的差距呈现出不断扩大的趋势，尤其是在装备产品的信息化和智能化领域。

我们看到，随着德国工业 4.0 和美国工业互联网战略的不断推进，国外先进食品工业在食品生产系统的信息化和智能化方面取得了快速进步，具体表现在系统效率优化、智能制造、柔性生产、工业大数据共享等方面。

鉴于我国食品工业整体发展现状，虽然劳动力成本快速提升，但与发达国家相比，依然具有优势。另外，从我们国家整体的信息化水平来看，也依然有很大差距，所以我们在推进“两化融合”方面，显然基础要弱很多。这也决定了我们的食品装备在信息化和智能化方面亟需以示范性项目为特征的提升。

三、发展趋势

食品装备工业将保持稳定发展的局面，并会随着国民经济调整的步伐进入结构调整，转型发展阶段。食品装备行业将以“中国制造 2025”发展纲要为指导，以“两化融合”和互联网发展为契机，以智能化、绿色化发展为主线，提升行业的整体水平；企业经营模式从以数量增长向质量效益提升转变；产品开发模式从以跟踪模仿为主向自主创新为主转变，从注重单项技术突破向注重技术集成转变，从单机生产向成套装备制造转变；

实现行业关键共性技术、重要技术装备和标准化等工作的重点突破。推进信息化与智能化融合，建立基于互联网、物联网、云计算、数字设计、先进制造等技术的智能平台，在产品设计、生产制造、管理与服务等方面实施智能制造；坚持从生产型制造向服务型制造转变，加强食品工艺和装备的有机结合，提高产品的个性化实用功能。发挥食品装备的基础保障作用，促进食品工业健康快速发展。

（一）食品装备行业将持续受益于国家宏观政策

2009 年，国务院相继通过了《装备制造业调整振兴规划》和《轻工业产业调整振兴规划》，对食品装备行业巩固和开拓国际市场、加快自主创新、推动结构调整和产业升级提供了坚强保障。2013 年，中央提出了建设“一带一路”的战略构想，为食品和包装机械企业走出国门、开展国际竞争提供了战略机遇。2015 年 5 月，国家出台了支持装备制造业发展的宏观政策《中国制造 2025》。受我国食品工业持续向好和国家进一步加强制造业等实体经济政策引导等诸多利好的影响，较高的食品工业全行业固定资产投资增长水平为确保我国食品装备行业健康发展奠定了重要基础。

（二）产品结构、产业结构将进一步优化

企业通过转型发展出现两个方面的发展趋势：一方面，随着部分行业骨干企业的技术实力得到增强、市场份额扩大，并在资本市场得到投资支持，企业间的兼并重组行为增多，具有行业影响力的企业集团逐步形成；另一方面，部分拥有专项技术的企业在行业中得到认可，形成单项技术实力较强的特色企业。

行业门类在市场需求的影响下，继续保持增长态势，一些传统特色食品、现阶段需用手工操作或半自动操作的行业在技术进步和智能设备广泛应用的基础上，将会逐步进入工业化生产阶段。

另一方面，随着科技研发不断投入和市场竞争的筛选，科技含量高、附加值高、利润高的食品装备将不断出现，从而进一步优化食品装备产品的市场结构。

此外，由点突破带动面突破的格局将会出现，尤其是在填补国内空白技术的领域，以某一单体技术装备为突破从而带动整套设备的完善和成熟、甚至是整线效率提升将成为未来一段时间我国食品装备行业的整体特征。

（三）行业技术进步速度加快

食品装备行业发展将会以工程化和全产业链解决方案为抓手，解决食品工业“从农田到餐桌”整个环节的工业化问题。食品工业的产能扩张、品种多样和卫生安全等需求进一步要求食品装备行业加快加工能力和技术能力的升级，行业进入门槛将会逐步提高。

食品装备行业未来的技术趋势将会是向高速、智能、柔性方向发展。全面推进智能制造、绿色制造和优质制造，坚持稳定规模、调整结构、提升水平、保障食品安全的发展思路，把技术创新、智能化、信息化、绿色安全、高效节能及重要成套装备作为发展重点。构建现代设计技术体系，采用创新设计、智能设计、可靠性设计等先进设计方法，实现信息化和智能化的深度融合，运用虚拟样机、互联网、云计算等先进技术与手段，满足用户个性化需求，实现离散制造非标装备的互联、生产流程断点的消除，实现智能化设计与分析、标准化集成、互联服务增值，提高装备产品开发与设计的质量与水平。努力实现“中国制造向中国创造转变、中国速度向中国质量转变、中国产品向中国品牌转变”。

（四）重视提高产品质量和服务质量，缓解出口压力

中国食品装备行业的部分细分领域产品

已经全面进入国际市场，依托国家“一带一路”的战略，未来的发展趋势：一方面，中国制造的产品性价比优势得到强化；另一方面，中国企业国际工程承包能力将得到提升，带动中国制造的整线装备、配套产品全面走出国门。

（五）以信息化为基础的智能制造装备将成为新的增长点

随着国内食品工业不断呈现出以超大集团、超大规模工厂为引领，以特色中小食品工业为补充的行业发展趋势，我国的食品装备行业也必然推出适合的装备产品才能不断发展。从这点来看，以信息化为基础的智能制造是必然的发展趋势。

以信息技术和机器人大规模应用为基础的超大工厂的高效率整线将是国内食品装备企业今后发展的一个重点，表现为以大数据为支撑的柔性制造、智能制造和智能仓储。

另一方面，以信息化为基础的特色中小食品工业将需要科技含量高、食品安全保障度高、快速、柔性的食品生产装备，特别是在规模化基础上的标准装备加衍生的模块化食品装备今后将成为主流。

四、政策建议

（一）制定相关扶植政策，建立大型企业集团

制定相关扶植政策，促进食品装备大型企业集团的建立，鼓励发展投融资主体多元化的上市和非上市公众公司。以市场手段推动食品装备企业间的兼并重组，逐步建立起具有国际竞争力、自身良性发展能力的大型食品装备企业，以满足我国食品工业在城镇化进程中的发展需求。

（二）细化行业规划，支持中小企业发展

在食品装备行业发展的顶层设计和国家级的整体发展战略中，细化行业规划和指导意见，兼顾食品装备的各个领域，支持小微企业和中小型配套设备企业发展，提高食品装备行业整体制造水平。

（三）加大对产学研用的支持力度

制定相关政策，实质性解决“产学研结合”问题，解决产学研“两张皮”的现象，加强装备设计研发及其人才队伍的培养及储备。通过示范效应，推动行业智能化水平的整体提升。建立多种形式的研发平台，逐步形成完善的、具有独特性的产业创新体系。

（四）制定相关扶持政策，支持企业实施智能制造和两化融合。

为鼓励企业贯彻落实“中国制造2025”发展纲要的要求，加快智能化、工程化两化融合的步伐，成长一批智能装备和数字化工厂，建议出台支撑政策，促进我国食品制造行业的自动化控制和信息化管理水平的快速提升。

（五）保留首台套扶植政策，加大技术改造支持力度

继续保留首台套扶植政策，加大技术改造支持力度，建立通过食品装备的发展来部分解决“食品安全问题”“节能减排及环境污染”问题的专项资金。统筹食品装备领域的专项研发、推广课题，并提供资金扶持。

（六）出台“一带一路”支持政策

出台支持企业参加国内外大型专业展览会的相关政策，出台“一带一路”的支持政策，促进企业走出国门和参与国际化竞争，解决供需之间的矛盾。

中国轻工机械协会
中国食品和包装机械工业协会

境　外　篇

部分国家和地区食品产业发展现状分析

2014年，全球经济在历经两年的低迷成长后，终于呈现出复苏的迹象。在此背景下，食品产业作为各国或地区经济发展中的重要产业，也呈现出不同程度的发展。

一、欧洲食品工业发展现状分析

（一）欧洲食品工业发展概况

食品工业在欧盟经济中处于重要的地位，是仅次于金属制造业的第二大产业。其中，法国、荷兰、英国、德国均是世界上重要的食品生产和出口大国。近年来，欧盟各国食品企业通过加大创新、开发新产品和规模化生产来振兴食品工业。目前，欧盟食品饮料工业企业数量288655个，其中食品、饮料分别为264699个和23956个；产值9778.6亿欧元，其中食品、饮料分别为8370亿欧元和1408.6亿欧元。

2014年，受累于欧盟内需不振，食品工业延续低速增长态势。2014年，欧盟GDP13.92万亿欧元，仅同比增长1.3%，内需不振导致欧盟食品与饮料工业仅同比增长1.7%。分行业来看，饮料相比食品增速较快，食品子行业中除肉类加工和肉制品，水果、蔬菜加工，动植物油制造分别同比增长2.1%、4.2%和5.1%外，其他子行业增速均低于2%（表1）。

分国别来看，欧盟内部各国食品饮料工业增长分化明显，同比增长幅度在5.6%和-6.4%之间。其中，爱沙尼亚、英国、立陶宛分别同比增长5.6%、5.4%和5.0%，增速较为明显，而保加利亚、芬兰、瑞典降速较为明显，分别同比下降2.0%、2.9%和6.4%（图1）。

表1　2014年欧盟食品饮料及子行业同比增长情况

行业	子行业	增长率/%
食品与饮料		1.7
其中：食品		1.6
	肉加工及保存和肉制品	2.1
	鱼类加工及保存	1.0
	水果、蔬菜加工及保存	4.2
	动植物油制造	5.1
	奶制品制造	1.7
	谷物制品、淀粉、淀粉制品制造	0.3
	烘烤食品制造	1.5
	其他食品制造	1.3
	饲料制造	1.9
饮料		2.2

资料来源：Eurostat。

贸易情况也不景气。2014年，欧盟食品饮料出口4311.3亿美元，相比2013年增长1.9%，进口3875.5亿美元，增长1.7%。从出口目的地来看，欧盟食品饮料出口国家主要为欧盟内部，前十大国家中仅美国为非欧盟内部国家，其中前十大出口国家出口占欧盟食品饮料总出口的59.6%（表2）。

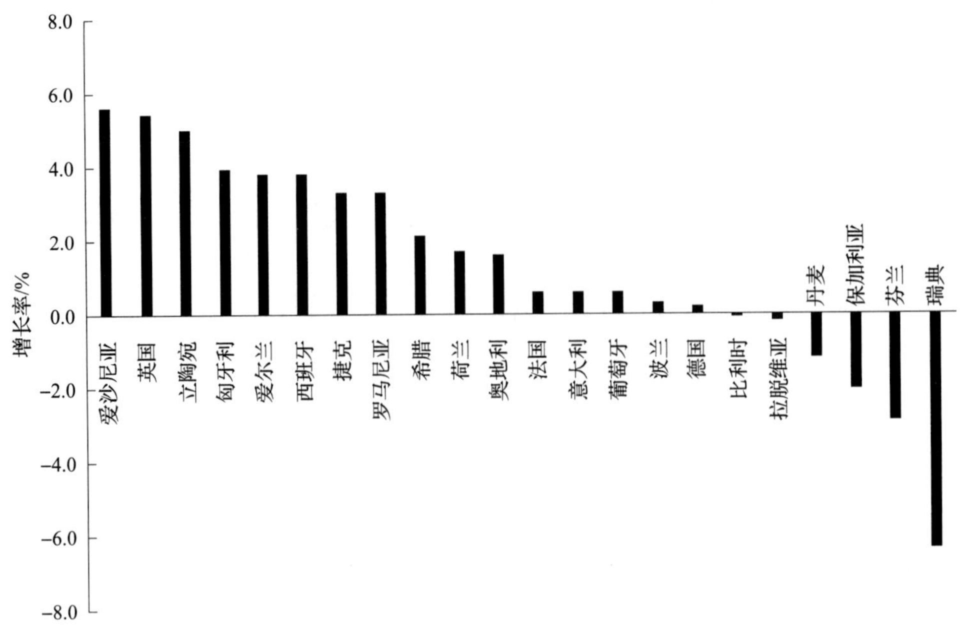

图 1　2014 年欧盟各国食品饮料工业增长情况

资料来源：Eurostat。

表 2　2014 年欧盟食品饮料前十大出口国

出口国	出口额/亿美元
德国	521.9
英国	386.0
法国	373.3
荷兰	270.9
意大利	266.4
比利时	212.7
美国	190.9
西班牙	148.4
波兰	108.6
奥地利	91.1
前十大国家占比/%	59.6

资料来源：Eurostat。

（二）欧洲食品工业发展趋势

1. 愉悦感产品及乳制品将成为创新重点

据欧洲食品及饮料行业联盟（CIAA）2013 年的一项调查，消费需求的五大创新方向分别为愉悦、健康、体感与体能、便利、道德。其中，带给消费者愉悦的产品占整体市场的 57%，而乳制品将是产品创新的最大潜力来源，其次为即食食品、清凉饮料、冷冻食品、饼干、禽肉与熟食等产品。预测可以带给消费者愉悦的产品及乳制品将是欧盟食品工业的创新重点。

2. 食品安全成为消费者重要诉求

近年，欧洲食品欺诈频繁，消费者利益和生命健康受到威胁，严重降低了消费者对欧盟食品的信任度。据 CIAA 调查，2014 年信任度前五位的产业依次为科技业（71%）、汽车业（60%）、食品及饮料业（57%）、快速消费品（56%）及药品业（45%）。在全球信任指数整体增长 10% 的背景下，欧洲信任指数增长幅度较低，只有 1%，这表明消费者对食品安全的诉求将会明显增加，也暗示着欧洲食品安全仍有成长空间。

3. 可持续发展的食品供应链成为发展重点

未来，欧洲将向农产原料安全、食物资源有效供应、鼓励消费当地食材三大方向发展。除了强化科学研究，欧洲还将大力发展全面性的供应链规范，更加关注自给自足，大力发展可以适应气候变化的现代农业。以英国为例，近年英国开始发起当地农业活动，不仅大力提倡弹性农作，还通过运用轮作有效利用水资源、依照温度与浇水模式调整播种时间、种植灌木以避免水分流失等顺应环境的措施，大力发展现代农业，保障食品原料供给。

二、美国食品工业发展现状分析

（一）美国食品工业发展概况

食品工业是美国制造业 19 大行业中的第一大部门，产值高于石油和煤制品制造、化学制品制造、汽车及零配件等部门，在美国经济中拉动内需、带动就业、推动经济增长方面起着重要作用（图 2）。自 2000 年以来，美国食品工业保持了年均 3.9% 的增速，成为制造业中仅次于石油和煤制品（10.0%）、其他运输装备（5.5%）、初级金属制造（5.2%）、化学制品（4.3%）外增速最快的部门，作为全球食品工业大国，世界上前 50 名的食品公司总部超过 1/3 设在美国，代表性企业包括卡夫食品、泰森食品、亨氏、百事可乐等公司。

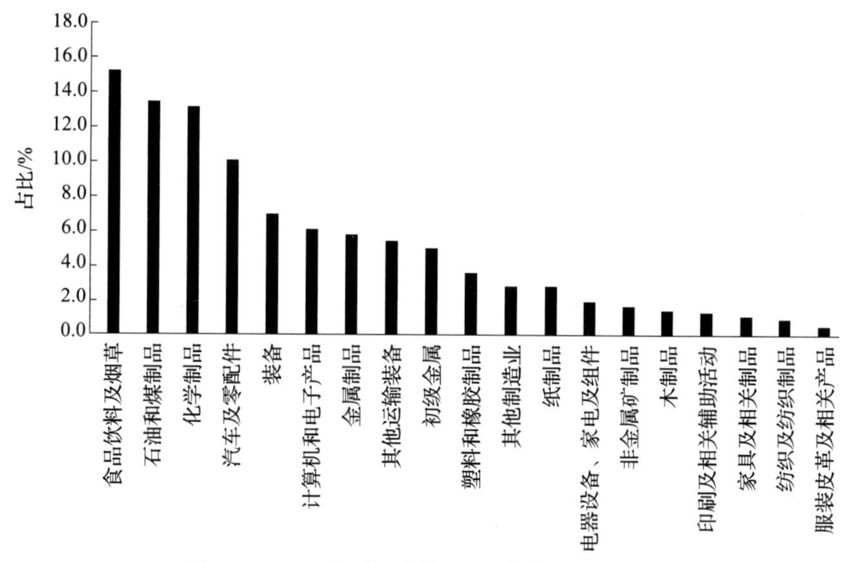

图 2　2013 年美国制造业内部行业结构

资料来源：BEA。

2014 年，随着美国经济增长恢复加快，预计美国食品工业产值 9417 亿美元，增加值为 2423 亿美元。近年，美国食品工业产值占制造业的份额稳定在 13% 以上，特别是金融危机后。2009 年该份额达到最高 17.3%，此后稳定在 15.5% 左右（图 3）。

2014 年，美国食品饮料出口 761.3 亿美元，相比 2013 年增长 3.2%。其中前十大出口国家和地区分别为加拿大、墨西哥、日本、中国、韩国、中国香港、菲律宾、荷兰、澳大利亚、英国，累积出口额占美国总出口额的 68.2%（表 3）。

（二）美国食品产业发展趋势

1. 食品生产朝着低糖、健康方向发展

由于肥胖以及由此引发的糖尿病等在美国国内被广泛关注，人们对健康优质生活的追求正推动美国食品生产结构的优化，低糖、低脂的健康食品正迅速走入人们的生活。为迎合人们追求健康、控制体重以及对麸质或小麦不耐症的重视，食品企业积极开发无麸质食品；为满足人们对替代糖的需求，百事可乐、可口可乐和箭牌公司等食品企业巨头纷纷选择天然蔗糖等作为糖的替代品。未来，在市场需求的引领下，美国食品生产将进一步朝着低糖、健康方向发展。

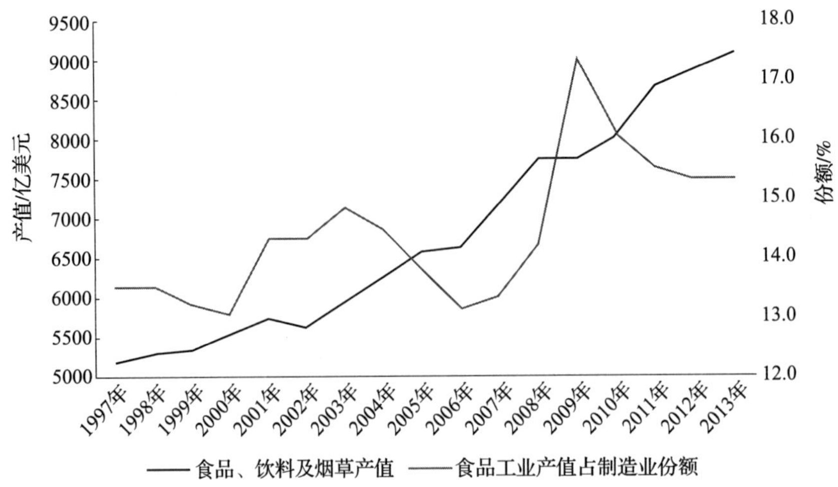

图 3　1997—2013 年美国食品工业产值及占制造业份额变化情况

资料来源：BEA。

表 3　2014 年美国食品饮料前十大出口国

出口国家/地区	出口额/亿美元
加拿大	167.1
墨西哥	110.8
日本	70.4
中国	50.3
韩国	38.7
中国香港	26.3
菲律宾	19.0
荷兰	13.2
澳大利亚	12.4
英国	10.9
前十大国家占比/%	68.2

资料来源：UNCOMTRADE。

2. 天然食品添加剂、新型包装的需求量不断增长

随着天然食品添加剂在口感、健康等方面的优势逐渐被人们认可，未来美国对天然色素、增味剂、防腐剂等的需求将持续增长，相应的研发生产也将持续加强。如雀巢与美国Chromocell合作研发，以寻求可替代盐且不影响产品最终呈味的物质。此外，出于环保和健康的考虑，对新型食品包装的需求也将持续攀升。

3. 便利食品、街头食品进一步发展

长久以来，美国居民追求饮食简单化、享受生活和避免枯燥的家庭杂务。因此，在食品选择上，方便速食的便利食品成为人们的首选，如超市中新鲜蔬菜和水果调配的沙拉、各种配比好的蔬菜包和便利食品等成为畅销品。未来，人们追求便利的动机将使得这一趋势进一步强化。此外，随着节奏的加快，街头食品日益成为美国居民饮食的重要组成部分，方便快捷的街头食品正逐渐受到食品企业的关注。

三、日本食品产业发展现状分析

（一）日本食品产业发展概况

1. 食品产业生产情况

食品工业在日本经济和社会发展中发挥着举足轻重的作用，是制造业中仅次于汽车制造业的第二大产业。从生产情况看，除部分年份受市场需求、原材料价格和进出口等因素的影响，产值略有下降外，食品制造业整体保持了较为平稳的发展势头。2003—2013 年，日本食品制造业最终产品产值由 33.4 万亿日元增长至 34.1 万亿日元，增幅仅为 2%。同期，食品产业在制造业中所占比重由 12.1% 下降至 11.6%，产业地位略有下降，如图 4 所示。

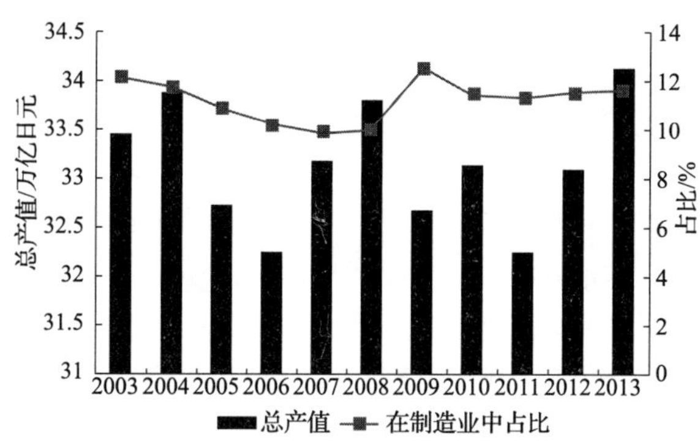

图 4　2003—2013 年日本食品产业产值及在制造业中所占比重情况

资料来源：日本统计局。

从生产指数变动情况看，2014 年 4 月至 2015 年 6 月间，日本食品产业生产指数呈现大幅波动，由期初的 97.5 波动增长至期末的 112.3，在 2015 年 1 月更是下降至 77.7 的历史低点。这一结果表明，受国内经济增长乏力、国际进出口贸易形势严峻等因素的影响，日本食品产量波动起伏较大，如图 5 所示。

2. 食品产业进出口贸易情况

日本食品饮料进出口贸易主要以进口贸易为主，存在巨大的贸易逆差。2014 年，日本食品饮料进出口总额 511 亿美元，其中进口额 470.1 亿美元，出口额 40.9 亿美元，逆差高达 429.2 亿美元，比 2013 年增长 0.89%。

从进口来源地看，2014 年，日本食品饮料进口前 5 大来源地依次为美国、中国、泰国、澳大利亚和巴西，其中自美国和中国的进口金额最高，分别为 79.2 亿美元和 73.8 亿美元。从出口目的地看，2014 年，日本食品饮料出口前 5 大目的地依次为中国香港、美国、中国大陆、泰国和越南，其中以出口至中国香港和美国的金额最高，分别为 9 亿美元和 7.2 亿美元（表 4）。

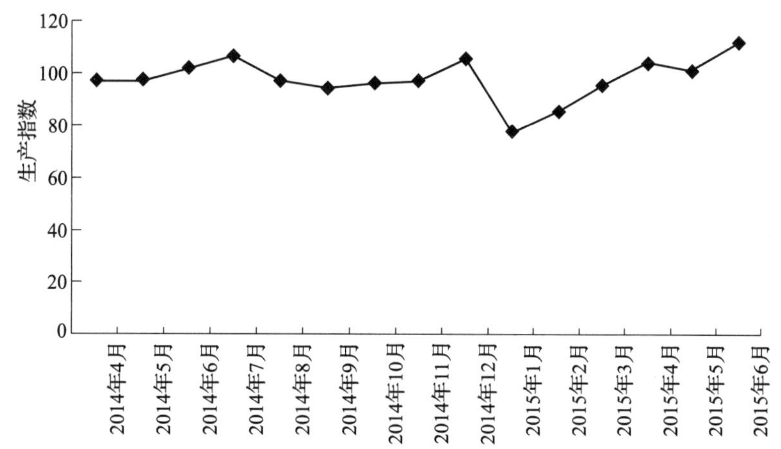

图 5　2014 年 4 月—2015 年 6 月日本食品产业生产指数变动情况

资料来源：日本统计局。

表 4　2014 年日本食品饮料进出口贸易排名前十位的国家和地区

出口国别	金额/亿美元	进口国别	金额/亿美元
中国香港	9.0	美国	79.2
美国	7.2	中国	73.8
中国	4.0	泰国	41.0
泰国	2.4	澳大利亚	29.5
越南	2.3	巴西	18.0
韩国	2.2	加拿大	17.5

续表

出口国别	金额/亿美元	进口国别	金额/亿美元
新加坡	1.5	越南	12.0
澳大利亚	0.8	新西兰	10.2
加拿大	0.6	俄罗斯	9.9
阿拉伯联合酋长国	0.5	印度尼西亚	9.4

资料来源：UNCOMTRADE。

（二）日本食品产业发展趋势

1. 食品饮料产量仍将波动增长

依据近十年来日本食品产业生产情况判断，未来，受国际经济复苏乏力、国内经济发展不确定因素增多以及国际食品市场供求变动等因素的影响，短期内日本食品产业生产发生大幅波动的可能依然存在。但从行业发展的长期趋势看，受国内外食品需求增长和出口因素的影响，产量波动增长将是大势所趋。

2. 食品种类结构性变动

随着人们消费习惯的变化，食品产业产品结构也会做出相应调整。根据近年来日本主要食品产量变动情况判断，未来，随着人们生活节奏的加快和对方便食品需求的增长，加工类食品尤其是加工肉类和方便食品的产量将进一步增长，而对酒类、初加工农副食品的消费可能会有所下降。从前期的数据看，日本酒类产量由2005年的902.9万L下降至794.9万L，其中啤酒产量降幅较大（表5）。

表5　2005、2010—2012年日本主要食品产量变动情况

	酒类合计/kL	啤酒/kL	烧酒/kL	加工肉类/kt	火腿/kt	香肠/kt	培根/kt	蒸煮袋食品/kt
2005	9029	3650	1042	494	139	278	76	304
2010	8278	2954	912	504	130	293	81	327
2011	8137	2895	881	513	133	296	84	334
2012	7949	2803	896	523	135	301	86	355

资料来源：日本统计局。

3. 茶饮料产业仍将保持中高速增长

茶饮料是日本食品工业的重要组成部分，在软饮料产业中占据着十分重要的地位。未来，在市场需求的引导下，茶饮料尤其是绿茶饮料仍将保持中高速的增长态势。首先，饮茶作为日本居民的传统消费习惯，近年来得到了进一步的引导和推进；其次，茶饮料绿色、健康的特点迎合了消费者的健康需求，一系列新产品的开发有效地创造出新的市场需求；最后，包装、印刷技术的进步，使得茶饮料包装精美、携带方便，更加符合现代日本居民的消费习惯和生活节奏。

四、中国台湾地区食品工业发展现状分析

（一）中国台湾地区食品工业发展概况

食品工业是中国台湾地区的重要民生工业，拥有一批以旺旺、统一、康师傅、卜峰等为代表的知名企业和品牌。近年来，食品工业在民生工业中的地位进一步提升，目前食品工业营业收入占民生工业的比例约为36%。

整体来看，相比整体制造业，台湾食品工

业近年来保持不景气态势。2004—2014 年，台湾制造业年均增长 5.2%，而食品工业由 5624 亿台币增加到 7499 亿台币，年均增长 2.9%，其中食品由 4544 亿台币增加到 6097 亿台币，年均增长 3.0%，饮料及烟草由 1080 亿台币增加到 1402 亿台币，年均增长 2.6%，如图 6 所示。

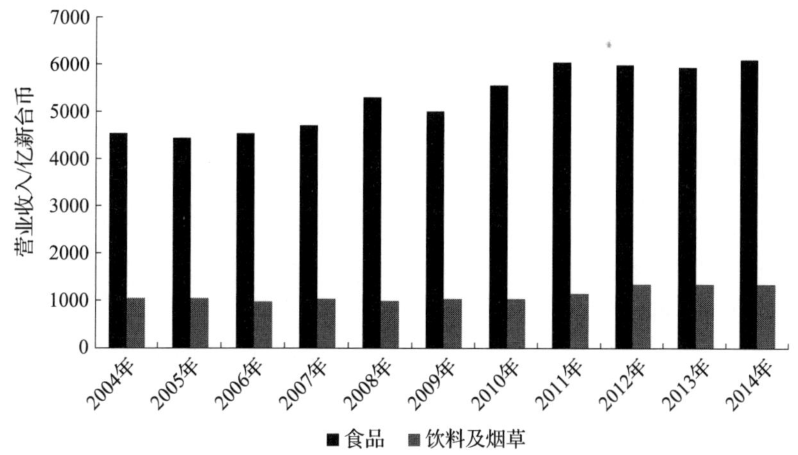

图 6　2004—2014 年中国台湾地区食品工业营业收入变化情况

2014 年，随着台湾经济逐渐回暖，GDP 实现了 3.4% 的增长，人均收入高达 586532 台币，台湾食品工业扭转了自 2011 年以来的下降趋势。2014 年，台湾食品、饮料与烟草营业收入分别为 6097 亿台币、1402 亿台币，分别同比增长 2.5%、2.8%，占制造业的份额分别为 2.2% 和 0.5%（表 6）。

表 6　2014 年中国台湾地区食品工业营业收入及变化情况

	制造业	食品	饮料及烟草
Q1/亿台币	62994	1444	309
Q2/亿台币	66560	1525	350
Q3/亿台币	69567	1584	388
Q4/亿台币	74275	1544	355
全年累计金额/亿台币	273396	6097	1402
全年累计增长/%	3.5	2.5	2.8

从投资来看，虽然 2014 年台湾食品工业扭转了下降态势，但增长仍不稳固，可以判断台湾未来一两年内增长预期不高。2014 年，食品投资同比增长 10.2%，而饮料与烟草同比下降 5.5%（表 7）。

表 7　2014 年中国台湾地区食品工业固定资产投资及变化情况

	制造业	食品	饮料及烟草
Q1/亿台币	2259	42	8
Q2/亿台币	2378	55	18
Q3/亿台币	2379	45	11
Q4/亿台币	2883	63	20
全年累计金额/亿台币	9899	205	57
全年累计增长/%	-0.8	10.2	-5.5

分产品产量来看，台湾主要食品产品产量增长分化明显，整体来看以运动饮料、冰淇淋、即食食品为代表的休闲、方便类食品增长较快，而以罐头、乳粉为代表的传统食品增速较慢。2014 年，运动饮料、冰激凌、即食食品产量分别同比增长 34.8%、31.7% 和 18.6%，而饼干、水产品罐头、营养保健品、乳粉分别同比下降 5.7%、8.9%、16.4% 和 16.7%（表 8）。

表8　2014年中国台湾地区部分食品产量及同比增长情况

产品	单位	产量	同比增长/%
猪肉	t	695616	-5.0
鸡肉	t	193865	9.0
冷冻肉	t	327479	1.4
腌制食品	t	40721	-2.2
冷冻水产食品	t	88874	4.8
冷冻蔬菜水果	t	53921	6.1
脱水食品	t	28383	6.2
豆油	t	350621	6.3
鲜乳	t	352583	2.0
乳粉	t	1766	-16.7
调味乳	t	90125	-5.3
发酵乳	t	89725	-0.3
冰激凌	t	22458	31.7
大米	t	1145	14.8
面粉	t	837299	-0.1
饲料	t	5160507	1.2
饼干	t	37113	-5.7
糖果	t	32539	4.5
精制茶	t	7448	0.4
味精	t	55142	-0.8
酱油	t	154828	2.3
蔬菜水果罐头	标准箱	1092018	-2.4
水产品罐头	标准箱	1420151	-8.9
即食食品	千元	20200338	18.6
营养保健品	千元	11748246	-16.4
啤酒	公石	3800970	0.5
酒类（不含啤酒）	公石	1260690	0.2
果蔬汁	kL	268384	-5.0
碳酸饮料	kL	268877	-2.7
矿泉水	kL	503766	7.0
运动饮料	kL	168673	34.8
咖啡饮料	kL	184858	2.4
茶类饮料	kL	1167470	1.8

注：1公石=100L；标准箱为20英尺长的集装箱。

（二）中国台湾地区食品产业发展趋势

1. 食品生产将朝着优质、绿色、健康方向发展

虽然受到国际市场低迷，食品出口减缓，原材料、能源价格居高不下，生产成本不断上涨等不利因素的影响，但整体而言，伴随着人们收入水平的缓慢增长和生活方式的转变，未来台湾地区食品生产将朝着优质、绿色、保健和差异化方向发展。从产品种类看，保健食品尤其是生技保健食品、绿色食品、有机食品等将成为未来相当长一段时期内食品产业的重要发展方向。此外，集休闲娱乐、观光旅游、餐饮服务以及地方文化元素于一体的多元化发展模式也将得到进一步的提升。

2. 食品产业国际化趋势日益增强

受本地区资本、劳动力等生产成本不断上涨，区内消费需求增长缓慢等因素的影响，未来台湾地区食品产业的国际化趋势将进一步增强。在国际化进程中，更多的食品企业，尤其是行业巨头将实施全球化发展战略，全球布局，整合全球资源，实现资源优化配置，促进人才、资本和原料的自由流动，以降低生产成本，提高效率。此外，针对日本、欧洲、美国和中国大陆地区的高端食品市场，凭借过硬的生产技术、良好的品牌声誉，越来越多的企业未来将会选择进军这一市场。

3. 食品质量安全监管将更加严苛

长期以来，因受到严格的监管和行业约束，中国台湾地区食品产业一直保持了较好的声誉，但近年来频发的食品质量安全事件使得人们开始重新审视食品产业的质量安全监管和企业的质量控制。2013年以来，顺丁烯二酸酐化制淀粉污染食品事件、过期原料事件、橄榄油掺假或含铜叶绿素等食品安全疑似事件极大地打击了消费者信心和台湾食品的口碑。因此，未来台湾地区食品质量安全监管将会更加严苛，尤其是涉及食品原料以及生产过程的质量控制。

中国食品科学技术学会
中国电子信息产业发展研究院

附录

附录一　食品行业重大法律法规

《中华人民共和国食品安全法》（主席令第二十一号）

中华人民共和国主席令

第　二十一　号

《中华人民共和国食品安全法》已由中华人民共和国第十二届全国人民代表大会常务委员会第十四次会议于2015年4月24日修订通过，现将修订后的《中华人民共和国食品安全法》公布，自2015年10月1日起施行。

中华人民共和国主席　习近平

2015年4月24日

中华人民共和国食品安全法

（2009年2月28日第十一届全国人民代表大会常务委员会第七次会议通过
2015年4月24日第十二届全国人民代表大会常务委员会第十四次会议修订）

目录

第一章　总则
第二章　食品安全风险监测和评估
第三章　食品安全标准
第四章　食品生产经营
　第一节　一般规定
　第二节　生产经营过程控制
　第三节　标签、说明书和广告
　第四节　特殊食品
第五章　食品检验
第六章　食品进出口
第七章　食品安全事故处置

第八章　监督管理
第九章　法律责任
第十章　附则

第一章　总则

第一条　为了保证食品安全，保障公众身体健康和生命安全，制定本法。

第二条　在中华人民共和国境内从事下列活动，应当遵守本法：

（一）食品生产和加工（以下称食品生产），食品销售和餐饮服务（以下称食品经营）；

（二）食品添加剂的生产经营；

（三）用于食品的包装材料、容器、洗涤剂、消毒剂和用于食品生产经营的工具、设备（以下称食品相关产品）的生产经营；

（四）食品生产经营者使用食品添加剂、食品相关产品；

（五）食品的贮存和运输；

（六）对食品、食品添加剂、食品相关产品的安全管理。

供食用的源于农业的初级产品（以下称食用农产品）的质量安全管理，遵守《中华人民共和国农产品质量安全法》的规定。但是，食用农产品的市场销售、有关质量安全标准的制定、有关安全信息的公布和本法对农业投入品作出规定的，应当遵守本法的规定。

第三条　食品安全工作实行预防为主、风险管理、全程控制、社会共治，建立科学、严格的监督管理制度。

第四条　食品生产经营者对其生产经营食品的安全负责。

食品生产经营者应当依照法律、法规和食品安全标准从事生产经营活动，保证食品安全，诚信自律，对社会和公众负责，接受社会监督，承担社会责任。

第五条　国务院设立食品安全委员会，其职责由国务院规定。

国务院食品药品监督管理部门依照本法和国务院规定的职责，对食品生产经营活动实施监督管理。

国务院卫生行政部门依照本法和国务院规定的职责，组织开展食品安全风险监测和风险评估，会同国务院食品药品监督管理部门制定并公布食品安全国家标准。

国务院其他有关部门依照本法和国务院规定的职责，承担有关食品安全工作。

第六条　县级以上地方人民政府对本行政区域的食品安全监督管理工作负责，统一领导、组织、协调本行政区域的食品安全监督管理工作以及食品安全突发事件应对工作，建立健全食品安全全程监督管理工作机制和信息共享机制。

县级以上地方人民政府依照本法和国务院的规定，确定本级食品药品监督管理、卫生行政部门和其他有关部门的职责。有关部门在各自职责范围内负责本行政区域的食品安全监督管理工作。

县级人民政府食品药品监督管理部门可以在乡镇或者特定区域设立派出机构。

第七条　县级以上地方人民政府实行食品安全监督管理责任制。上级人民政府负责对下一级人民政府的食品安全监督管理工作进行评议、考核。县级以上地方人民政府负责对本级食品药品监督管理部门和其他有关部门的食品安全监督管理工作进行评议、考核。

第八条　县级以上人民政府应当将食品安全工作纳入本级国民经济和社会发展规划，将食品安全工作经费列入本级政府财政预算，加强食品安全监督管理能力建设，为食品安全工作提供保障。

县级以上人民政府食品药品监督管理部门和其他有关部门应当加强沟通、密切配合，按照各自职责分工，依法行使职权，承担责任。

第九条　食品行业协会应当加强行业自律，按照章程建立健全行业规范和奖惩机制，提供食品安全信息、技术等服务，引导和督促食品生产经营者依法生产经营，推动行业诚信建设，宣传、普及食品安全知识。

消费者协会和其他消费者组织对违反本法规定，损害消费者合法权益的行为，依法进行社会监督。

第十条　各级人民政府应当加强食品安全的宣传教育，普及食品安全知识，鼓励社会组织、基层群众性自治组织、食品生产经营者开展食品安全法律、法规以及食品安全标准和知识的普及工作，倡导健康的饮食方式，增强消费者食品安全意识和自我保护能力。

新闻媒体应当开展食品安全法律、法规以及食品安全标准和知识的公益宣传，并对食品安全违法行为进行舆论监督。有关食品安全的宣传报道应当真实、公正。

第十一条　国家鼓励和支持开展与食品安全有关的基础研究、应用研究，鼓励和支持食品生产经营者为提高食品安全水平采用先进技术和先进管理规范。

国家对农药的使用实行严格的管理制度，加快淘汰剧毒、高毒、高残留农药，推动替代产品的研发和应用，鼓励使用高效低毒低残留农药。

第十二条　任何组织或者个人有权举报食品安全违法行为，依法向有关部门了解食品安全信息，对食品安全监督管理工作提出意见和建议。

第十三条　对在食品安全工作中做出突出贡献的单位和个人，按照国家有关规定给予表彰、奖励。

第二章　食品安全风险监测和评估

第十四条　国家建立食品安全风险监测制度，对食源性疾病、食品污染以及食品中的有害因素进行监测。

国务院卫生行政部门会同国务院食品药品监督管理、质量监督等部门，制订、实施国家食品安全风险监测计划。

国务院食品药品监督管理部门和其他有关部门获知有关食品安全风险信息后，应当立即核实并向国务院卫生行政部门通报。对有关部门通报的食品安全风险信息以及医疗机构报告的食源性疾病等有关疾病信息，国务院卫生行政部门应当会同国务院有关部门分析研究，认为必要的，及时调整国家食品安全风险监测计划。省、自治区、直辖市人民政府卫生行政部门会同同级食品药品监督管理、质量监督等部门，根据国家食品安全风险监测计划，结合本行政区域的具体情况，制定、调整本行政区域的食品安全风险监测方案，报国务院卫生行政部门备案并实施。

第十五条　承担食品安全风险监测工作的技术机构应当根据食品安全风险监测计划和监测方案开展监测工作，保证监测数据真实、准确，并按照食品安全风险监测计划和监测方案的要求报送监测数据和分析结果。

食品安全风险监测工作人员有权进入相关食用农产品种植养殖、食品生产经营场所采集样品、收集相关数据。采集样品应当按照市场价格支付费用。

第十六条　食品安全风险监测结果表明可能存在食品安全隐患的，县级以上人民政府卫生行政部门应当及时将相关信息通报同级食品药品监督管理等部门，并报告本级人民政府和上级人民政府卫生行政部门。食品药品监督管理等部门应当组织开展进一步调查。

第十七条　国家建立食品安全风险评估制度，运用科学方法，根据食品安全风险监测信息、科学数据以及有关信息，对食品、食品添加剂、食品相关产品中生物性、化学性和物理性危害因素进行风险评估。

国务院卫生行政部门负责组织食品安全风险评估工作，成立由医学、农业、食品、营养、生物、环境等方面的专家组成的食品安全风险评估专家委员会进行食品安全风险评估。食品安全风险评估结果由国务院卫生行政部门公布。

对农药、肥料、兽药、饲料和饲料添加剂等的安全性评估，应当有食品安全风险评估专家委员会的专家参加。

食品安全风险评估不得向生产经营者收取费用，采集样品应当按照市场价格支付费用。

第十八条　有下列情形之一的，应当进行食品安全风险评估：

（一）通过食品安全风险监测或者接到举报发现食品、食品添加剂、食品相关产品可能存在安全隐患的；

（二）为制定或者修订食品安全国家标准提供科学依据需要进行风险评估的；

（三）为确定监督管理的重点领域、重点品种需要进行风险评估的；

（四）发现新的可能危害食品安全因素的；

（五）需要判断某一因素是否构成食品安全隐患的；

（六）国务院卫生行政部门认为需要进行风险评估的其他情形。

第十九条　国务院食品药品监督管理、质量监督、农业行政等部门在监督管理工作中发现需要进行食品安全风险评估的，应当向国务院卫生行政部门提出食品安全风险评估的建议，并提供风险来源、相关检验数据和结论等信息、资料。属于本法第十八条规定情形的，国务院卫生行政部门应当及时进行食品安全风险评估，并向国务院有关部门通报评估结果。

第二十条　省级以上人民政府卫生行政、农业行政部门应当及时相互通报食品、食用农产品安全风险监测信息。

国务院卫生行政、农业行政部门应当及时相互通报食品、食用农产品安全风险评估结果等信息。

第二十一条　食品安全风险评估结果是制定、修订食品安全标准和实施食品安全监督管理的科学依据。

经食品安全风险评估，得出食品、食品添加剂、食品相关产品不安全结论的，国务院食品药品监督管理、质量监督等部门应当依据各自职责立即向社会公告，告知消费者停止食用或者使用，并采取相应措施，确保该食品、食品添加剂、食品相关产品停止生产经营；需要制定、修订相关食品安全国家标准的，国务院卫生行政部门应当会同国务院食品药品监督管理部门立即制定、修订。

第二十二条　国务院食品药品监督管理部门应当会同国务院有关部门，根据食品安全风险评估结果、食品安全监督管理信息，对食品安全状况进行综合分析。对经综合分析表明可能具有较高程度安全风险的食品，国务院食品药品监督管理部门应当及时提出食品安全风险警示，并向社会公布。

第二十三条　县级以上人民政府食品药品监督管理部门和其他有关部门、食品安全风险评估专家委员会及其技术机构，应当按照科学、客观、及时、公开的原则，组织食品生产经营者、食品检验机构、认证机构、食品行业协会、消费者协会以及新闻媒体等，就食品安全风险评估信息和食品安全监督管理信息进行交流沟通。

第三章　食品安全标准

第二十四条　制定食品安全标准，应当以保障公众身体健康为宗旨，做到科学合理、安全可靠。

第二十五条　食品安全标准是强制执行的标准。除食品安全标准外，不得制定其他食品强制性标准。

第二十六条　食品安全标准应当包括下列内容：

（一）食品、食品添加剂、食品相关产品中的致病性微生物，农药残留、兽药残留、生物毒素、重金属等污染物质以及其他危害人体健康物质的限量规定；

（二）食品添加剂的品种、使用范围、用量；

（三）专供婴幼儿和其他特定人群的主辅食品的营养成分要求；

（四）对与卫生、营养等食品安全要求有关的标签、标志、说明书的要求；

（五）食品生产经营过程的卫生要求；

（六）与食品安全有关的质量要求；

（七）与食品安全有关的食品检验方法与规程；

（八）其他需要制定为食品安全标准的内容。

第二十七条　食品安全国家标准由国务院卫生行政部门会同国务院食品药品监督管理部门制定、公布，国务院标准化行政部门提供国家标准编号。

食品中农药残留、兽药残留的限量规定及其检验方法与规程由国务院卫生行政部门、国务院农业行政部门会同国务院食品药品监督管理部门制定。

屠宰畜、禽的检验规程由国务院农业行政部门会同国务院卫生行政部门制定。

第二十八条　制定食品安全国家标准，应当依据食品安全风险评估结果并充分考虑食用农产品安全风险评估结果，参照相关的国际标准和国际食品安全风险评估结果，并将食品安全国家标准草案向社会公布，广泛听取食品生产经营者、消费者、有关部门等方面的意见。

食品安全国家标准应当经国务院卫生行政部门组织的食品安全国家标准审评委员会审查通过。食品安全国家标准审评委员会由医学、农业、食品、营养、生物、环境等方面的专家以及国务院有关部门、食品行业协会、消费者协会的代表组成，对食品安全国家标准草案的科学性和实用性等进行审查。

第二十九条　对地方特色食品，没有食品安全国家标准的，省、自治区、直辖市人民政府卫生行政部门可以制定并公布食品安全地方标准，报国务院卫生行政部门备案。食品安全国家标准制定后，该地方标准即行废止。

第三十条　国家鼓励食品生产企业制定严于食品安全国家标准或者地方标准的企业标准，

在本企业适用，并报省、自治区、直辖市人民政府卫生行政部门备案。

第三十一条　省级以上人民政府卫生行政部门应当在其网站上公布制定和备案的食品安全国家标准、地方标准和企业标准，供公众免费查阅、下载。

对食品安全标准执行过程中的问题，县级以上人民政府卫生行政部门应当会同有关部门及时给予指导、解答。

第三十二条　省级以上人民政府卫生行政部门应当会同同级食品药品监督管理、质量监督、农业行政等部门，分别对食品安全国家标准和地方标准的执行情况进行跟踪评价，并根据评价结果及时修订食品安全标准。

省级以上人民政府食品药品监督管理、质量监督、农业行政等部门应当对食品安全标准执行中存在的问题进行收集、汇总，并及时向同级卫生行政部门通报。

食品生产经营者、食品行业协会发现食品安全标准在执行中存在问题的，应当立即向卫生行政部门报告。

第四章　食品生产经营

第一节　一般规定

第三十三条　食品生产经营应当符合食品安全标准，并符合下列要求：

（一）具有与生产经营的食品品种、数量相适应的食品原料处理和食品加工、包装、贮存等场所，保持该场所环境整洁，并与有毒、有害场所以及其他污染源保持规定的距离；

（二）具有与生产经营的食品品种、数量相适应的生产经营设备或者设施，有相应的消毒、更衣、盥洗、采光、照明、通风、防腐、防尘、防蝇、防鼠、防虫、洗涤以及处理废水、存放垃圾和废弃物的设备或者设施；

（三）有专职或者兼职的食品安全专业技术人员、食品安全管理人员和保证食品安全的规章制度；

（四）具有合理的设备布局和工艺流程，防止待加工食品与直接入口食品、原料与成品交叉污染，避免食品接触有毒物、不洁物；

（五）餐具、饮具和盛放直接入口食品的容器，使用前应当洗净、消毒，炊具、用具用后应当洗净，保持清洁；

（六）贮存、运输和装卸食品的容器、工具和设备应当安全、无害，保持清洁，防止食品污染，并符合保证食品安全所需的温度、湿度等特殊要求，不得将食品与有毒、有害物品一同贮存、运输；

（七）直接入口的食品应当使用无毒、清洁的包装材料、餐具、饮具和容器；

（八）食品生产经营人员应当保持个人卫生，生产经营食品时，应当将手洗净，穿戴清洁的工作衣、帽等；销售无包装的直接入口食品时，应当使用无毒、清洁的容器、售货工具和设备；

（九）用水应当符合国家规定的生活饮用水卫生标准；

（十）使用的洗涤剂、消毒剂应当对人体安全、无害；

（十一）法律、法规规定的其他要求。

非食品生产经营者从事食品贮存、运输和装卸的，应当符合前款第六项的规定。

第三十四条　禁止生产经营下列食品、食品添加剂、食品相关产品：

（一）用非食品原料生产的食品或者添加食品添加剂以外的化学物质和其他可能危害人体健康物质的食品，或者用回收食品作为原料生产的食品；

（二）致病性微生物，农药残留、兽药残留、生物毒素、重金属等污染物质以及其他危害人体健康的物质含量超过食品安全标准限量的食品、食品添加剂、食品相关产品；

（三）用超过保质期的食品原料、食品添加剂生产的食品、食品添加剂；

（四）超范围、超限量使用食品添加剂的食品；

（五）营养成分不符合食品安全标准的专供婴幼儿和其他特定人群的主辅食品；

（六）腐败变质、油脂酸败、霉变生虫、污秽不洁、混有异物、掺假掺杂或者感官性状异常的食品、食品添加剂；

（七）病死、毒死或者死因不明的禽、畜、兽、水产动物肉类及其制品；

（八）未按规定进行检疫或者检疫不合格的肉类，或者未经检验或者检验不合格的肉类制品；

（九）被包装材料、容器、运输工具等污染的食品、食品添加剂；

（十）标注虚假生产日期、保质期或者超过保质期的食品、食品添加剂；

（十一）无标签的预包装食品、食品添加剂；

（十二）国家为防病等特殊需要明令禁止生产经营的食品；

（十三）其他不符合法律、法规或者食品安全标准的食品、食品添加剂、食品相关产品。

第三十五条　国家对食品生产经营实行许可制度。从事食品生产、食品销售、餐饮服务，应当依法取得许可。但是，销售食用农产品，不需要取得许可。

县级以上地方人民政府食品药品监督管理部门应当依照《中华人民共和国行政许可法》的规定，审核申请人提交的本法第三十三条第一款第一项至第四项规定要求的相关资料，必要时对申请人的生产经营场所进行现场核查；对符合规定条件的，准予许可；对不符合规定条件的，不予许可并书面说明理由。

第三十六条　食品生产加工小作坊和食品摊贩等从事食品生产经营活动，应当符合本法规定的与其生产经营规模、条件相适应的食品安全要求，保证所生产经营的食品卫生、无毒、无害，食品药品监督管理部门应当对其加强监督管理。

县级以上地方人民政府应当对食品生产加工小作坊、食品摊贩等进行综合治理，加强服务和统一规划，改善其生产经营环境，鼓励和支持其改进生产经营条件，进入集中交易市场、店铺等固定场所经营，或者在指定的临时经营区域、时段经营。

食品生产加工小作坊和食品摊贩等的具体管理办法由省、自治区、直辖市制定。

第三十七条　利用新的食品原料生产食品，或者生产食品添加剂新品种、食品相关产品新品种，应当向国务院卫生行政部门提交相关产品的安全性评估材料。国务院卫生行政部门应当自收到申请之日起六十日内组织审查；对符合食品安全要求的，准予许可并公布；对不符合食品安全要求的，不予许可并书面说明理由。

第三十八条　生产经营的食品中不得添加药品，但是可以添加按照传统既是食品又是中药材的物质。按照传统既是食品又是中药材的物质目录由国务院卫生行政部门会同国务院食品药品监督管理部门制定、公布。

第三十九条　国家对食品添加剂生产实行许可制度。从事食品添加剂生产，应当具有与所生产食品添加剂品种相适应的场所、生产设备或者设施、专业技术人员和管理制度，并依照本法第三十五条第二款规定的程序，取得食品添加剂生产许可。

生产食品添加剂应当符合法律、法规和食品安全国家标准。

第四十条　食品添加剂应当在技术上确有必要且经过风险评估证明安全可靠，方可列入允许使用的范围；有关食品安全国家标准应当根据技术必要性和食品安全风险评估结果及时修订。

食品生产经营者应当按照食品安全国家标准使用食品添加剂。

第四十一条　生产食品相关产品应当符合法律、法规和食品安全国家标准。对直接接触食品的包装材料等具有较高风险的食品相关产品，按照国家有关工业产品生产许可证管理的规定实施生产许可。质量监督部门应当加强对食品相关产品生产活动的监督管理。

第四十二条　国家建立食品安全全程追溯制度。

食品生产经营者应当依照本法的规定，建立食品安全追溯体系，保证食品可追溯。国家鼓励食品生产经营者采用信息化手段采集、留存生产经营信息，建立食品安全追溯体系。

国务院食品药品监督管理部门会同国务院农业行政等有关部门建立食品安全全程追溯协作机制。

第四十三条　地方各级人民政府应当采取措施鼓励食品规模化生产和连锁经营、配送。

国家鼓励食品生产经营企业参加食品安全责任保险。

第二节　生产经营过程控制

第四十四条　食品生产经营企业应当建立健全食品安全管理制度，对职工进行食品安全知识培训，加强食品检验工作，依法从事生产经营活动。

食品生产经营企业的主要负责人应当落实企业食品安全管理制度，对本企业的食品安全工作全面负责。

食品生产经营企业应当配备食品安全管理人员，加强对其培训和考核。经考核不具备食品安全管理能力的，不得上岗。食品药品监督管理部门应当对企业食品安全管理人员随机进行监督抽查考核并公布考核情况。监督抽查考核不得收取费用。

第四十五条　食品生产经营者应当建立并执行从业人员健康管理制度。患有国务院卫生行政部门规定的有碍食品安全疾病的人员，不得从事接触直接入口食品的工作。

从事接触直接入口食品工作的食品生产经营人员应当每年进行健康检查，取得健康证明后方可上岗工作。

第四十六条　食品生产企业应当就下列事项制定并实施控制要求，保证所生产的食品符合食品安全标准：

（一）原料采购、原料验收、投料等原料控制；

（二）生产工序、设备、贮存、包装等生产关键环节控制；

（三）原料检验、半成品检验、成品出厂检验等检验控制；

（四）运输和交付控制。

第四十七条　食品生产经营者应当建立食品安全自查制度，定期对食品安全状况进行检查评价。生产经营条件发生变化，不再符合食品安全要求的，食品生产经营者应当立即采取整改措施；有发生食品安全事故潜在风险的，应当立即停止食品生产经营活动，并向所在地县级人民政府食品药品监督管理部门报告。

第四十八条　国家鼓励食品生产经营企业符合良好生产规范要求，实施危害分析与关键控制点体系，提高食品安全管理水平。

对通过良好生产规范、危害分析与关键控制点体系认证的食品生产经营企业，认证机构应当依法实施跟踪调查；对不再符合认证要求的企业，应当依法撤销认证，及时向县级以上人民政府食品药品监督管理部门通报，并向社会公布。认证机构实施跟踪调查不得收取费用。

第四十九条　食用农产品生产者应当按照食品安全标准和国家有关规定使用农药、肥料、兽药、饲料和饲料添加剂等农业投入品，严格执行农业投入品使用安全间隔期或者休药期的规定，不得使用国家明令禁止的农业投入品。禁止将剧毒、高毒农药用于蔬菜、瓜果、茶叶和中草药材等国家规定的农作物。

食用农产品的生产企业和农民专业合作经济组织应当建立农业投入品使用记录制度。

县级以上人民政府农业行政部门应当加强对农业投入品使用的监督管理和指导，建立健全农业投入品安全使用制度。

第五十条　食品生产者采购食品原料、食品添加剂、食品相关产品，应当查验供货者的许可证和产品合格证明；对无法提供合格证明的食品原料，应当按照食品安全标准进行检验；不得采购或者使用不符合食品安全标准的食品原料、食品添加剂、食品相关产品。

食品生产企业应当建立食品原料、食品添加剂、食品相关产品进货查验记录制度，如实记录食品原料、食品添加剂、食品相关产品的名称、规格、数量、生产日期或者生产批号、保质期、进货日期以及供货者名称、地址、联系方式等内容，并保存相关凭证。记录和凭证保存期限不得少于产品保质期满后六个月；没有明确保质期的，保存期限不得少于二年。

第五十一条　食品生产企业应当建立食品出厂检验记录制度，查验出厂食品的检验合格证和安全状况，如实记录食品的名称、规格、数量、生产日期或者生产批号、保质期、检验合格证号、销售日期以及购货者名称、地址、联系方式等内容，并保存相关凭证。记录和凭证保存期限应当符合本法第五十条第二款的规定。

第五十二条　食品、食品添加剂、食品相关产品的生产者，应当按照食品安全标准对所生产的食品、食品添加剂、食品相关产品进行检验，检验合格后方可出厂或者销售。

第五十三条　食品经营者采购食品，应当查验供货者的许可证和食品出厂检验合格证或者其他合格证明（以下称合格证明文件）。

食品经营企业应当建立食品进货查验记录制度，如实记录食品的名称、规格、数量、生产日期或者生产批号、保质期、进货日期以及供货者名称、地址、联系方式等内容，并保存相关凭证。记录和凭证保存期限应当符合本法第五十条第二款的规定。

实行统一配送经营方式的食品经营企业，可以由企业总部统一查验供货者的许可证和食品合格证明文件，进行食品进货查验记录。

从事食品批发业务的经营企业应当建立食品销售记录制度，如实记录批发食品的名称、规格、数量、生产日期或者生产批号、保质期、销售日期以及购货者名称、地址、联系方式等内容，并保存相关凭证。记录和凭证保存期限应当符合本法第五十条第二款的规定。

第五十四条　食品经营者应当按照保证食品安全的要求贮存食品，定期检查库存食品，及时清理变质或者超过保质期的食品。

食品经营者贮存散装食品，应当在贮存位置标明食品的名称、生产日期或者生产批号、保质期、生产者名称及联系方式等内容。

第五十五条　餐饮服务提供者应当制定并实施原料控制要求，不得采购不符合食品安全标准的食品原料。倡导餐饮服务提供者公开加工过程，公示食品原料及其来源等信息。

餐饮服务提供者在加工过程中应当检查待加工的食品及原料，发现有本法第三十四条第六项规定情形的，不得加工或者使用。

第五十六条　餐饮服务提供者应当定期维护食品加工、贮存、陈列等设施、设备；定期清洗、校验保温设施及冷藏、冷冻设施。

餐饮服务提供者应当按照要求对餐具、饮具进行清洗消毒，不得使用未经清洗消毒的餐具、饮具；餐饮服务提供者委托清洗消毒餐具、饮具的，应当委托符合本法规定条件的餐具、饮具集中消毒服务单位。

第五十七条　学校、托幼机构、养老机构、建筑工地等集中用餐单位的食堂应当严格遵守法律、法规和食品安全标准；从供餐单位订餐的，应当从取得食品生产经营许可的企业订购，并按照要求对订购的食品进行查验。供餐单位应当严格遵守法律、法规和食品安全标准，当餐加工，确保食品安全。

学校、托幼机构、养老机构、建筑工地等集中用餐单位的主管部门应当加强对集中用餐单位的食品安全教育和日常管理，降低食品安全风险，及时消除食品安全隐患。

第五十八条　餐具、饮具集中消毒服务单位应当具备相应的作业场所、清洗消毒设备或者设施，用水和使用的洗涤剂、消毒剂应当符合相关食品安全国家标准和其他国家标准、卫生规范。

餐具、饮具集中消毒服务单位应当对消毒餐具、饮具进行逐批检验，检验合格后方可出厂，并应当随附消毒合格证明。消毒后的餐具、饮具应当在独立包装上标注单位名称、地址、联系方式、消毒日期以及使用期限等内容。

第五十九条　食品添加剂生产者应当建立食品添加剂出厂检验记录制度，查验出厂产品的检验合格证和安全状况，如实记录食品添加剂的名称、规格、数量、生产日期或者生产批号、保质期、检验合格证号、销售日期以及购货者名称、地址、联系方式等相关内容，并保存相关凭证。记录和凭证保存期限应当符合本法第五十条第二款的规定。

第六十条　食品添加剂经营者采购食品添加剂，应当依法查验供货者的许可证和产品合格证明文件，如实记录食品添加剂的名称、规格、数量、生产日期或者生产批号、保质期、进货日期以及供货者名称、地址、联系方式等内容，并保存相关凭证。记录和凭证保存期限应当符合本法第五十条第二款的规定。

第六十一条　集中交易市场的开办者、柜台出租者和展销会举办者，应当依法审查入场食品经营者的许可证，明确其食品安全管理责任，定期对其经营环境和条件进行检查，发现其有违反本法规定行为的，应当及时制止并立即报告所在地县级人民政府食品药品监督管理部门。

第六十二条　网络食品交易第三方平台提供者应当对入网食品经营者进行实名登记，明确其食品安全管理责任；依法应当取得许可证的，还应当审查其许可证。

网络食品交易第三方平台提供者发现入网食品经营者有违反本法规定行为的，应当及时制止并立即报告所在地县级人民政府食品药品监督管理部门；发现严重违法行为的，应当立即停止提供网络交易平台服务。

第六十三条　国家建立食品召回制度。食品生产者发现其生产的食品不符合食品安全标准或者有证据证明可能危害人体健康的，应当立即停止生产，召回已经上市销售的食品，通知相关生产经营者和消费者，并记录召回和通知情况。

食品经营者发现其经营的食品有前款规定情形的，应当立即停止经营，通知相关生产经营者和消费者，并记录停止经营和通知情况。食品生产者认为应当召回的，应当立即召回。由于食品经营者的原因造成其经营的食品有前款规定情形的，食品经营者应当召回。

食品生产经营者应当对召回的食品采取无害化处理、销毁等措施，防止其再次流入市场。但是，对因标签、标志或者说明书不符合食品安全标准而被召回的食品，食品生产者在采取补救措施且能保证食品安全的情况下可以继续销售；销售时应当向消费者明示补救措施。

食品生产经营者应当将食品召回和处理情况向所在地县级人民政府食品药品监督管理部门报告；需要对召回的食品进行无害化处理、销毁的，应当提前报告时间、地点。食品药品监督管理部门认为必要的，可以实施现场监督。

食品生产经营者未依照本条规定召回或者停止经营的，县级以上人民政府食品药品监督管理部门可以责令其召回或者停止经营。

第六十四条　食用农产品批发市场应当配备检验设备和检验人员或者委托符合本法规定的食品检验机构，对进入该批发市场销售的食用农产品进行抽样检验；发现不符合食品安全标准的，应当要求销售者立即停止销售，并向食品药品监督管理部门报告。

第六十五条　食用农产品销售者应当建立食用农产品进货查验记录制度，如实记录食用农产品的名称、数量、进货日期以及供货者名称、地址、联系方式等内容，并保存相关凭证。记录和凭证保存期限不得少于六个月。

第六十六条　进入市场销售的食用农产品在包装、保鲜、贮存、运输中使用保鲜剂、防腐剂等食品添加剂和包装材料等食品相关产品，应当符合食品安全国家标准。

第三节　标签、说明书和广告

第六十七条　预包装食品的包装上应当有标签。标签应当标明下列事项：

（一）名称、规格、净含量、生产日期；

（二）成分或者配料表；

（三）生产者的名称、地址、联系方式；

（四）保质期；

（五）产品标准代号；

（六）贮存条件；

（七）所使用的食品添加剂在国家标准中的通用名称；

（八）生产许可证编号；

（九）法律、法规或者食品安全标准规定应当标明的其他事项。

专供婴幼儿和其他特定人群的主辅食品，其标签还应当标明主要营养成分及其含量。

食品安全国家标准对标签标注事项另有规定的，从其规定。

第六十八条　食品经营者销售散装食品，应当在散装食品的容器、外包装上标明食品的名称、生产日期或者生产批号、保质期以及生产经营者名称、地址、联系方式等内容。

第六十九条　生产经营转基因食品应当按照规定显著标示。

第七十条　食品添加剂应当有标签、说明书和包装。标签、说明书应当载明本法第六十七条第一款第一项至第六项、第八项、第九项规定的事项，以及食品添加剂的使用范围、用量、使用方法，并在标签上载明“食品添加剂”字样。

第七十一条　食品和食品添加剂的标签、说明书，不得含有虚假内容，不得涉及疾病预防、治疗功能。生产经营者对其提供的标签、说明书的内容负责。

食品和食品添加剂的标签、说明书应当清楚、明显，生产日期、保质期等事项应当显著标注，容易辨识。

食品和食品添加剂与其标签、说明书的内容不符的，不得上市销售。

第七十二条　食品经营者应当按照食品标签标示的警示标志、警示说明或者注意事项的要求销售食品。

第七十三条　食品广告的内容应当真实合法，不得含有虚假内容，不得涉及疾病预防、治疗功能。食品生产经营者对食品广告内容的真实性、合法性负责。

县级以上人民政府食品药品监督管理部门和其他有关部门以及食品检验机构、食品行业协会不得以广告或者其他形式向消费者推荐食品。消费者组织不得以收取费用或者其他牟取利益的方式向消费者推荐食品。

第四节　特殊食品

第七十四条　国家对保健食品、特殊医学用途配方食品和婴幼儿配方食品等特殊食品实行严格监督管理。

第七十五条　保健食品声称保健功能，应当具有科学依据，不得对人体产生急性、亚急性或者慢性危害。

保健食品原料目录和允许保健食品声称的保健功能目录，由国务院食品药品监督管理部门会同国务院卫生行政部门、国家中医药管理部门制定、调整并公布。

保健食品原料目录应当包括原料名称、用量及其对应的功效；列入保健食品原料目录的原料只能用于保健食品生产，不得用于其他食品生产。

第七十六条　使用保健食品原料目录以外原料的保健食品和首次进口的保健食品应当经国务院食品药品监督管理部门注册。但是，首次进口的保健食品中属于补充维生素、矿物质等营养物质的，应当报国务院食品药品监督管理部门备案。其他保健食品应当报省、自治区、直辖市人民政府食品药品监督管理部门备案。

进口的保健食品应当是出口国（地区）主管部门准许上市销售的产品。

第七十七条　依法应当注册的保健食品，注册时应当提交保健食品的研发报告、产品配方、生产工艺、安全性和保健功能评价、标签、说明书等材料及样品，并提供相关证明文件。国务院食品药品监督管理部门经组织技术审评，对符合安全和功能声称要求的，准予注册；对不符合要求的，不予注册并书面说明理由。对使用保健食品原料目录以外原料的保健食品作出准予注册决定的，应当及时将该原料纳入保健食品原料目录。

依法应当备案的保健食品，备案时应当提交产品配方、生产工艺、标签、说明书以及表明产品安全性和保健功能的材料。

第七十八条　保健食品的标签、说明书不得涉及疾病预防、治疗功能，内容应当真实，与注册或者备案的内容相一致，载明适宜人群、不适宜人群、功效成分或者标志性成分及其含量等，并声明“本品不能代替药物”。保健食品的功能和成分应当与标签、说明书相一致。

第七十九条　保健食品广告除应当符合本法第七十三条第一款的规定外，还应当声明“本品不能代替药物”；其内容应当经生产企业所在地省、自治区、直辖市人民政府食品药品监督管理部门审查批准，取得保健食品广告批准文件。省、自治区、直辖市人民政府食品药品监督管理部门应当公布并及时更新已经批准的保健食品广告目录以及批准的广告内容。

第八十条　特殊医学用途配方食品应当经国务院食品药品监督管理部门注册。注册时，应当提交产品配方、生产工艺、标签、说明书以及表明产品安全性、营养充足性和特殊医学用途临床效果的材料。

特殊医学用途配方食品广告适用《中华人民共和国广告法》和其他法律、行政法规关于药品广告管理的规定。

第八十一条　婴幼儿配方食品生产企业应当实施从原料进厂到成品出厂的全过程质量控制，对出厂的婴幼儿配方食品实施逐批检验，保证食品安全。

生产婴幼儿配方食品使用的生鲜乳、辅料等食品原料、食品添加剂等，应当符合法律、行政法规的规定和食品安全国家标准，保证婴幼儿生长发育所需的营养成分。

婴幼儿配方食品生产企业应当将食品原料、食品添加剂、产品配方及标签等事项向省、自治区、直辖市人民政府食品药品监督管理部门备案。

婴幼儿配方乳粉的产品配方应当经国务院食品药品监督管理部门注册。注册时，应当提交配方研发报告和其他表明配方科学性、安全性的材料。

不得以分装方式生产婴幼儿配方乳粉，同一企业不得用同一配方生产不同品牌的婴幼儿配方乳粉。

第八十二条　保健食品、特殊医学用途配方食品、婴幼儿配方乳粉的注册人或者备案人应当对其提交材料的真实性负责。

省级以上人民政府食品药品监督管理部门应当及时公布注册或者备案的保健食品、特殊医学用途配方食品、婴幼儿配方乳粉目录，并对注册或者备案中获知的企业商业秘密予以保密。

保健食品、特殊医学用途配方食品、婴幼儿配方乳粉生产企业应当按照注册或者备案的产品配方、生产工艺等技术要求组织生产。

第八十三条　生产保健食品，特殊医学用途配方食品、婴幼儿配方食品和其他专供特定人群的主辅食品的企业，应当按照良好生产规范的要求建立与所生产食品相适应的生产质量管理体系，定期对该体系的运行情况进行自查，保证其有效运行，并向所在地县级人民政府食品药品监督管理部门提交自查报告。

第五章　食品检验

第八十四条　食品检验机构按照国家有关认证认可的规定取得资质认定后，方可从事食品检验活动。但是，法律另有规定的除外。

食品检验机构的资质认定条件和检验规范，由国务院食品药品监督管理部门规定。

符合本法规定的食品检验机构出具的检验报告具有同等效力。

县级以上人民政府应当整合食品检验资源，实现资源共享。

第八十五条　食品检验由食品检验机构指定的检验人独立进行。

检验人应当依照有关法律、法规的规定，并按照食品安全标准和检验规范对食品进行检验，尊重科学，恪守职业道德，保证出具的检验数据和结论客观、公正，不得出具虚假检验报告。

第八十六条　食品检验实行食品检验机构与检验人负责制。食品检验报告应当加盖食品检验机构公章，并有检验人的签名或者盖章。食品检验机构和检验人对出具的食品检验报告负责。

第八十七条　县级以上人民政府食品药品监督管理部门应当对食品进行定期或者不定期的抽样检验，并依据有关规定公布检验结果，不得免检。进行抽样检验，应当购买抽取的样品，委托符合本法规定的食品检验机构进行检验，并支付相关费用；不得向食品生产经营者收取检验费和其他费用。

第八十八条　对依照本法规定实施的检验结论有异议的，食品生产经营者可以自收到检验结论之日起七个工作日内向实施抽样检验的食品药品监督管理部门或者其上一级食品药品监督管理部门提出复检申请，由受理复检申请的食品药品监督管理部门在公布的复检机构名录中随机确定复检机构进行复检。复检机构出具的复检结论为最终检验结论。复检机构与初检机构不得为同一机构。复检机构名录由国务院认证认可监督管理、食品药品监督管理、卫生行政、农业行政等部门共同公布。

采用国家规定的快速检测方法对食用农产品进行抽查检测，被抽查人对检测结果有异议的，可以自收到检测结果时起四小时内申请复检。复检不得采用快速检测方法。

第八十九条　食品生产企业可以自行对所生产的食品进行检验，也可以委托符合本法规定的食品检验机构进行检验。

食品行业协会和消费者协会等组织、消费者需要委托食品检验机构对食品进行检验的，应当委托符合本法规定的食品检验机构进行。

第九十条　食品添加剂的检验，适用本法有关食品检验的规定。

第六章　食品进出口

第九十一条　国家出入境检验检疫部门对进出口食品安全实施监督管理。

第九十二条　进口的食品、食品添加剂、食品相关产品应当符合我国食品安全国家标准。

进口的食品、食品添加剂应当经出入境检验检疫机构依照进出口商品检验相关法律、行政法规的规定检验合格。

进口的食品、食品添加剂应当按照国家出入境检验检疫部门的要求随附合格证明材料。

第九十三条　进口尚无食品安全国家标准的食品，由境外出口商、境外生产企业或者其委托的进口商向国务院卫生行政部门提交所执行的相关国家（地区）标准或者国际标准。国务院卫生行政部门对相关标准进行审查，认为符合食品安全要求的，决定暂予适用，并及时制定相应的食品安全国家标准。进口利用新的食品原料生产的食品或者进口食品添加剂新品种、食品相关产品新品种，依照本法第三十七条的规定办理。

出入境检验检疫机构按照国务院卫生行政部门的要求，对前款规定的食品、食品添加剂、食品相关产品进行检验。检验结果应当公开。

第九十四条　境外出口商、境外生产企业应当保证向我国出口的食品、食品添加剂、食品相关产品符合本法以及我国其他有关法律、行政法规的规定和食品安全国家标准的要求，并对标签、说明书的内容负责。

进口商应当建立境外出口商、境外生产企业审核制度，重点审核前款规定的内容；审核不合格的，不得进口。

发现进口食品不符合我国食品安全国家标准或者有证据证明可能危害人体健康的，进口商应当立即停止进口，并依照本法第六十三条的规定召回。

第九十五条　境外发生的食品安全事件可能对我国境内造成影响，或者在进口食品、食品添加剂、食品相关产品中发现严重食品安全问题的，国家出入境检验检疫部门应当及时采取风险预警或者控制措施，并向国务院食品药品监督管理、卫生行政、农业行政部门通报。接到通报的部门应当及时采取相应措施。

县级以上人民政府食品药品监督管理部门对国内市场上销售的进口食品、食品添加剂实施监督管理。发现存在严重食品安全问题的，国务院食品药品监督管理部门应当及时向国家出入境检验检疫部门通报。国家出入境检验检疫部门应当及时采取相应措施。

第九十六条　向我国境内出口食品的境外出口商或者代理商、进口食品的进口商应当向国家出入境检验检疫部门备案。向我国境内出口食品的境外食品生产企业应当经国家出入境检验检疫部门注册。已经注册的境外食品生产企业提供虚假材料，或者因其自身的原因致使进口食品发生重大食品安全事故的，国家出入境检验检疫部门应当撤销注册并公告。

国家出入境检验检疫部门应当定期公布已经备案的境外出口商、代理商、进口商和已经注册的境外食品生产企业名单。

第九十七条　进口的预包装食品、食品添加剂应当有中文标签；依法应当有说明书的，还应当有中文说明书。标签、说明书应当符合本法以及我国其他有关法律、行政法规的规定和食品安全国家标准的要求，并载明食品的原产地以及境内代理商的名称、地址、联系方式。预包装食品没有中文标签、中文说明书或者标签、说明书不符合本条规定的，不得进口。

第九十八条　进口商应当建立食品、食品添加剂进口和销售记录制度，如实记录食品、食品添加剂的名称、规格、数量、生产日期、生产或者进口批号、保质期、境外出口商和购货者名称、地址及联系方式、交货日期等内容，并保存相关凭证。记录和凭证保存期限应当符合本法第五十条第二款的规定。

第九十九条　出口食品生产企业应当保证其出口食品符合进口国（地区）的标准或者合同要求。

出口食品生产企业和出口食品原料种植、养殖场应当向国家出入境检验检疫部门备案。

第一百条　国家出入境检验检疫部门应当收集、汇总下列进出口食品安全信息，并及时通报相关部门、机构和企业：

（一）出入境检验检疫机构对进出口食品实施检验检疫发现的食品安全信息；

（二）食品行业协会和消费者协会等组织、消费者反映的进口食品安全信息；

（三）国际组织、境外政府机构发布的风险预警信息及其他食品安全信息，以及境外食品行业协会等组织、消费者反映的食品安全信息；

（四）其他食品安全信息。

国家出入境检验检疫部门应当对进出口食品的进口商、出口商和出口食品生产企业实施信用管理，建立信用记录，并依法向社会公布。对有不良记录的进口商、出口商和出口食品生产企业，应当加强对其进出口食品的检验检疫。

第一百零一条　国家出入境检验检疫部门可以对向我国境内出口食品的国家（地区）的食品安全管理体系和食品安全状况进行评估和审查，并根据评估和审查结果，确定相应检验检疫要求。

第七章　食品安全事故处置

第一百零二条　国务院组织制定国家食品安全事故应急预案。

县级以上地方人民政府应当根据有关法律、法规的规定和上级人民政府的食品安全事故应急预案以及本行政区域的实际情况，制定本行政区域的食品安全事故应急预案，并报上一级人民政府备案。

食品安全事故应急预案应当对食品安全事故分级、事故处置组织指挥体系与职责、预防预警机制、处置程序、应急保障措施等作出规定。

食品生产经营企业应当制定食品安全事故处置方案，定期检查本企业各项食品安全防范措施的落实情况，及时消除事故隐患。

第一百零三条　发生食品安全事故的单位应当立即采取措施，防止事故扩大。事故单位和接收病人进行治疗的单位应当及时向事故发生地县级人民政府食品药品监督管理、卫生行政部门报告。

县级以上人民政府质量监督、农业行政等部门在日常监督管理中发现食品安全事故或者接到事故举报，应当立即向同级食品药品监督管理部门通报。

发生食品安全事故，接到报告的县级人民政府食品药品监督管理部门应当按照应急预案的规定向本级人民政府和上级人民政府食品药品监督管理部门报告。县级人民政府和上级人民政府食品药品监督管理部门应当按照应急预案的规定上报。

任何单位和个人不得对食品安全事故隐瞒、谎报、缓报，不得隐匿、伪造、毁灭有关证据。

第一百零四条　医疗机构发现其接收的病人属于食源性疾病病人或者疑似病人的，应当按照规定及时将相关信息向所在地县级人民政府卫生行政部门报告。县级人民政府卫生行政部门认为与食品安全有关的，应当及时通报同级食品药品监督管理部门。

县级以上人民政府卫生行政部门在调查处理传染病或者其他突发公共卫生事件中发现与食品安全相关的信息，应当及时通报同级食品药品监督管理部门。

第一百零五条　县级以上人民政府食品药品监督管理部门接到食品安全事故的报告后，应当立即会同同级卫生行政、质量监督、农业行政等部门进行调查处理，并采取下列措施，防止或者减轻社会危害：

（一）开展应急救援工作，组织救治因食品安全事故导致人身伤害的人员；

（二）封存可能导致食品安全事故的食品及其原料，并立即进行检验；对确认属于被污染的食品及其原料，责令食品生产经营者依照本法第六十三条的规定召回或者停止经营；

（三）封存被污染的食品相关产品，并责令进行清洗消毒；

（四）做好信息发布工作，依法对食品安全事故及其处理情况进行发布，并对可能产生的危害加以解释、说明。

发生食品安全事故需要启动应急预案的，县级以上人民政府应当立即成立事故处置指挥机构，启动应急预案，依照前款和应急预案的规定进行处置。

发生食品安全事故，县级以上疾病预防控制机构应当对事故现场进行卫生处理，并对与事故有关的因素开展流行病学调查，有关部门应当予以协助。县级以上疾病预防控制机构应当向同级食品药品监督管理、卫生行政部门提交流行病学调查报告。

第一百零六条　发生食品安全事故，设区的市级以上人民政府食品药品监督管理部门应当立即会同有关部门进行事故责任调查，督促有关部门履行职责，向本级人民政府和上一级人民政府食品药品监督管理部门提出事故责任调查处理报告。

涉及两个以上省、自治区、直辖市的重大食品安全事故由国务院食品药品监督管理部门依照前款规定组织事故责任调查。

第一百零七条　调查食品安全事故，应当坚持实事求是、尊重科学的原则，及时、准确查清事故性质和原因，认定事故责任，提出整改措施。

调查食品安全事故，除了查明事故单位的责任，还应当查明有关监督管理部门、食品检验机构、认证机构及其工作人员的责任。

第一百零八条　食品安全事故调查部门有权向有关单位和个人了解与事故有关的情况，并要求提供相关资料和样品。有关单位和个人应当予以配合，按照要求提供相关资料和样品，不得拒绝。

任何单位和个人不得阻挠、干涉食品安全事故的调查处理。

第八章　监督管理

第一百零九条　县级以上人民政府食品药品监督管理、质量监督部门根据食品安全风险监测、风险评估结果和食品安全状况等，确定监督管理的重点、方式和频次，实施风险分级管理。

县级以上地方人民政府组织本级食品药品监督管理、质量监督、农业行政等部门制定本行政区域的食品安全年度监督管理计划，向社会公布并组织实施。

食品安全年度监督管理计划应当将下列事项作为监督管理的重点：

（一）专供婴幼儿和其他特定人群的主辅食品；

（二）保健食品生产过程中的添加行为和按照注册或者备案的技术要求组织生产的情况，保健食品标签、说明书以及宣传材料中有关功能宣传的情况；

（三）发生食品安全事故风险较高的食品生产经营者；

（四）食品安全风险监测结果表明可能存在食品安全隐患的事项。

第一百一十条　县级以上人民政府食品药品监督管理、质量监督部门履行各自食品安全监督管理职责，有权采取下列措施，对生产经营者遵守本法的情况进行监督检查：

（一）进入生产经营场所实施现场检查；

（二）对生产经营的食品、食品添加剂、食品相关产品进行抽样检验；

（三）查阅、复制有关合同、票据、账簿以及其他有关资料；

（四）查封、扣押有证据证明不符合食品安全标准或者有证据证明存在安全隐患以及用于违法生产经营的食品、食品添加剂、食品相关产品；

（五）查封违法从事生产经营活动的场所。

第一百一十一条　对食品安全风险评估结果证明食品存在安全隐患，需要制定、修订食品安全标准的，在制定、修订食品安全标准前，国务院卫生行政部门应当及时会同国务院有关部门规定食品中有害物质的临时限量值和临时检验方法，作为生产经营和监督管理的依据。

第一百一十二条　县级以上人民政府食品药品监督管理部门在食品安全监督管理工作中可以采用国家规定的快速检测方法对食品进行抽查检测。

对抽查检测结果表明可能不符合食品安全标准的食品，应当依照本法第八十七条的规定进行检验。抽查检测结果确定有关食品不符合食品安全标准的，可以作为行政处罚的依据。

第一百一十三条　县级以上人民政府食品药品监督管理部门应当建立食品生产经营者食品安全信用档案，记录许可颁发、日常监督检查结果、违法行为查处等情况，依法向社会公布并实时更新；对有不良信用记录的食品生产经营者增加监督检查频次，对违法行为情节严重的食品生产经营者，可以通报投资主管部门、证券监督管理机构和有关的金融机构。

第一百一十四条　食品生产经营过程中存在食品安全隐患，未及时采取措施消除的，县级以上人民政府食品药品监督管理部门可以对食品生产经营者的法定代表人或者主要负责人进行责任约谈。食品生产经营者应当立即采取措施，进行整改，消除隐患。责任约谈情况和整改情况应当纳入食品生产经营者食品安全信用档案。

第一百一十五条　县级以上人民政府食品药品监督管理、质量监督等部门应当公布本部门的电子邮件地址或者电话，接受咨询、投诉、举报。接到咨询、投诉、举报，对属于本部门职责的，应当受理并在法定期限内及时答复、核实、处理；对不属于本部门职责的，应当移交有权处理的部门并书面通知咨询、投诉、举报人。有权处理的部门应当在法定期限内及时处理，不得推诿。对查证属实的举报，给予举报人奖励。

有关部门应当对举报人的信息予以保密，保护举报人的合法权益。举报人举报所在企业的，该企业不得以解除、变更劳动合同或者其他方式对举报人进行打击报复。

第一百一十六条　县级以上人民政府食品药品监督管理、质量监督等部门应当加强对执法人员食品安全法律、法规、标准和专业知识与执法能力等的培训，并组织考核。不具备相应知识和能力的，不得从事食品安全执法工作。

食品生产经营者、食品行业协会、消费者协会等发现食品安全执法人员在执法过程中有违反法律、法规规定的行为以及不规范执法行为的，可以向本级或者上级人民政府食品药品监督管理、质量监督等部门或者监察机关投诉、举报。接到投诉、举报的部门或者机关应当进行核实，并将经核实的情况向食品安全执法人员所在部门通报；涉嫌违法违纪的，按照本法和有关规定处理。

第一百一十七条　县级以上人民政府食品药品监督管理等部门未及时发现食品安全系统性风险，未及时消除监督管理区域内的食品安全隐患的，本级人民政府可以对其主要负责人进行责任约谈。

地方人民政府未履行食品安全职责，未及时消除区域性重大食品安全隐患的，上级人民政府可以对其主要负责人进行责任约谈。

被约谈的食品药品监督管理等部门、地方人民政府应当立即采取措施，对食品安全监督管理工作进行整改。

责任约谈情况和整改情况应当纳入地方人民政府和有关部门食品安全监督管理工作评议、考核记录。

第一百一十八条　国家建立统一的食品安全信息平台，实行食品安全信息统一公布制度。国家食品安全总体情况、食品安全风险警示信息、重大食品安全事故及其调查处理信息和国务院确定需要统一公布的其他信息由国务院食品药品监督管理部门统一公布。食品安全风险警示信息和重大食品安全事故及其调查处理信息的影响限于特定区域的，也可以由有关省、自治区、直辖市人民政府食品药品监督管理部门公布。未经授权不得发布上述信息。

县级以上人民政府食品药品监督管理、质量监督、农业行政部门依据各自职责公布食品安全日常监督管理信息。

公布食品安全信息，应当做到准确、及时，并进行必要的解释说明，避免误导消费者和社会舆论。

第一百一十九条　县级以上地方人民政府食品药品监督管理、卫生行政、质量监督、农业行政部门获知本法规定需要统一公布的信息，应当向上级主管部门报告，由上级主管部门立即报告国务院食品药品监督管理部门；必要时，可以直接向国务院食品药品监督管理部门报告。

县级以上人民政府食品药品监督管理、卫生行政、质量监督、农业行政部门应当相互通报获知的食品安全信息。

第一百二十条　任何单位和个人不得编造、散布虚假食品安全信息。

县级以上人民政府食品药品监督管理部门发现可能误导消费者和社会舆论的食品安全信息，应当立即组织有关部门、专业机构、相关食品生产经营者等进行核实、分析，并及时公布结果。

第一百二十一条　县级以上人民政府食品药品监督管理、质量监督等部门发现涉嫌食品安全犯罪的，应当按照有关规定及时将案件移送公安机关。对移送的案件，公安机关应当及时审查；认为有犯罪事实需要追究刑事责任的，应当立案侦查。

公安机关在食品安全犯罪案件侦查过程中认为没有犯罪事实，或者犯罪事实显著轻微，不需要追究刑事责任，但依法应当追究行政责任的，应当及时将案件移送食品药品监督管理、质量监督等部门和监察机关，有关部门应当依法处理。

公安机关商请食品药品监督管理、质量监督、环境保护等部门提供检验结论、认定意见以及对涉案物品进行无害化处理等协助的，有关部门应当及时提供，予以协助。

第九章　法律责任

第一百二十二条　违反本法规定，未取得食品生产经营许可从事食品生产经营活动，或者未取得食品添加剂生产许可从事食品添加剂生产活动的，由县级以上人民政府食品药品监督管理部门没收违法所得和违法生产经营的食品、食品添加剂以及用于违法生产经营的工具、设备、原料等物品；违法生产经营的食品、食品添加剂货值金额不足一万元的，并处五万元以上十万元以下罚款；货值金额一万元以上的，并处货值金额十倍以上二十倍以下罚款。

明知从事前款规定的违法行为，仍为其提供生产经营场所或者其他条件的，由县级以上人民政府食品药品监督管理部门责令停止违法行为，没收违法所得，并处五万元以上十万元以下罚款；使消费者的合法权益受到损害的，应当与食品、食品添加剂生产经营者承担连带责任。

第一百二十三条　违反本法规定，有下列情形之一，尚不构成犯罪的，由县级以上人民政府食品药品监督管理部门没收违法所得和违法生产经营的食品，并可以没收用于违法生产经营的工具、设备、原料等物品；违法生产经营的食品货值金额不足一万元的，并处十万元以上十五万元以下罚款；货值金额一万元以上的，并处货值金额十五倍以上三十倍以下罚款；情节严重的，吊销许可证，并可以由公安机关对其直接负责的主管人员和其他直接责任人员处五日以上十五日以下拘留：

（一）用非食品原料生产食品、在食品中添加食品添加剂以外的化学物质和其他可能危害人体健康的物质，或者用回收食品作为原料生产食品，或者经营上述食品；

（二）生产经营营养成分不符合食品安全标准的专供婴幼儿和其他特定人群的主辅食品；

（三）经营病死、毒死或者死因不明的禽、畜、兽、水产动物肉类，或者生产经营其制品；

（四）经营未按规定进行检疫或者检疫不合格的肉类，或者生产经营未经检验或者检验不合格的肉类制品；

（五）生产经营国家为防病等特殊需要明令禁止生产经营的食品；

（六）生产经营添加药品的食品。

明知从事前款规定的违法行为，仍为其提供生产经营场所或者其他条件的，由县级以上人民政府食品药品监督管理部门责令停止违法行为，没收违法所得，并处十万元以上二十万元以下罚款；使消费者的合法权益受到损害的，应当与食品生产经营者承担连带责任。

违法使用剧毒、高毒农药的，除依照有关法律、法规规定给予处罚外，可以由公安机关依照第一款规定给予拘留。

第一百二十四条　违反本法规定，有下列情形之一，尚不构成犯罪的，由县级以上人民政府食品药品监督管理部门没收违法所得和违法生产经营的食品、食品添加剂，并可以没收用于违法生产经营的工具、设备、原料等物品；违法生产经营的食品、食品添加剂货值金额不足一万元的，并处五万元以上十万元以下罚款；货值金额一万元以上的，并处货值金额十倍以上二十倍以下罚款；情节严重的，吊销许可证：

（一）生产经营致病性微生物，农药残留、兽药残留、生物毒素、重金属等污染物质以及其他危害人体健康的物质含量超过食品安全标准限量的食品、食品添加剂；

（二）用超过保质期的食品原料、食品添加剂生产食品、食品添加剂，或者经营上述食品、食品添加剂；

（三）生产经营超范围、超限量使用食品添加剂的食品；

（四）生产经营腐败变质、油脂酸败、霉变生虫、污秽不洁、混有异物、掺假掺杂或者感官性状异常的食品、食品添加剂；

（五）生产经营标注虚假生产日期、保质期或者超过保质期的食品、食品添加剂；

（六）生产经营未按规定注册的保健食品、特殊医学用途配方食品、婴幼儿配方乳粉，或者未按注册的产品配方、生产工艺等技术要求组织生产；

（七）以分装方式生产婴幼儿配方乳粉，或者同一企业以同一配方生产不同品牌的婴幼儿配方乳粉；

（八）利用新的食品原料生产食品，或者生产食品添加剂新品种，未通过安全性评估；

（九）食品生产经营者在食品药品监督管理部门责令其召回或者停止经营后，仍拒不召回或者停止经营。

除前款和本法第一百二十三条、第一百二十五条规定的情形外，生产经营不符合法律、法规或者食品安全标准的食品、食品添加剂的，依照前款规定给予处罚。

生产食品相关产品新品种，未通过安全性评估，或者生产不符合食品安全标准的食品相关产品的，由县级以上人民政府质量监督部门依照第一款规定给予处罚。

第一百二十五条　违反本法规定，有下列情形之一的，由县级以上人民政府食品药品监督管理部门没收违法所得和违法生产经营的食品、食品添加剂，并可以没收用于违法生产经营的工具、设备、原料等物品；违法生产经营的食品、食品添加剂货值金额不足一万元的，并处五千元以上五万元以下罚款；货值金额一万元以上的，并处货值金额五倍以上十倍以下罚款；情节严重的，责令停产停业，直至吊销许可证：

（一）生产经营被包装材料、容器、运输工具等污染的食品、食品添加剂；

（二）生产经营无标签的预包装食品、食品添加剂或者标签、说明书不符合本法规定的食品、食品添加剂；

（三）生产经营转基因食品未按规定进行标示；

（四）食品生产经营者采购或者使用不符合食品安全标准的食品原料、食品添加剂、食品相关产品。

生产经营的食品、食品添加剂的标签、说明书存在瑕疵但不影响食品安全且不会对消费者造成误导的，由县级以上人民政府食品药品监督管理部门责令改正；拒不改正的，处二千元以下罚款。

第一百二十六条　违反本法规定，有下列情形之一的，由县级以上人民政府食品药品监督管理部门责令改正，给予警告；拒不改正的，处五千元以上五万元以下罚款；情节严重的，责令停产停业，直至吊销许可证：

（一）食品、食品添加剂生产者未按规定对采购的食品原料和生产的食品、食品添加剂进行检验；

（二）食品生产经营企业未按规定建立食品安全管理制度，或者未按规定配备或者培训、考核食品安全管理人员；

（三）食品、食品添加剂生产经营者进货时未查验许可证和相关证明文件，或者未按规定建立并遵守进货查验记录、出厂检验记录和销售记录制度；

（四）食品生产经营企业未制定食品安全事故处置方案；

（五）餐具、饮具和盛放直接入口食品的容器，使用前未经洗净、消毒或者清洗消毒不合格，或者餐饮服务设施、设备未按规定定期维护、清洗、校验；

（六）食品生产经营者安排未取得健康证明或者患有国务院卫生行政部门规定的有碍食品安全疾病的人员从事接触直接入口食品的工作；

（七）食品经营者未按规定要求销售食品；

（八）保健食品生产企业未按规定向食品药品监督管理部门备案，或者未按备案的产品配方、生产工艺等技术要求组织生产；

（九）婴幼儿配方食品生产企业未将食品原料、食品添加剂、产品配方、标签等向食品药品监督管理部门备案；

（十）特殊食品生产企业未按规定建立生产质量管理体系并有效运行，或者未定期提交自查报告；

（十一）食品生产经营者未定期对食品安全状况进行检查评价，或者生产经营条件发生变化，未按规定处理；

（十二）学校、托幼机构、养老机构、建筑工地等集中用餐单位未按规定履行食品安全管理责任；

（十三）食品生产企业、餐饮服务提供者未按规定制定、实施生产经营过程控制要求。

餐具、饮具集中消毒服务单位违反本法规定用水，使用洗涤剂、消毒剂，或者出厂的餐具、饮具未按规定检验合格并随附消毒合格证明，或者未按规定在独立包装上标注相关内容的，由县级以上人民政府卫生行政部门依照前款规定给予处罚。

食品相关产品生产者未按规定对生产的食品相关产品进行检验的，由县级以上人民政府质量监督部门依照第一款规定给予处罚。

食用农产品销售者违反本法第六十五条规定的，由县级以上人民政府食品药品监督管理部门依照第一款规定给予处罚。

第一百二十七条　对食品生产加工小作坊、食品摊贩等的违法行为的处罚，依照省、自治区、直辖市制定的具体管理办法执行。

第一百二十八条　违反本法规定，事故单位在发生食品安全事故后未进行处置、报告的，由有关主管部门按照各自职责分工责令改正，给予警告；隐匿、伪造、毁灭有关证据的，责令停产停业，没收违法所得，并处十万元以上五十万元以下罚款；造成严重后果的，吊销许可证。

第一百二十九条　违反本法规定，有下列情形之一的，由出入境检验检疫机构依照本法第一百二十四条的规定给予处罚：

（一）提供虚假材料，进口不符合我国食品安全国家标准的食品、食品添加剂、食品相关产品；

（二）进口尚无食品安全国家标准的食品，未提交所执行的标准并经国务院卫生行政部门审查，或者进口利用新的食品原料生产的食品或者进口食品添加剂新品种、食品相关产品新品种，未通过安全性评估；

（三）未遵守本法的规定出口食品；

（四）进口商在有关主管部门责令其依照本法规定召回进口的食品后，仍拒不召回。

违反本法规定，进口商未建立并遵守食品、食品添加剂进口和销售记录制度、境外出口商或者生产企业审核制度的，由出入境检验检疫机构依照本法第一百二十六条的规定给予处罚。

第一百三十条　违反本法规定，集中交易市场的开办者、柜台出租者、展销会的举办者允许未依法取得许可的食品经营者进入市场销售食品，或者未履行检查、报告等义务的，由县级以上人民政府食品药品监督管理部门责令改正，没收违法所得，并处五万元以上二十万元以下罚款；造成严重后果的，责令停业，直至由原发证部门吊销许可证；使消费者的合法权益受到损害的，应当与食品经营者承担连带责任。

食用农产品批发市场违反本法第六十四条规定的，依照前款规定承担责任。

第一百三十一条　违反本法规定，网络食品交易第三方平台提供者未对入网食品经营者进行实名登记、审查许可证，或者未履行报告、停止提供网络交易平台服务等义务的，由县级以上人民政府食品药品监督管理部门责令改正，没收违法所得，并处五万元以上二十万元以下罚款；造成严重后果的，责令停业，直至由原发证部门吊销许可证；使消费者的合法权益受到损害的，应当与食品经营者承担连带责任。

消费者通过网络食品交易第三方平台购买食品，其合法权益受到损害的，可以向入网食品经营者或者食品生产者要求赔偿。网络食品交易第三方平台提供者不能提供入网食品经营者的真实名称、地址和有效联系方式的，由网络食品交易第三方平台提供者赔偿。网络食品交易第三方平台提供者赔偿后，有权向入网食品经营者或者食品生产者追偿。网络食品交易第三方平台提供者作出更有利于消费者承诺的，应当履行其承诺。

第一百三十二条　违反本法规定，未按要求进行食品贮存、运输和装卸的，由县级以上人民政府食品药品监督管理等部门按照各自职责分工责令改正，给予警告；拒不改正的，责令停产停业，并处一万元以上五万元以下罚款；情节严重的，吊销许可证。

第一百三十三条　违反本法规定，拒绝、阻挠、干涉有关部门、机构及其工作人员依法开展食品安全监督检查、事故调查处理、风险监测和风险评估的，由有关主管部门按照各自职责分工责令停产停业，并处二千元以上五万元以下罚款；情节严重的，吊销许可证；构成违反治安管理行为的，由公安机关依法给予治安管理处罚。

违反本法规定，对举报人以解除、变更劳动合同或者其他方式打击报复的，应当依照有关法律的规定承担责任。

第一百三十四条　食品生产经营者在一年内累计三次因违反本法规定受到责令停产停业、吊销许可证以外处罚的，由食品药品监督管理部门责令停产停业，直至吊销许可证。

第一百三十五条　被吊销许可证的食品生产经营者及其法定代表人、直接负责的主管人员和其他直接责任人员自处罚决定作出之日起五年内不得申请食品生产经营许可，或者从事食品生产经营管理工作、担任食品生产经营企业食品安全管理人员。

因食品安全犯罪被判处有期徒刑以上刑罚的，终身不得从事食品生产经营管理工作，也不得担任食品生产经营企业食品安全管理人员。

食品生产经营者聘用人员违反前两款规定的，由县级以上人民政府食品药品监督管理部门吊销许可证。

第一百三十六条　食品经营者履行了本法规定的进货查验等义务，有充分证据证明其不知道所采购的食品不符合食品安全标准，并能如实说明其进货来源的，可以免予处罚，但应当依法没收其不符合食品安全标准的食品；造成人身、财产或者其他损害的，依法承担赔偿责任。

第一百三十七条　违反本法规定，承担食品安全风险监测、风险评估工作的技术机构、技术人员提供虚假监测、评估信息的，依法对技术机构直接负责的主管人员和技术人员给予撤职、开除处分；有执业资格的，由授予其资格的主管部门吊销执业证书。

第一百三十八条　违反本法规定，食品检验机构、食品检验人员出具虚假检验报告的，由授予其资质的主管部门或者机构撤销该食品检验机构的检验资质，没收所收取的检验费用，并处检验费用五倍以上十倍以下罚款，检验费用不足一万元的，并处五万元以上十万元以下罚款；依法对食品检验机构直接负责的主管人员和食品检验人员给予撤职或者开除处分；导致发生重大食品安全事故的，对直接负责的主管人员和食品检验人员给予开除处分。

违反本法规定，受到开除处分的食品检验机构人员，自处分决定作出之日起十年内不得从事食品检验工作；因食品安全违法行为受到刑事处罚或者因出具虚假检验报告导致发生重大食品安全事故受到开除处分的食品检验机构人员，终身不得从事食品检验工作。食品检验机构聘用不得从事食品检验工作的人员的，由授予其资质的主管部门或者机构撤销该食品检验机构的检验资质。

食品检验机构出具虚假检验报告，使消费者的合法权益受到损害的，应当与食品生产经营者承担连带责任。

第一百三十九条　违反本法规定，认证机构出具虚假认证结论，由认证认可监督管理部门没收所收取的认证费用，并处认证费用五倍以上十倍以下罚款，认证费用不足一万元的，并处五万元以上十万元以下罚款；情节严重的，责令停业，直至撤销认证机构批准文件，并向社会公布；对直接负责的主管人员和负有直接责任的认证人员，撤销其执业资格。

认证机构出具虚假认证结论，使消费者的合法权益受到损害的，应当与食品生产经营者承担连带责任。

第一百四十条　违反本法规定，在广告中对食品作虚假宣传，欺骗消费者，或者发布未取得批准文件、广告内容与批准文件不一致的保健食品广告的，依照《中华人民共和国广告法》的规定给予处罚。

广告经营者、发布者设计、制作、发布虚假食品广告，使消费者的合法权益受到损害的，应当与食品生产经营者承担连带责任。

社会团体或者其他组织、个人在虚假广告或者其他虚假宣传中向消费者推荐食品，使消费者的合法权益受到损害的，应当与食品生产经营者承担连带责任。

违反本法规定，食品药品监督管理等部门、食品检验机构、食品行业协会以广告或者其他形式向消费者推荐食品，消费者组织以收取费用或者其他牟取利益的方式向消费者推荐食品的，由有关主管部门没收违法所得，依法对直接负责的主管人员和其他直接责任人员给予记大过、降级或者撤职处分；情节严重的，给予开除处分。

对食品作虚假宣传且情节严重的，由省级以上人民政府食品药品监督管理部门决定暂停销售该食品，并向社会公布；仍然销售该食品的，由县级以上人民政府食品药品监督管理部门没收违法所得和违法销售的食品，并处二万元以上五万元以下罚款。

第一百四十一条　违反本法规定，编造、散布虚假食品安全信息，构成违反治安管理行为的，由公安机关依法给予治安管理处罚。

媒体编造、散布虚假食品安全信息的，由有关主管部门依法给予处罚，并对直接负责的主管人员和其他直接责任人员给予处分；使公民、法人或者其他组织的合法权益受到损害的，依法承担消除影响、恢复名誉、赔偿损失、赔礼道歉等民事责任。

第一百四十二条　违反本法规定，县级以上地方人民政府有下列行为之一的，对直接负责的主管人员和其他直接责任人员给予记大过处分；情节较重的，给予降级或者撤职处分；情节严重的，给予开除处分；造成严重后果的，其主要负责人还应当引咎辞职：

（一）对发生在本行政区域内的食品安全事故，未及时组织协调有关部门开展有效处置，造成不良影响或者损失；

（二）对本行政区域内涉及多环节的区域性食品安全问题，未及时组织整治，造成不良影响或者损失；

（三）隐瞒、谎报、缓报食品安全事故；

（四）本行政区域内发生特别重大食品安全事故，或者连续发生重大食品安全事故。

第一百四十三条　违反本法规定，县级以上地方人民政府有下列行为之一的，对直接负责的主管人员和其他直接责任人员给予警告、记过或者记大过处分；造成严重后果的，给予降级或者撤职处分：

（一）未确定有关部门的食品安全监督管理职责，未建立健全食品安全全程监督管理工作机制和信息共享机制，未落实食品安全监督管理责任制；

（二）未制定本行政区域的食品安全事故应急预案，或者发生食品安全事故后未按规定立即成立事故处置指挥机构、启动应急预案。

第一百四十四条　违反本法规定，县级以上人民政府食品药品监督管理、卫生行政、质量监督、农业行政等部门有下列行为之一的，对直接负责的主管人员和其他直接责任人员给予记大过处分；情节较重的，给予降级或者撤职处分；情节严重的，给予开除处分；造成严重后果的，其主要负责人还应当引咎辞职：

（一）隐瞒、谎报、缓报食品安全事故；

（二）未按规定查处食品安全事故，或者接到食品安全事故报告未及时处理，造成事故扩大或者蔓延；

（三）经食品安全风险评估得出食品、食品添加剂、食品相关产品不安全结论后，未及时采取相应措施，造成食品安全事故或者不良社会影响；

（四）对不符合条件的申请人准予许可，或者超越法定职权准予许可；

（五）不履行食品安全监督管理职责，导致发生食品安全事故。

第一百四十五条　违反本法规定，县级以上人民政府食品药品监督管理、卫生行政、质量监督、农业行政等部门有下列行为之一，造成不良后果的，对直接负责的主管人员和其他直接责任人员给予警告、记过或者记大过处分；情节较重的，给予降级或者撤职处分；情节严重的，给予开除处分：

（一）在获知有关食品安全信息后，未按规定向上级主管部门和本级人民政府报告，或者未按规定相互通报；

（二）未按规定公布食品安全信息；

（三）不履行法定职责，对查处食品安全违法行为不配合，或者滥用职权、玩忽职守、徇私舞弊。

第一百四十六条　食品药品监督管理、质量监督等部门在履行食品安全监督管理职责过程中，违法实施检查、强制等执法措施，给生产经营者造成损失的，应当依法予以赔偿，对直接负责的主管人员和其他直接责任人员依法给予处分。

第一百四十七条　违反本法规定，造成人身、财产或者其他损害的，依法承担赔偿责任。生产经营者财产不足以同时承担民事赔偿责任和缴纳罚款、罚金时，先承担民事赔偿责任。

第一百四十八条　消费者因不符合食品安全标准的食品受到损害的，可以向经营者要求赔偿损失，也可以向生产者要求赔偿损失。接到消费者赔偿要求的生产经营者，应当实行首负责任制，先行赔付，不得推诿；属于生产者责任的，经营者赔偿后有权向生产者追偿；属于经营者责任的，生产者赔偿后有权向经营者追偿。

生产不符合食品安全标准的食品或者经营明知是不符合食品安全标准的食品，消费者除要求赔偿损失外，还可以向生产者或者经营者要求支付价款十倍或者损失三倍的赔偿金；增加赔偿的金额不足一千元的，为一千元。但是，食品的标签、说明书存在不影响食品安全且不会对消费者造成误导的瑕疵的除外。

第一百四十九条　违反本法规定，构成犯罪的，依法追究刑事责任。

第十章　附则

第一百五十条　本法下列用语的含义：

食品，指各种供人食用或者饮用的成品和原料以及按照传统既是食品又是中药材的物品，但是不包括以治疗为目的的物品。

食品安全，指食品无毒、无害，符合应当有的营养要求，对人体健康不造成任何急性、亚急性或者慢性危害。

预包装食品，指预先定量包装或者制作在包装材料、容器中的食品。

食品添加剂，指为改善食品品质和色、香、味以及为防腐、保鲜和加工工艺的需要而加入食品中的人工合成或者天然物质，包括营养强化剂。

用于食品的包装材料和容器，指包装、盛放食品或者食品添加剂用的纸、竹、木、金属、搪瓷、陶瓷、塑料、橡胶、天然纤维、化学纤维、玻璃等制品和直接接触食品或者食品添加剂的涂料。

用于食品生产经营的工具、设备，指在食品或者食品添加剂生产、销售、使用过程中直接接触食品或者食品添加剂的机械、管道、传送带、容器、用具、餐具等。

用于食品的洗涤剂、消毒剂，指直接用于洗涤或者消毒食品、餐具、饮具以及直接接触食品的工具、设备或者食品包装材料和容器的物质。

食品保质期，指食品在标明的贮存条件下保持品质的期限。

食源性疾病，指食品中致病因素进入人体引起的感染性、中毒性等疾病，包括食物中毒。

食品安全事故，指食源性疾病、食品污染等源于食品，对人体健康有危害或者可能有危害的事故。

第一百五十一条　转基因食品和食盐的食品安全管理，本法未作规定的，适用其他法律、行政法规的规定。

第一百五十二条　铁路、民航运营中食品安全的管理办法由国务院食品药品监督管理部门会同国务院有关部门依照本法制定。

保健食品的具体管理办法由国务院食品药品监督管理部门依照本法制定。

食品相关产品生产活动的具体管理办法由国务院质量监督部门依照本法制定。

国境口岸食品的监督管理由出入境检验检疫机构依照本法以及有关法律、行政法规的规定实施。

军队专用食品和自供食品的食品安全管理办法由中央军事委员会依照本法制定。

第一百五十三条　国务院根据实际需要，可以对食品安全监督管理体制作出调整。

第一百五十四条　本法自 2015 年 10 月 1 日起施行。

附录二　食品行业相关管理文件

- 《国务院办公厅关于印发中国食物与营养发展纲要（2014—2020 年）的通知》（国办发〔2014〕3 号）
- 《国务院办公厅关于印发 2014 年食品安全重点工作安排的通知》（国办发〔2014〕20 号）
- 《关于建立病死畜禽无害化处理机制的意见》（国办发〔2014〕47 号）
- 《国务院办公厅关于转发工业和信息化部等部门推动婴幼儿配方乳粉企业兼并重组工作方案的通知》（国办发〔2014〕28 号）
- 《工业和信息化部关于印发 2014 年食品工业企业诚信体系建设工作实施方案》的通知（工信部消费［2014］221 号）
- 《2015 年柠檬酸（盐）出口许可申报条件和申报程序》（商务部公告 2014 年第 74 号）
- 《关于加强食用农产品质量安全监督管理工作的意见》（农质发〔2014〕14 号）
- 《关于印发国家卫生计生委食品安全相关行政许可评审专家管理办法的通知》（国卫办食品发〔2014〕24 号）
- 《国家食品药品监管总局关于开展专项监督检查规范食品标签标识的通知》（食药监食监一〔2014〕25 号）
- 《食品药品监督管理统计管理办法》（国家食品药品监督管理总局令第 10 号）
- 《食品安全抽样检验管理办法》（国家食品药品监督管理总局令第 11 号）
- 《关于调整消费税政策的通知》（国家税务总局，财税［2014］93 号）
- 《关于调整部分产品出口退税率的通知》（财税〔2014〕150 号）
- 《关于 2015 年关税实施方案的通知》（税委会［2014］32 号）

附录三　食品标准技术规范

（一）肉类加工业

- 《食品安全国家标准　食品中农药最大残留限量》（GB 2763—2014）

（二）水产行业

- 《冻裹面包屑虾》（GB/T 21672—2014）
- 《冻裹面包屑鱼》（GB/T 22180—2014）
- 《冻虾》（GB/T 30889—2014）
- 《水产品抽样规范》（GB/T 30891—2014）
- 《咸鱼》（GB/T 30894—2014）
- 《养殖水产品可追溯标签规程》（SC/T 3043—2014）
- 《养殖水产品可追溯编码规程》（SC/T 3044—2014）
- 《养殖水产品可追溯信息采集规程》（SC/T 3045—2014）
- 《鱼类鲜度指标 K 值的测定　高效液相色谱法》（SC/T 3048—2014）
- 《冻鱿鱼》（SC/T 3122—2014）
- 《盐渍海参》（SC/T 3215—2014）
- 《冻干海参》（SC/T 3307—2014）
- 《即食海参》（SC/T 3308—2014）
- 《冷冻鱼糜》（SC/T 3702—2014）

（三）饮料行业

- 《食品安全国家标准　包装饮用水》（GB 19298—2014）
- 《饮料通则》（GB/T 10789—2015）
- 《植物饮料》（GB/T 31326—2014）
- 《植物蛋白饮料　核桃露（乳）》（GB/T 31325—2014）
- 《植物蛋白饮料　杏仁露》（GB/T 31324—2014）
- 《植物蛋白饮料　豆奶和豆奶饮料》（GB/T 30885—2014）
- 《苹果醋饮料》（GB/T 30884—2014）
- 《果蔬汁类及其饮料》（GB/T 31121—2014）
- 《咖啡类饮料》（GB/T 30767—2014）
- 《植脂末》（QB/T 4791—2015）

（四）制糖工业

- 《赤砂糖试验方法》（QB/T 2343. 2—2013）
- 《红糖》（QB/T 4561—2013）
- 《块糖》（QB/T 4562—2013）
- 《金砂糖》（QB/T 4563—2013）
- 《精幼砂糖》（QB/T 4564—2013）
- 《全糖粉》（QB/T 4565—2013）
- 《黄方糖》（QB/T 4566—2013）
- 《黑糖》（QB/T 4567—2013）
- 《制糖综合利用加工助剂（固定化酵母）》（QB/T 4568—2013）
- 《制糖工业助剂　消泡剂（蔗糖聚氧丙烯醚）》（QB/T 4569—2013）
- 《制糖行业清洁生产水平评价标准》（QB/T 4570—2013）
- 《糖料甘蔗试验方法》（GB/T 10499—2014）

（五）发酵工业

- 《取水定额　第 9 部分：味精制造》（GB/T 18916. 9—2014）
- 《食品安全国家标准　食品添加剂使用标准》（GB 2760—2014）

（六）罐头食品制造业

- 《八宝粥罐头》（GB/T 31116—2014）
- 《柑橘罐头》（GB/T 13210—2014）
- 《混合水果罐头》（QB/T 1117—2014）
- 《卤猪杂罐头》（QB/T 1354—2014）
- 《回锅肉罐头》（QB/T 1355—2014）
- 《猪肉蛋卷罐头》（QB/T 1356—2014）
- 《五香肉丁罐头》（QB/T 1359—2014）
- 《排骨罐头》（QB/T 1360—2014）
- 《红烧猪肉类罐头》（QB/T 1361—2014）
- 《禽类罐头》（QB/T 1364—2014）
- 《梨罐头》（QB/T 1379—2014）
- 《热带、亚热带水果罐头》（QB/T 1380—2014）
- 《山楂罐头》（QB/T 1381—2014）
- 《葡萄罐头》（QB/T 1382—2014）
- 《苹果罐头》（QB/T 1392—2014）
- 《番茄罐头》（QB/T 1394—2014）
- 《什锦蔬菜罐头》（QB/T 1395—2014）
- 《绿豆芽罐头》（QB/T 1405—2014）
- 《竹笋罐头》（QB/T 1406—2014）
- 《樱桃罐头》（QB/T 1688—2014）
- 《黄瓜罐头》（QB/T 4625—2014）

- 《香菜心罐头》（QB/T 4626—2014）
- 《玉米笋罐头》（QB/T 4627—2014）
- 《海棠罐头》（QB/T 4628—2014）
- 《猕猴桃罐头》（QB/T 4629—2014）
- 《香菇肉酱罐头》（QB/T 4630—2014）
- 《草莓罐头》（QB/T 4632—2014）
- 《调味食用菌类罐头》（QB/T 4706—2014）
- 《罐头食品检验规则》（QB/T 1006—2014）

附录四　2014 年食品工业统计数据

表 1　2014 年食品工业主营业务收入及其地位与其他行业的比较

序号	指标	主营业务收入/亿元	占比/%
1	煤炭开采和洗选业	30045.9	2.74%
2	石油和天然气开采业	11556	1.06%
3	黑色金属矿采选业	9402.9	0.86%
4	有色金属矿采选业	6277.1	0.57%
5	非金属矿采选业	5213.7	0.48%
6	开采辅助活动	2043.5	0.19%
7	其他采矿业	21.4	0.00%
8	食品工业	108933	9.95%
9	纺织业	38091.3	3.48%
10	纺织服装、服饰业	20769.8	1.90%
11	皮革、毛皮、羽毛及其制品和制鞋业	13572.9	1.24%
12	木材加工和木、竹、藤、棕、草制品业	13143.4	1.20%
13	家具制造业	7187.4	0.66%
14	造纸及纸制品业	13513.6	1.23%
15	印刷业和记录媒介的复制	6643.2	0.61%
16	文教、工美、体育和娱乐用品制造业	14635.5	1.34%
17	石油加工、炼焦和核燃料加工业	40304.3	3.68%
18	化学原料和化学制品制造业	82780	7.56%
19	医药制造业	23325.6	2.13%
20	化学纤维制造业	7211.9	0.66%
21	橡胶和塑料制品业	29569.9	2.70%
22	非金属矿物制品业	56646.1	5.17%
23	黑色金属冶炼和压延加工业	75028.4	6.85%
24	有色金属冶炼和压延加工业	50748.2	4.64%
25	金属制品业	35271.2	3.22%
26	通用设备制造业	46255.4	4.23%

续表

序号	指标	主营业务收入/亿元	占比/%
27	专用设备制造业	34783.9	3.18%
28	汽车制造业	66677	6.09%
29	铁路、船舶、航空航天和其他运输设备制造业	15568.4	1.42%
30	电气机械和器材制造业	66578.8	6.08%
31	计算机、通信和其他电子设备制造业	84518	7.72%
32	仪器仪表制造业	8185.7	0.75%
33	其他制造业	2196	0.20%
34	废弃资源综合利用业	3675.2	0.34%
35	金属制品、机械和设备修理业	858.9	0.08%
36	电力、热力生产和供应业	56846.5	5.19%
37	燃气生产和供应业	4928.8	0.45%
38	水的生产和供应业	1638	0.15%
	总计	1094646.5	100.00%

注：（1）本表数据为自年初累计数。自2011年起，统计口径为年主营业务收入2000万元及以上的工业企业。

（2）食品工业的统计口径为农副产品加工业，食品制造业，烟草制品业，酒、饮料和精制茶制造业。

资料来源：根据国家统计局数据整理。

表2　2014年全国食品工业主要产品产量

产品名称	全年产量	同比增长/%
小麦粉/万t	14116.02	4.76
大米/万t	13042.82	7.36
精制食用植物油/万t	6534.13	6.65
成品糖/万t	1660.09	4.20
鲜、冷藏肉/万t	3903.44	4.86
冷冻水产品/万t	857.57	5.39
糖果/万t	362.41	13.84
速冻米面食品/万t	528.26	-3.93
方便面/万t	1025.64	-1.55
乳制品/万t	2651.81	-1.23
罐头/万t	1171.89	4.70
酱油/万t	938.83	10.63
冷冻饮品/万t	308.57	-0.66
食品添加剂/万t	682.90	7.95
发酵酒精/万t	984.28	7.69
白酒（折65度，商品量）/万kL	1257.13	2.75

续表

产品名称	全年产量	同比增长/%
啤酒/万 kL	4921.85	-0.96
葡萄酒/万 kL	116.10	2.11
软饮料/万 t	16676.81	4.61
精制茶/万 t	243.76	3.39
卷烟/亿支	26098.57	1.93

表 3　2014 年全国食品工业经济效益指标

行业名称	主营业务收入/亿元	同比增长/%	利润总额/亿元	同比增长/%	税金总额/亿元	同比增长/%
食品工业总计	108932.93	7.98	7581.46	1.19	9241.55	7.21
农副食品加工业	63533.18	7.01	3069.95	-0.44	1391.05	4.21
食品制造业	20261.67	12.25	1692.61	9.77	788.43	7.59
酒、饮料和精制茶制造业	16232.01	6.99	1603.10	-3.10	1119.04	-0.09
烟草制品业	8906.07	7.42	1215.80	0.24	5943.03	9.40

表 4　2014 年食品工业固定资产投资情况

	施工项目数/个	本年新开工/个	完成投资/亿元	同比增长/%	占比/%
规模以上食品工业	30795	22214	18698.90	18.6	100.0
农副食品加工业	17485	12808	10026.60	18.7	53.6
食品制造业	6935	5019	4463.10	22.0	23.9
酒、饮料和精制茶制造业	6104	4222	3925.04	16.9	21.0
烟草制品业	271	165	284.17	-5.3	1.5

表 5　2014 年分地区食品工业经济效益

	企业数/个	主营业务收入/亿元	占比/%	同比增长/%	利润总额/亿元	占比/%	同比增长/%
食品工业总计	37607	108932.9	100	7.98	7581.46	100	1.19
东部地区	14936	45867.5	42.11	8.32	3209.85	42.34	3.50
中部地区	10523	29209.91	26.81	11.16	1994.12	26.30	4.73
西部地区	7509	20576.75	18.89	10.66	1775.68	23.42	-0.93
东北地区	4639	13278.78	12.19	-2.88	601.81	7.94	-13.38

表6　2014年食品工业进出口构成　　单位：%

	农副产品加工	食品制造	酒、饮料和精制茶制造	烟草制品
进口	57.3	36.2	7.2	0.4
出口	60.8	34.3	6.5	1.6

附录五　参与编写单位简介

中国食品科学技术学会

中国食品科学技术学会是中国食品科技工作者的学术性群众团体，是中国科学技术协会的组成部分。中国食品科学技术学会于1980年11月成立，至今为第五届。1984年9月以有代表性的全国性学会名义参加国际食品科技联盟（IUFoST），成为正式成员，为中国食品科技界在国际食品科技联盟中的唯一代表。

中国食品科学技术学会的目的和任务是：参与国家食品工业与科技发展的决策咨询；主持食品科学技术的国内、国际交流；推动食品科技界专家、学者、企业家之间及与相关学术团体间的合作；推行食品科技的继续教育和培训；支持食品生产、保藏、加工、制造及流通等方面的技术革新；普及食品科技基本知识。

中国食品科学技术学会以吸纳一流人才构成整体优势为工作目标，在助推产业创新中体现活力和价值，通过为科技工作者搭建国内外科技交流的平台，促进中国食品工业科技水平的提升。以中国食品科技与产业的整体实力为依托，在国内外食品科技与工业界拥有重要影响力。

中国食品科学技术学会秘书处设在北京，下设冷冻与冷藏食品分会、面制品分会、食品安全与标准技术分会、儿童食品分会、食品物流技术分会、功能食品分会、乳酸菌分会、食品添加剂分会等20余个分支机构及青年工作委员会、科普工作委员会。出版的刊物有《中国食品学报》《中外食品》《食品与机械》等。

网址：www. cifst. org. cn

电话：010－65265376

传真：010－65264731

邮箱：cifst@ 126. com

地址：北京市海淀区阜成路北三街6号轻苑大厦三层

邮编：100048

中轻食品工业管理中心

中轻食品工业管理中心是经中央机构编制委员会批准，于2001年成立的事业单位（简称食品中心）。主要职能是配合政府部门开展食品行业管理、协调和服务工作，即组织制定食品工业的产业规划、开展食品工业管理基础工作，对各食品行业协会工作进行规范和指导；为协会服务，研究和协调解决协会工作中的共性问题。

一、组织机构

食品中心共设立办公室（行政人事、财务）、生产科技处、行业管理处、咨询服务处、食品企业融资服务办公室和食品企业电商服务办公室等。除直属处（室）之外，食品中心还负责以下机构联络工作。

八个食品行业协会：中国酒业协会、中国糖业协会、中国生物发酵产业协会、中国食品添加剂和配料协会、中国焙烤食品糖制品工业协会、中国罐头工业协会、中国乳制品工业协会、中国饮料工业协会。

一个学会：中国食品科学技术学会。

八个食品标准化技术委员会：全国食品工业标准化技术委员会（TC64）、全国食品标签标准化技术委员会（TC473）、全国酿酒标准化技术委员会（TC471）、全国白酒标准化技术委员会（TC358）、全国制糖标准化技术委员会（TC373）、全国饮料标准化技术委员会（TC275）、全国乳制品标准化技术委员会、中国焙烤食品糖制品工业协会法规与技术委员会。

二、业务范围

1. 组织提出食品行业发展规划和相关政策、法规建议；开展食品行业信息统计，收集、调查、分析和发布行业信息，实行行业指导，为食品企业服务。

2. 接受委托参与制定、修订食品行业的有关国家标准、行业标准和行业管理规范以及产品生产许可证、质量认证和环境认证方面的工作；组织食品企业贯彻、实施标准和管理规范，配合有关部门对执行情况进行监督检查。

3. 开展食品行业特色区域和产业集群共建活动。

4. 开展国际经济技术合作与交流活动，组织食品行业的国内外专业展览会、订货会，参与培育国内市场。

5. 发布食品行业产品质量信息，推荐行业名优、新特产品。

6. 承担各食品行业协会外事工作的综合、初审和申报工作。

7. 接受委托组织对食品行业重大项目进行评审和推荐，对食品行业新技术、新产品进行鉴定。

8. 接受委托承办专家选拔、推荐和专业技术职称、工人技术等级以及其他职业资格的考核评审工作。

9. 接受委托为食品企业发展、重组和兼并提供投融资服务。

10. 完成有关部门交办的其他工作。

网址：www. nfmccli. org

电话：010－68396507

传真：010－68396507

邮箱：manage@ nfmccli. org

地址：北京市西城区阜外大街乙22号

邮编：100833

中国食品工业协会

中国食品工业协会，简称中国食协，英文名称 China National Food Industry Association，缩写为 CNFIA。是经国务院批准于 1981 年 10 月 29 日成立的全国食品工业的自律性行业管理组织。主要职能和任务综合为：统筹、规划、协调、指导、服务。多年来，中国食协密切联系食品工业企业，在推动我国食品工业持续、稳定、协调发展等方面做了大量卓有成效的工作。

中国食品工业协会的最高权力机构为会员代表大会，其日常执行机构为理事会。

主要工作

（一）履行统筹、规划职能

（二）发布运行信息，引导行业发展

（三）推动食品工业科技进步

（四）与地方政府合作共建，推动食品工业特色园区发展

（五）努力抓好产品质量和食品安全

（六）参与食品安全法律法规和标准体系建设

（七）健全行业规范，加强行业自律

网址：http://www.cnfia.cn

电话：010-63265394　63315494

地址：北京市丰台区太平桥东里 5 号

邮编：100073

中国食品发酵工业研究院

中国食品发酵工业研究院（以下简称研究院）是中国轻工集团公司所属的全资子公司，是北京市科委认定的高新技术企业，是科学技术部、国务院国资委和中华全国总工会认定的“国家第三批创新型试点企业”；是国家级“国际科技合作基地”，是北京市科委认定的北京市科技研究开发机构、北京市“食品生物技术国际科技合作基地”。

研究院秉承“创新发展、服务行业”的理念，依托研究院在食品科技和产业发展中的历史沉淀和综合实力，形成了独具科技创新体系、质量检测控制体系和标准化管理体系三体合一的组合优势，搭建了多个具有核心竞争力的技术和服务平台。研究院拥有国家食品质量监督检验中心，全国食品发酵标准化中心，中国工业微生物菌种保藏管理中心，全国食品发酵工业科技情报信息中心，国家级“中德发酵酒品质与安全联合研究中心”，工信部“食品生产企业质量安全检测技术示范中心”，北京市蛋白功能肽工程技术研究开发中心；研究院设有食品工程研发部、发酵工程研发部、酿酒工程研发部、食品安全研发部、标准信息研发部、功能肽产业化研发部、国际合作与贸易部；研究院下设全资子公司北京食发科贸有限公司、北京东光兴业科技发展有限公司、发酵行业生产力促进中心（事业单位），控股子公司广东中食营科生物科技有限公司（控股公司）。

建院60年来，研究院围绕国家食品行业中长期规划和产业政策，以建设国际一流的科研开发机构为目标，积极开展食品行业共性和关键性技术的科研攻关、产学研合作、国际合作，承担国家863计划、科技支撑计划、国家自然基金、北京市科技计划、北京市自然基金、国际科技合作等项目（课题），科研成果和产业化示范均取得了显著的成效。在食品工业微生物资源利用、传统酿造工程技术、食品新资源和功能性配料开发、食品安全保障技术和标准化技术等领域居国内领先地位。在国家食品安全预警和突发事件处置，食品市场准入和食品标准制定等方面发挥重要的作用。是发酵工程专业硕士学位授予单位。

网址：www. cnif. cn
电话：010－53218288
传真：010－53218297
Email：office@ cnif. cn   ffkj@ cnif. cn
地址：北京市朝阳区酒仙桥中路24号院6号楼
邮编：100015

中国电子信息产业发展研究院

中国电子信息产业发展研究院（赛迪工业和信息化研究院），是直属于国家工业和信息化部的一类科研事业单位。成立二十多年来，一直致力于面向政府、面向企业、面向社会提供媒体传播、研究咨询、评测认证与技术研发等专业服务。形成了政府决策与软科学研究、传媒与网络服务、咨询与外包服务、评测与认证服务、软件开发与信息技术服务五业并举发展的业务格局。

赛迪工业和信息化研究院总部设在北京，并在上海、重庆、广州、深圳等地设有分支机构。现有员工2000余人，其中各类专业技术人员1200余人（含高级职称人员110人）。

赛迪工业和信息化研究院旗下的赛迪智库贯彻“面向政府，服务决策”的宗旨，围绕工业化和信息化领域的热点、难点和重点问题，开展基础研究、预先研究和对策研究，致力于为政府提供高水平决策咨询服务。赛迪智库下属消费品工业研究所成立于2011年，是专业从事消费品行业重点、热点问题研究的智库型研究机构。研究所依托政府及行业资源，以开展前瞻性、战略性、综合性研究为目标，以扎实的行业研究能力为基础，以强大的媒体平台和丰富的数据来源为支撑，凭借实践经验丰富的研究团队，致力于为中央及地方政府部门提供有关行业发展的政策建议，为行业协会和消费品生产企业提供相关发展战略、规划服务等，研究领域覆盖食品、医药、轻工、纺织的多个行业。消费品工业研究所以业界资深专家为顾问，研究人员多数拥有博士及以上学历，专业涉及产业经济学、管理科学与工程、国际贸易、技术经济、纺织工程等领域，形成了一支实力雄厚、实践经验丰富的研究队伍。目前，研究所承担并完成了多项重大项目，为政府部门建言献策、为消费品企业出谋划策。

网址：www. ccidgroup. com
电话：010－88558855
传真：010－88558833
地址：北京市海淀区紫竹院路66号
邮编：100048

中国肉类协会

中国肉类协会于1993年6月成立，是经中华人民共和国民政部批准注册登记的全国性肉类生产流通行业社团组织。

中国肉协是由全国肉类（禽蛋）生产、经营、屠宰、加工、冷藏、冷冻、肉制品加工、批发、配送、机械制造等企业及相关科研、设计、大专院校、新闻单位、地方社团自愿结成的跨地区、跨部门、不受所有制限制的非营利性的具有法人资格的全国性社会团体，是世界肉类组织秘书处理事和执委会委员，现有800余家团体会员。

中国肉协的宗旨是：坚持改革开放，坚持科学发展，遵守国家法律，遵守社会公德，为全体会员服务，为行业发展服务，为满足人民群众肉食消费需求服务。

中国肉协的主要职责：一是加强行业自律管理。宣传贯彻国家政策法令，制定行规行约，开展行评行检，规范行业行为，反映企业诉求，维护企业合法权益不受侵犯。发挥行业整体优势，协调指导各分支机构及地方肉类协会开展工作。二是为行业企业服务。在生产经营、市场营销、信息交流、企业管理、科学技术、政策法规、经营决策、人才培训等方面为企业提供全方位服务；办好协会主办或联办的刊物、杂志、年鉴及信息网络；举办全国性肉类食品及加工设备交易会、展示会、信息发布会、研讨会和技术经验交流会；表彰先进企业，推动优秀科技成果的普及应用，提高企业素质，促进产业和产品升级。开展国际交往活动，组织企业与国外同行业的经济、贸易、技术交流。

中国肉协总部及常设机构秘书处设在北京。协会下设猪业分会、禽业分会、牛羊业分会、天然肠衣分会；肉类加工机械与装备专业委员会、肉类食品包装专业委员会、肉类食品添加剂与调味品专业委员会、肉类冷链物流专业委员会、肉类科技与标准化专业委员会；投诉调处工作委员会和信用体系建设工作委员会。

网址：www. info - cma. org

电话：010 - 66095157

传真：010 - 66033686

邮箱：chinameat@ sina. com

地址：北京市西城区复兴门内大街45号2号楼7层

邮编：100801

中国乳制品工业协会

中国乳制品工业协会是经原中华人民共和国轻工业部批准，1994 年 7 月 6 日获准在中华人民共和国民政部登记注册，并于 1995 年 6 月 6 日正式成立的行业性社会团体。业务上接受国家发展与改革委员会、中国轻工业联合会的指导。

中国乳制品工业协会是跨地区、跨部门，不分经济性质的全国性行业组织，目前拥有 580 多个会员，基本包括了中国所有大中型乳制品加工企业。中国乳制品工业协会广泛开展国际合作，已于 1995 年正式加入国际乳品联合会（International Dairy Federation，IDF），成为该组织的正式成员。协会还与国际上许多乳品发达国家，如澳大利亚、新西兰、丹麦、荷兰、芬兰、德国、法国、瑞典、美国、日本等十几个国家的有关组织保持密切的合作关系。

中国乳制品工业协会编辑出版的期刊有：《中国乳品工业》杂志、《中国乳制品工业通讯》（内刊），定期向会员单位提供国内外乳业发展的有关政策和信息。协会编制的年度公报和《乳制品企业经济技术指标汇编》是行业内重要的参考资料。协会举办的年会、乳品技术精品展示会和多个专业会议已成为我国乳制品行业规模最大、最权威、最重要的行业活动。

多年来中国乳制品工业协会在国家主管部门的领导下，在广大会员单位的支持下，认真开展工作，努力为行业、企业和政府服务。协会的凝聚力、知名度逐步得到加强和提高，协会的力量不断得到发展和壮大，为我国乳制品工业的健康、快速发展起到了积极的推动作用，做出了自己应有的贡献。

网址：www. cdia. org. cn
电话：010 - 68396513
传真：010 - 68396665
邮箱：ruzhipin@ 163. com
地址：北京市西城区阜外大街乙 22 号
邮编：100833

中国水产流通与加工协会

中国水产流通与加工协会成立于1994年，隶属农业部，是由全国范围内从事水产品生产、加工、流通、贸易的企业和相关的企（事）业单位和渔业工作者自愿组成的社团组织。2014年被民政部授予全国4A级行业协会。

协会以完善行业自律机制，规范市场经营秩序，维护企业合法权益为宗旨，积极开展行业内及国际间的交流与合作，提高行业的技术和管理水平，增强行业诚信意识，提升水产品质量安全水平，促进水产品市场的繁荣与稳定及渔业可持续发展。

业务范围主要是：（一）开展政策调研，协助政府主管部门制定水产品流通与加工的发展规划，行使政府授权委托的有关行业管理职能。（二）协助配合有关部门制定水产行业国家标准及行业标准；根据市场需求，制定行业协会标准。（三）针对产业发展现状分析问题，提出产业发展思路，预警产业发展危机；协调解决企业在生产经营、技术合作和竞争中出现的问题；制定行业自律措施，维护公平贸易；鼓励会员企业实施国内外认证，促进水产品产业链可追溯体系的构建；结合行业的热点、难点，举办相关产业研讨会。（四）开展国家水产行业企业信用等级评价工作，向社会推荐水产行业信用良好企业，增加商业机会。（五）实施品牌战略，帮助和鼓励会员企业创立自主品牌；推广、宣传品牌产品，提高品牌产品在国内外市场的认知度；积极推动地方特色水产品发展。（六）与国际同行业组织建立合作伙伴关系组织安排经贸洽谈与考察；牵头应对国际贸易争端；承担重点出口品种和国内重要消费品种调研等国际项目。（七）搜集、整理、分析国内外水产行业信息，进行水产品质量安全舆论监测；通过会刊《中国水产品》及网站发布行业动态、解读政策动向、反映行业呼声，搭建水产品采购平台。（八）组织企业参加国内外重要专业展会，开拓国内外市场；举办展销会、产品推介会活动，促进水产品国内市场消费。（九）办理出口水产品认证审核。

协会下设水产品市场分会、罗非鱼分会、贝类分会、对虾分会、鱼粉鱼油分会、银鱼分会、海参分会、来进料加工工作委员会、水产资源高值化利用工作委员会、墨鱼分会、鱼糜及其制品分会等11个分支机构。

网址：www. cappma. org
电话：010－65067227
传真：010－65005270
地址：北京市朝阳区麦子店街40号富丽华园 A－101
邮编：100125

中国饮料工业协会

“中国饮料工业协会”，英文名称“China Beverage Industry Association”，简称 CBIA。是由全国饮料行业的企业为主和重要的相关企事业单位为辅，自愿结成的全国性、行业性、非营利性社会组织，是会员单位共同利益的代表。

宗旨是促进中国饮料行业健康发展。定位是纽带、服务和引导。工作目标是引导全行业提升社会责任。任务是引导全行业为消费者生产安全健康的饮料，为企业服务、为消费者服务、为政府服务，发挥企业与消费者之间、企业与政府之间的桥梁和纽带作用，协助政府搞好行业管理，反映行业的愿望和要求，维护企业的合法权益，为饮料行业服务。

本协会在全部工作和活动中严格遵守国家宪法、法律、法规和国家政策，遵守社会公德。

接受业务主管单位、社团登记管理机关民政部的业务指导和监督管理。

住所设在北京市，活动区域为全国。

中国饮料工业协会设技术工作委员会、包装饮用水分会、天然矿泉水分会、果蔬汁分会、咖啡和茶饮料分会、供应商分会、固体饮料分会、碳酸饮料分会等分支机构。

网址：www. chinabeverage. org
电话：010－84464668
传真：010－84464236
官方微信：ChinaBeverage
地址：北京市朝阳区东三环北路丙二号天元港中心 B 座 1701/02 室
邮编：100027

中国糖业协会

中国糖业协会是1992年6月在民政部注册登记的社团法人组织，1992年10月8日正式成立。

中国糖业协会以农民增收、企业增效、行业稳定发展为己任，以做好协调、服务工作为宗旨。团结全体会员，为企业服务，反映会员愿望，维护会员的合法权利；根据行业发展的实际情况，向国务院有关部门提出行业发展意见和建议，协助政府进行宏观调控与决策；积极贯彻国家发展糖业的方针、政策、法令。自成立以来，中国糖业协会在建立产销衔接机制，加强食糖市场宏观调控，推动糖业结构调整，实施糖业扭亏解困，加强国际交流与合作，促进全行业技术进步，发展循环经济，限产限销高倍化学合成甜味剂，扩大食糖消费，打击食糖走私，促进食糖产销体制改革等方面做了大量卓有成效的工作，得到了全体会员单位和国务院有关部门的一致好评。

中国糖业协会的最高权力机构是会员代表大会。理事长领导下的理事会对代表大会负责。秘书处是协会的常设机构，负责协会的日常工作。

中国糖业协会设甘蔗糖专业委员会、甜菜糖专业委员会、综合利用多种经营专业委员会、糖机设备应用专业委员会、食糖消费促进工作委员会等。受政府有关管理部门委托设立全国糖精产销协作组办公室，负责糖精限产限销管理协调工作。

中国糖业协会的会员包括工、农、商、贸、科研、教育、设计安装、设备制造、期货公司等与糖业有关的企事业单位，现有会员单位455家，其中有331家甘蔗和甜菜制糖企业，58家商业流通企业、15家制糖科研机构、设计院及设有制糖专业的大专院校、11家糖机制造厂、其他40家。

中国糖业协会现有工作人员20人，分设会员管理部、财务部、办公室、信息部、国际合作部、科技装备部、糖精产销协作办公室（临时）等部门。

网址：www. chinasugar. org. cn
电话：010－58568971　58568972　58568984
传真：010－58568983　58568974
E－mail：csa@ chinasugar. org. cn
地址：北京市西城区月坛北街26号恒华国际商务中心C座1801－1805
邮编：100045

中国生物发酵产业协会

中国生物发酵产业协会，英文：China Biotech Fermentation Industry Association，英文缩写：CBFIA，前身是中国发酵工业协会，经国家民政部于1990年1月批准成立，2011年3月，根据行业发展需要，经国家民政部批准，更名为中国生物发酵产业协会。中国生物发酵产业协会是由应用现代生物技术的发酵生产企业及科研院校等相关单位自愿参加，共同组成的全国性非营利性社会组织，是跨地区、跨部门、不分所有制形式的全行业组织，是会员利益的共同代表，是具有独立法人资格的社会团体。

中国生物发酵产业协会在政府主管部门的指导和企业的支持下，发挥桥梁和纽带作用，接受政府委托，反映行业愿望与要求，搞好行业管理，促进行业自律，推动全行业健康快速发展。

生物产业是国家重点支持的战略性新兴产业，中国生物发酵产业协会将致力于提高全行业整体创新能力、转变生产方式、优化产业结构，淘汰落后产能，促进产业升级，进一步加快节能减排、资源综合利用步伐，推动资源节约型、环境友好型企业建设。为此，中国生物发酵产业协会愿意与世界各地的相关行业组织、生产企业以及科研机构等取得广泛联系，开展技术交流与合作，增进相互了解，创造商贸机会，为建设生物制造强国而共同努力奋斗。

目前中国生物发酵产业协会下设氨基酸分会、有机酸分会、淀粉糖分会、多元醇分会、酶制剂分会、酵母分会、功能发酵制品分会及发酵工程技术工作委员会。随着产业规模的不断扩大和延伸，为了更好地服务行业，今后，中国生物发酵产业协会还将根据社会和行业发展的需要，适时调整内设机构。

网址：www. cbfia. org. cn
电话：010 - 68396504
传真：010 - 68396561
邮箱：cbfia@ cfia. org. cn
官方微信：中国生物发酵产业协会
地址：北京市西城区阜成门外大街乙22号
邮编：100833

中国酒业协会

中国酒业协会（社证字第3266号），英文名称：China Alcoholic Drinks Assoclation（英文缩写CADA），原名“中国酿酒工业协会”，是由应用生物工程技术和有关技术的酿酒企业及为其服务的相关单位自愿结成的行业性的全国性的非营利性社会组织。于1992年6月22日经原中华人民共和国轻工业部审查同意，由中华人民共和国民政部登记注册成立。2012年4月，经中华人民共和国民政部批准，原“中国酿酒工业协会”更名为“中国酒业协会”。协会接受登记管理机关中华人民共和国民政部和业务主管单位国务院国有资产监督管理委员会的业务指导和监督管理。

中国酒业协会秘书处下设酒精分会、啤酒分会、白酒分会、黄酒分会、葡萄酒分会、果露酒分会、科教设计装备委员会、饲料及综合利用委员会、技术委员会、市场专业委员会、啤酒原料专业委员会、名酒收藏委员会和文化委员会13个分支机构，以及办公室、信息部、会员部、政策研究室等职能部门。中国酒业协会自1992年成立以来，至今已有二十余年。长期以来，协会严格按照党和国家经济建设的总方针，结合本行业特点和具体情况，紧紧围绕扩大就业、繁荣市场、服务三农、促进区域经济建设和带动相关产业发展的指导思想，研究行业发展过程中的问题，向政府部门提出产业政策及行业立法建议，制定行业发展规划，引导行业发展方向。在开展行业调查统计、信息咨询和发布，参与行业标准、国家标准制修订及宣贯，参与行业科技成果评价，组织行业培训鉴定工作，培育市场、维护会员合法权益，组织国内外行业展会、开展国际交流与合作等方面开展了大量工作。为推动行业进步、促进行业发展、维护会员利益作出了应有的贡献。

网址：www. cada. cc
电话：010－57811300
传真：010－57811309
邮箱：office@ cada. cc
地址：北京市海淀区三里河路11号6层
邮编：100831

中国食品添加剂和配料协会

中国食品添加剂和配料协会（原名中国食品添加剂生产应用工业协会）是经国家批准注册的全国食品添加剂和食品配料行业唯一的全行业组织，是由食品添加剂、食品配料行业的科研、生产、经销、应用企事业单位自愿组成的非营利性的社会团体。1994 年在北京成立。现有国内会员单位 800 多个，国外会员 100 个。

协会以为食品添加剂和食品配料行业服务为宗旨，以促进行业稳定、健康发展为目的，发挥政府与企业之间的桥梁与纽带作用。主要职责和任务是：协助政府制定行业法规和产业政策；受政府委托制定行业发展规划，对重要项目进行论证，为政府决策提供服务；协助政府制订各种标准；协助政府进行质量监督和市场准入等项工作；协调制定行规行约；倾听会员意见，反映会员要求，代表行业利益与有关方面沟通与交流；促进新技术、新产品的开发和应用，推动行业的创新与发展；促进国内外食品添加剂和配料行业的交流与合作。

协会下设十二个专业委员会，每年定期开展的主要活动包括：每年分别召开各个专业委员会的行业大会，研究行业发展和自律等重要问题，反映会员单位呼声，维护行业和会员的权益，推动行业创新发展。组织制定食品安全标准，协调各行业生产及市场运行机制。每年春季在中国上海举办食品添加剂行业世界知名的品牌展会——中国国际食品添加剂展（FIC）。每年秋季轮流在不同城市举办全国秋季食品添加剂和配料展（FIC－秋季展），春秋两季的展会形成了本行业中国会展经济的主流。每年组织中国企业到国外参加专业展览，并与有关国际组织和国外同行交流，推动行业出口和国际合作的开展。编辑出版国内外公开发行的双核心期刊《中国食品添加剂》杂志和为会员提供的《中国食品添加剂快报》，二者形成了促进产品的研发、生产、应用和行业健康发展的有效交流平台。

网址：www.cfaa.cn
电话：010－59795833
传真：010－59071335
地址：北京市朝阳区朝外大街甲 6 号万通中心 3 座 1402 室
邮编：100020

中国保健协会

2003 年 11 月 4 日，经卫生部、民政部审核并报国务院批准，中国保健科技学会正式更名为中国保健协会。

中国保健协会是由中国健康产业内具有代表性的大中型企业为核心组成的行业机构，是真正由企业自己当家作主维护行业自身权益的组织。中国保健协会将坚持“服务政府、服务企业、服务消费者”的宗旨，致力于健康产业的发展和科技的进步，在法律规范、产品研发、市场管理、行业自律及标准化建设等各个方面为中国的健康产业提供全方位的服务，成为代表行业公信力的权威机构。

协会的业务范围包括：

多方面的为会员企业服务；自律、协调、监督和维护会员企业合法权益；协助政府部门加强行业管理，具体业务是：

1. 开展行业、市场调查，研究本行业国内外发展情况，分析行业形势，提出行业发展和技术进步规划或预测方面的意见和建议；
2. 接受政府委托承办或根据市场和行业发展需要举办与本行业相关的展览、论坛、经政府有关部门批准表彰和奖励等活动；组织人才、技术、职业培训、开展咨询；依照有关规定创办刊物；
3. 帮助企业改善经营管理；
4. 接受委托组织开展行业信用等级评价及维护行业信誉等工作；
5. 经政府有关部门批准组织科技成果评价、鉴定和推广应用；
6. 开展国内外有关保健技术的交流与合作；
7. 制定并监督执行行规行约，规范行业行为，协调同行价格争议，维护公平竞争；协助会员开展反倾销、反垄断申诉应诉，以及相应的调查工作；
8. 反映会员要求，协调会员关系，维护其合法权益；
9. 经政府部门委托，参与制定行业规划，对行业内重大的技术改造、技术引进、投资与开发项目进行论证；
10. 受政府部门委托，参与制定、修订国家标准和行业标准，组织贯彻实施并进行监督；
11. 经政府部门授权参与行业生产、经营许可证发放的有关工作，参与资质审查；
12. 承担政府部门委托的其他任务等。

网址：www. chc. org. cn
电话：010 －51817071/72
传真：010 －51817097
地址：北京市海淀区阜成路 28 号航医大厦 18 层
邮编：100142

中国罐头工业协会

中国罐头工业协会（简称 CCFIA）成立于 1995 年 8 月 28 日，是在民政部注册登记的 3A 级独立社团法人组织，是中国罐头行业的唯一全国性行业组织。包括全国主要的罐头生产、经营企业以及科研、检测、设备制造、相关材料供应和管理部门等单位。中国罐头工业协会最高权力机构是会员代表大会，理事长领导下的理事会对代表大会负责。常设机构为秘书处，会址在北京。

协会是全体会员单位共同利益的代表，宗旨为促进中国罐头工业发展，为罐头行业和全体会员服务。

主要职能有：

开展行业、地区经济发展调查研究，提出有关经济政策和立法方面的意见和建议；工厂代号的发放与管理；进行行业统计，收集、分析，发布行业信息；创办刊物，开展咨询，组织人才、技术、职业培训；组织展销会、展览会，指导、帮助企业改善经营管理；参与制定、修订国家标准和行业标准，参与质量管理和监督工作，科技成果推广应用；开展国内外经济技术交流与合作；制定并监督执行行规行约，规范行业行为，协调同行价格争议，维护公平竞争；反映会员要求，协调会员关系，维护其合法权益；发展行业和社会公益事业。

罐头在中国是主要出口产品，行销世界许多国家。中国罐头产品质优价廉，进一步扩大出口的潜力巨大。目前中国罐头行业正在努力开发国内市场，帮助企业生产适合中国市场的产品。为促进罐头工业的发展，中国罐头工业协会愿意与世界各地的相关行业组织、商会、生产和经营企业，以及科研机构等取得广泛的联系，开展经常性的交流和合作，增进相互了解，进行信息和技术交流，创造贸易机会，为人类社会奉献卫生、营养、健康的罐头食品。

网址：www. topcanchina. org

电话：010－63381445/47/49

传真：010－58851213

邮箱：bj6839@163. com

地址：北京市宣武区广安门外大街 168 号朗琴国际中座 1215 室

邮编：100055

中国焙烤食品糖制品工业协会

中国焙烤食品糖制品工业协会（简称：中焙糖协），英文名称：China Association of Bakery and Confectionery Industry。协会于1993年12月经国家民政部批准登记注册成立。是由饼干、面包、糕点、糖果巧克力、冷冻饮品等生产企业及相关食品机械、原辅材料、科研院所等企事业单位及个人自愿结成的全国行业性、非营利性社会团体，国家一级协会。协会接受登记管理机关国家民政部和业务主管单位国务院国有资产监督管理委员会的业务指导和监督管理。

目前，协会下设20个专业委员会。现有企业会员单位1400多家，基本涵盖了国内焙烤食品糖制品行业大中型骨干企业。

协会的宗旨是维护会员的合法权益，维护行业的全局利益，促进全行业经济技术和管理水平的不断提高，推动全行业健康发展。

协会的业务范围是：对行业的重大问题进行研究，向政府提出有关产业政策、经济技术政策、立法等方面的意见和建议。开展政策法规、知识产权保护等方面的咨询和服务工作；受政府部门委托，参与制定行业规划和计划；推动行业内外多种形式的联合，协调行业内部企业间关系，促进行业的技术进步和经营管理水平提高；根据授权进行行业统计，做好信息交流和发布工作。依照有关规定办好协会刊物和网站；为行业培训各类专业人才，提高科技、经济管理人员的素质；开展国内外相关合作、交流，举办展览展销等活动；经政府部门授权，组织或参与相关食品标准，以及与本行业有关的法律、法规及管理办法等的制修订工作；经政府部门委托，开展行业诚信体系建设，组织制定行规行约，建立行业自律机制，维护行业公平竞争，维护行业整体利益和会员的合法权益；反映会员要求，组织发展行业公益事业，承担政府及会员单位委托的其他工作；经政府有关部门批准，开展行业内评比、评选、表彰等活动。

网址：www. china - bakery. com. cn
电话：010 - 68396530
传真：010 - 68396567
地址：北京市西城区阜外大街乙22号
邮编：100833

中国调味品协会

中国调味品协会由全国酱油、食醋、酱类、酱腌菜、腐乳、烹调料酒和各种调味料生产经营及相关的企业、事业单位组成。是跨地区、跨部门、不分所有制的全国性、非营利性行业组织，是国家一级协会，具有法人资格的社会团体，业务上归国务院国有资产管理委员会指导。它是根据自愿参加、平等互利的原则组成，按照民主协调原则开展工作。

协会的宗旨是：在国家方针、政策指导下，为促进调味品工业生产经营和科技进步、管理水平的提高，振兴中国调味品工业做贡献。

协会的主要任务是：在政府主管部门的指导下开展工作，在协会会员和政府之间发挥桥梁和纽带作用，既反映调味品行业的愿望和要求，为企业服务，又接受政府部门委托做好行业管理工作，推动调味品行业发展。

协会的目标是：在社会主义的计划经济向市场经济的转变过程中，承前（部门管理）启后（行业管理），理清思路；承上（各级政府）启下（各类企业），理顺关系。千方百计做好调味品行业管理工作，为中国调味品工业的发展振兴和走向世界奋斗。

协会的会训是：立足行业凝聚会员面向市场服务企业。

电话：010－51921726/2851921215/59/73

传真：010－51921087

地址：北京市海淀区复兴路47号天行建商务大厦605室

中国食品和包装机械工业协会

中国食品和包装机械工业协会（CFPMA）是经中华人民共和国民政部批准登记的国家级社团组织，总部及常设机构设于北京。

CFPMA 是由跨部门、跨地区的食品机械和包装机械制造厂、公司、科研院所、大专院校、新闻单位、地方社团自愿组织起来的全国性行业组织，具有社会团体法人资格。

CFPMA 的宗旨：在国家方针、政策、法律、法令的指导下，坚持为食品机械和包装机械行业单位服务，促进全行业的发展。并在政府与企事业单位之间、行业单位与用户之间、国内外同行业企事业之间发挥桥梁纽带作用。

CFPMA 的职责：受政府委托，承担全行业情况的调研，规范行业行为，反映企业意见和要求，制定行业标准，行业发展规划，对重大设备技术改造、引进、投资与开发项目进行论证；为政府宏观决策提供信息、统计数据、分析报告，为企业提供技术咨询；举办国际性食品加工和包装机械展览会、展示会、信息发布会、研讨会、技术交流会，开展国际交流活动。

CFPMA 是国际包装机械协会联盟（C. O. P. A. M. A.）成员，同美、英、德、法、意、日、韩、西班牙、荷兰、瑞士、捷克、俄罗斯、澳大利亚等十三个国家的同行业协会建立了双边或多边的合作关系。共同商讨行业中的国际性问题。

CFPMA 现有团体会员六百多家，下设机构有：包装机械委员会、食品机械专业协会、专家委员会、肉类加工机械专业委员会、薯类食品加工机械专业委员会、纸浆模机械及制品分会、冷食机械分会、纸容器机械分会、方便食品机械分会、饮料灌装机械分会、果蔬保鲜加工机械分会、自动售货机分会等。

CFPMA 办事机构有：秘书处、财务部、对外联络部、企业发展部、会员管理部、展览部、信息部（编辑部）。

CFPMA 愿与海内外热心发展食品和包装机械行业的各界人士、各国同行业的制造业、有关团体和经销代理商建立广泛联系，为生产、技术和贸易方面的交流与合作提供各项服务。

网址：www. chinafpma. org

电话：010－68518589　64883972　64883974

传真：010－68533077

邮箱：cfpma@263. net

地址：北京市朝阳区北沙滩一号48信箱

中国轻工机械协会

中国轻工机械协会（CLIMA）成立于1989年，是中国轻工业联合会（原国家轻工业部）批准、国家民政部注册登记的全国性轻工机械行业国家级社团组织。总部和秘书处在北京。

中国轻工机械协会的会员，包括在中国境内从事轻工机械（主要包括：制浆造纸、橡胶塑料、酿酒饮料乳品、制糖、罐头、制革制鞋、日用玻璃、服装、工业洗涤、陶瓷、木工家具、刀片等专用设备）生产、销售、设计和检测的企事业单位，大专院校和科研院所，以及地方行业协会和其他与轻工机械行业有关的跨地区、跨行业社团组织。

协会宗旨：遵守国家法律法规，发挥广泛的行业代表性，承担政府和企业间桥梁和纽带，加强国际间的交流与合作，全方位为会员服务，促进中国轻工机械行业技术、经济、管理水平的不断提高，为轻工业生产的发展和技术进步做出贡献。

协会职责：接受政府主管部门的委托，参与制定并组织实施行业发展规划；为政府制定行业相关政策和法规提出意见和建议，对行业发展进行调研，开展行业信息统计工作；组织开展行业新技术的推广应用和科技成果的鉴定，开展国内、国际间经济技术合作与交流活动，举办专业技术及设备展览会；组织轻工机械行业技术标准和管理标准的制修订和宣贯实施工作；协调和沟通轻工机械行业与轻工各行业的横向联系，协调轻工机械行业各地区间和各企业间的关系；反映会员要求，维护其合法权益，加强行业自律，规范行业行为，维护公平竞争。

中国轻工机械协会下设制浆造纸纸制品装备分会、食品装备分会、洗涤装备分会、制革制鞋毛皮皮件装备分会、玻璃装备分会、科学教育分会、陶瓷装备分会、服装装备分会、木工家具装备分会等轻工机械分会。

网址：www. clima. org. cn
电话：010－66021536　66011816　66031224　66012114
传真：010－66018904　66052242
邮箱：xy_ 123@163. com
地址：北京市西城区西黄城根南街33号
邮编：100032